The Unlikely Settler

耶路撒冷的移居者

一段在衝突中探求接納，
在絕望中發現希望的異鄉生活告白

利皮卡・佩拉漢（Lipika Pelham）　著
曾志傑　譯

獻給我的父親

耶路撒冷歷經滄桑。這座城市歷經多次摧毀重建的輪迴。征服者前仆後繼而來，稱霸些許時日後，徒留幾座牆與塔、幾道石上裂縫、少許陶器碎片與文件，就此如丘陵間的晨霧般，消散無蹤。耶路撒冷是位性愛成癮的老嫗，不斷壓榨一位又一位情人，致死方休，而後一個呵欠便將對方從身上抖落；耶路撒冷是黑寡婦，趁著交歡之際將伴侶一一吞噬。

——摘自《愛與黑暗的故事》（*A TALE OF LOVE AND DARKNESS*），阿摩斯・奧茲（AMOS OZ）著

《耶路撒冷的移居者》臺灣版序

記得那一年我來臺北參加臺灣國際民族誌影展，才第三天我便已看了十三部以先祖故事為主軸的影片。

我是在二〇一三年十月為了宣傳我的紀錄片抵達臺北，該片是以住在耶路撒冷附近的猶甸沙漠裡的一個貝都因人部落——賈哈林部落為主題。我在市中心的影城與觀眾一同欣賞此片，等著放映結束後與觀眾見面，觀影時我不禁想著此片背景與我此刻造訪的這個繁榮小國實在是天差地遠。

然而到了觀眾提問時間，他們顯然對我影片中所談論的中東衝突並不陌生。問題如潮水般湧來，甚至有人問我認為交戰的以色列與巴勒斯坦雙方人民是否有可能和平同住於一個國家之下？

我很開心我的書《耶路撒冷的移居者》（*The Unlikely Settler*）於臺灣出版發行之際，書中所探討的主題對臺灣讀者而言已非全然陌生。中東世界對我們每個人的生活都很重要，因為我們活在一個任何地域衝突皆會全球化的世界，世人皆會感受到它所帶來的衝擊。

《耶路撒冷的移居者》書中所傳達的訊息極度政治但也同樣私密。本書不只深度剖析以巴政治衝突，同時也將作者與這座流動之城居民的私生活赤裸裸地攤在陽光下。自有歷史記載以來，耶路撒冷始終收留著世世代代的飄浪民族。這座城市張開懷抱迎接因戰爭或宗教而被迫離鄉之人，同樣也歡迎各方旅人、國際和平工作者，以及許多因個人因素而前來的人，好比說我正是如此。我在二〇〇五年舉家遷往耶路撒冷，接下來的八年裡，看似格格不入的我卻也在這座城裡安頓下來。我在書中重新細數了那些年活在這座分隔之城的種種，在那座城裡幾乎不可能將政治從生活中抽離。我年幼的孩子們每日上學的路程從不單純，一路上我們會在公車上聽見激烈的政治討論，會有武裝男子搜查我們的包包，幾乎隨時都能在咖啡店看見坐在裡頭的青少年隨意把槍放在大腿上。孩子們會在遊樂場討論過去曾經有自殺炸彈客的頭顱飛過高牆落在籃球場上。

住在這裡，隨時隨地都會意識到我們正活在一個充滿衝突的區域。但即便如此我還是要說，若以日常人身安全而言，我依然認為耶路撒冷是最安全的育兒城市之一。根據我短暫造訪臺北的經驗以及當地人的說法，我想臺北的居民也能在日常生活裡獲得同樣的安全感。深夜走在耶路撒冷與臺北的街道上，我從不擔憂人身安全，這是我在倫敦、紐約、達卡或德里都無法獲得的體驗。

《耶路撒冷的移居者》之所以能吸引臺灣讀者，我想是因為在一個全球化的時代，地域政治的影響範圍絕非侷限於當地。當我們討論以色列與巴勒斯坦的衝突，我們討論的是一場土地之爭——因第二次世界大戰流離失所的猶太難民湧進這片土地，而當地的巴勒斯坦居民因此成了難民。這場衝突不但影響了全球政治與人口統計的平衡，也嚴重撕裂了歷史上早已互信共存的兩個民族之間的情感。《耶路撒冷的移居者》一書探討的便是這些議題。

既然這場衝突起因於失根的人們流落異鄉後亟欲尋根的渴望，因此本書也談到如何從國家認同的束縛中解脫，如何擁抱異己，如何以欣賞包容的眼光分享並讚揚彼此的差異。書中描繪了兩方人民如何克服這場衝突所帶來的種種障礙相互結盟；過去分處政治光譜兩端的宿敵搭起友誼的橋梁，跨越這道鴻溝。

然而在這篇序文裡，我也想分享一段我造訪臺灣的經驗。我在中東世界住了十年後又再度遷回倫敦，而就在我父親過世三個月後，我從倫敦來到了臺北。

有天晚上我前去參觀位於臺北市中心某知名夜市附近的龍山寺。

我繞著寺廟外圍漫步，沿路有各個販售紀念品與供品的商家。四處都有人焚香，人們購買一捆一捆的紙錢獻給另外一個世界的居民。我沒有買紙錢，只買了一些香燭。我還買了一些火龍果當作供品。火龍果怪異斑駁的外皮令我想起童年在孟加拉常吃的Ata，那是一種果肉豐厚乳白的水果，也就是俗稱的釋迦。在隔開神像與訪客的鐵欄後方，人們爭先恐後地擺放各種供品。看著眼前這麼多水果供品，我忍不住想著天上的列祖列宗們恐怕會吃得太飽。

我當時還未走出父喪之痛，而既然我父親下葬的孟加拉小鎮離臺北近得多，我想道教眾神應能替我向父親在天之靈傳遞訊息。

我看見一位老婦人手裡把玩著四顆黑色骰子。她把骰子往路障旁的石頭底座扔，嘴裡快速念著某種禱詞，接著才將骰子收回，繼續重複同樣的動作。我站在那裡看了她二十分鐘，她不斷重複扔擲、收回骰子的動作看得我出神，或許這便是這個遊戲的意義。

站在道教眾神前，我問道，究竟哪一種現實更具威力？是我們天生所處的環境，抑或是我們離開原生地之後藉由旅行與個人經驗所累積的體悟？

在龍山寺，我將耶路撒冷的墮落以及無法還原的過去，還有未能實現的種種可能隨著香炷全放在祭壇上。眼前這些來自另外一個世界與文化的眾神，將會根據我過去每個決定的是非曲直來判定要輕拍我的背給予安慰，或是狠狠訓斥我的不是。

臺北的燈火是如此鮮明，要是能從這座城市上空飛嘯而過，必然會是一種超現實的體驗。走在臺北街頭宛如走在一顆燈泡裡，從衛星照片看來，這座城市簡直像是一顆帶著多色火焰的火球。臺灣人對燈光有種偏執的迷戀。我下榻飯店浴室的水龍頭會在我開水時亮起。捷運月臺上也有一排紅色警示燈以警告乘客切勿跨越黃線，而列車進站時又有另外一組燈會跟著閃爍。整個城市從售票亭到販賣機到計程車的方向盤，全都裝上了各色小燈泡。過去龍山寺還曾開放信眾捐獻油燈以紀念先人，如今油燈已改為迷你電子閃燈。廟裡的柱子上已無多餘空間能擺放新燈以紀念近來的逝者。

我朝著路邊攤走去，想看一些「世俗的」玩意兒。臭豆腐與碳烤章魚的香氣指引我隨著行色匆匆的臺北夜生活行家走入狹窄巷弄內。我走在一條裝滿彩色小燈泡的小徑內。我覺得自己好特別。

導讀

在這片土地上孕育關於生命的故事

去年過生日前，我在英國的宿舍中收到一個頗厚實的包裹，打開一看，裡面有一張巴勒斯坦紅、綠、黑、白四色的國旗，一塊巴勒斯坦人用來當頭巾或領巾、充滿巴國民族風情的克菲葉巾（Kufiyeh），上面也是巴勒斯坦國旗色的中東圖案與刺繡。我不是工藝品專家，但那塊克菲葉巾的手工，比我在中東見過的都要精細。我把紙盒翻過來，才倒出了一張紙片，上面用英文寫著：「我們終於回家了，謝謝妳的文字，期待能跟妳再見面，希望那時候巴勒斯坦已經和平。生日快樂。」

署名的是二〇一四年夏天，在以色列「護刃行動」發生，對加薩地帶狂轟猛炸時，我訪問過的一對在加薩出生、成長的夫婦。「護刃行動」（或「二〇一四以巴戰爭」）總共維持了接近兩個月，最終造成二千多名巴勒斯坦人死亡。每天的死傷報告從活生生的面孔，逐漸模糊成一堆數字，偶爾有以軍在加薩海灘射殺踢足球的孩子的新聞，或許能夠得到和平時的人們的一點憤慨與眼淚，然而世界領袖似乎多在隔岸觀火，把令人類蒙羞的暴行，說成以色列的自衛權。記得那位巴勒斯坦女孩對我說，她自小就常常聽到炮火聲，雖然不知道戰爭就在家門前，但在懵懂的年紀，她已經在學習和炮火聲共處。及後她經歷了二〇〇九和二〇一二兩次加薩戰爭，並且坦言「未來」對於巴勒斯坦人而言，是一個難以觸碰、虛無飄渺的話題，但又是他們還能活下去的唯一原因：「當你已經習慣要逃跑，當家園在下一秒可能頓成廢墟，當在西岸生活也一樣不能指望，除了遠走高飛離開巴勒斯坦，你就只有頑抗。」

因為有人在侵略，有人在頑抗，在以色列和巴勒斯坦似乎每一天都有事情在發生。

執筆之時，即二〇一五年四月，巴勒斯坦剛剛以國家身分加入了國際刑事法庭。三年前巴勒斯坦成為了聯合國觀察員國，終於獲得了聯合國承認的國家法人地位，可以將以色列在過去多次加薩戰爭中的戰爭罪行搬上國際司法系統。然而國際法，在真正的現實政治權力關係面前，不過是寫在紙上好看的所謂法律：早在二〇〇四年，國際法庭就在一份諮詢意見中裁定以色列的隔離牆（Separation Wall）違反國際法及侵害人權。巴勒斯坦西岸是一個被（屬於以色列人的）基礎建設、屯墾區與隔離牆切成一塊又一塊的土地，巴勒斯坦農夫如果被隔離牆擋在他世代耕作的土地之外，他每天可能要用上數小時排隊，穿過重重關卡，而且只能走巴人能走的路，才能踏上屬於他的田埔之上；巴勒斯坦的孩子要上學，也會在關卡被以色列士兵隨意攔下，搜身、搜書包，毫無自由可言。這些「不合法」的隔離牆製造了許多的不公義，高牆卻沒有一磚一瓦被推倒。

另一邊廂，以色列大選也在二〇一五年三月完成，納坦雅胡（Benjamin Netanyahu）領導的利庫德集團（Likud）連續第三次當選。納坦雅胡在選前再一次提出右翼路線的巴勒斯坦政策，表明不會容許巴勒斯坦組成政府，結果成功擊敗了中間偏左的猶太復國主義聯盟，並且將與走極右路線，曾經提出殺光巴人婦女以防她們生出更多「小蛇」的「以色列我們的家園黨」（Jewish Home）組成聯合政府。選舉之前不少人對猶太復國主義聯盟寄予厚望，因為若他們勝出，代表以巴或許可以重新啟動和談。然而以色列再一次選擇了右翼路線。當然，不是所有以色列人都對此覺得安心。我的以色列朋友就不止一次跟我說過：「令以色列最不安全的不是哈馬斯，也不是巴解組織，而是納坦雅胡。」諷刺的是，以色列立國時，矢言建立一個會忠於自由、平等等基本價值的國家，然而從以色列於巴勒斯坦立國，將巴人村落連根拔起，將巴人家庭趕出這個新國家，建立起比柏林圍牆更高的隔離牆的一刻起，它就注定無法緊守這些白紙黑字書寫在建國宣言上的價值。

對於巴勒斯坦的未來，身為猶太人的著名學者杭姆斯基（Noam Chomsky）就說：巴勒斯坦只有兩條路可以走。第一當然是美國和以色列放棄他們拒絕談判的態度，第二是繼續現行的政策，而這種政策最終的結果，必然是令耶路撒冷、約旦河谷以及在隔離牆內的所有土地都落入以色列手中。而剩下的土地就會被無止盡的關卡、道路和其他以色列的建設切割得體無完膚，而巴勒斯坦人會繼續「活得像狗一樣」。許多人認為巴勒斯坦應該暫時放棄抵抗，且待成為以色列國家的一部分，再進行公民起義；而杭姆斯基則把這種想法打為「妄想」，因為以色列有美國撐腰，根本不需要接納巴勒斯坦方的漫天殺價，給自一九四八年起流放在外的巴勒斯坦人返回母土的權利。

前年我在黎巴嫩探訪過一家巴勒斯坦人，那位年近九十的老婆婆至今仍然留著她希伯侖老家的鑰匙，雖然她口中的「老家」，現在可能已經成為一個以色列四口之家的安樂窩。巴勒斯坦問題之所以成為一代又一代記者、作家、知識份子最關心的問題，不止是因為當中的不義，也是因為以巴問題不止是中東問題，也是世界的問題——阿拉伯世界曾經以解放巴勒斯坦為己任，然而在兩次中東戰爭後，許多所謂阿拉伯「兄弟」都採取了親美政策，巴勒斯坦失去了在阿拉伯世界的地位，更加孤立無援。現時學術界和許多反錫安主義組織，都提倡仿效八十年代推翻南非種族隔離政權的杯葛政策（BDS行動），罷買以色列產品，學者和藝術家等亦拒絕出席為錫安主義塗脂抹粉的活動。近日在美國人權組織的多番抗議下，以色列的飲料公司「SodaStream」終於將他們的產品標籤改為「（巴勒斯坦）西岸製造」，以示其廠房建於強占而來的巴勒斯坦人土地上，算是BDS的一個小勝利。

當然巴勒斯坦這片土地還是孕育了許多故事，關於生命的故事，包括《耶路撒冷的移居者》作者利皮卡・佩拉漢（Lipika Pelham）寫的這一個。經常缺水缺電的加薩地帶，是世上其中一個生育率最高的地方，三百六十五平方公里的土地上住了近一百七十萬人，在斷水斷糧的狀態下還依然高踞世界人口增長率第七位。無論生活如何艱難，未來如何難以確定，巴勒斯坦人仍然相信，活著就是最好的抵抗。所以我相信，每一個在這片土地上發生的，關於生命的故事，都值得說，也值得聽。

陳婉容

（本文作者為香港作家、評論員、獨立記者）

目次

PART TWO

PART THREE

PART

FOUR

作者的話

本書是我的中東生活回憶錄，書中描述我生活中所見所聞。為了顧及文字流暢度與閱讀效果，又或者為了讓故事架構更完整、行文更精簡，書中某些段落純屬虛構，或根據事實加以美化，加強戲劇張力，並針對特定事件與環境移除部分元素。特別是本書許多篇章均涉及我丈夫里歐，書中各種針對他個人觀點與行為之描述或其他個人資訊，均出自我的想像，並非全然屬實。

前言

滿懷喜悅與責任的人生新頁

在耶路撒冷（Jerusalem）的第五年，我面臨一道兩難抉擇：該在哪裡產下第三胎？該回倫敦嗎？我們頭兩胎都在那裡出生，我丈夫也希望我回倫敦生產。還是伯利恆（Bethlehem）？有朋友推薦那邊的聖家醫院（Holy Family Hospital）。亦或是耶路撒冷？因為我在那裡遇見了一位我非常喜歡的猶太教正統派婦產科醫師。

我試著不把伯利恆排除在外。我們許多旅居此地的友人——包括記者與外交官——都選擇前往巴勒斯坦（Palestine）管轄的城市生產[1]，以免對他們在中東的工作與生活造成各種潛在問題。我參觀過伯利恆的醫院，當地環境優美、有美麗的花園環繞，且擁有頂尖的新生兒醫療技術。產房寬敞通風，還有古老的丘陵景觀。但出生在伯利恆聽起來實在太老套了[2]。若在此地生產，彷

1 伯利恆位於巴勒斯坦約旦河西岸地區，該區主權仍有爭議，但伯利恆目前隸屬巴勒斯坦管轄。
2 伯利恆為耶穌誕生地。

彿註定會生下一個心懷憐憫與樂於犧牲奉獻的孩子。這個孩子一出生便會背負許多期望。伯利恆是巴勒斯坦出生率最高的城市之一，照理說，這片土地現在應該已住著成千上百位心懷憐憫的使徒。倘若寬恕真是這片土地的核心價值，那麼耶穌誕生地四周的丘陵間應能望見和平如繁花盛開，而非只見充滿仇恨的前哨站。我的目光不自禁望向散落於伯利恆土地上的醜陋以色列殖民建築。這地方實在太不祥了，我不能在這裡生產。

於是我選擇原先就認識的那位醫生看診。他住在西岸地區的猶太殖民區，但診所位在耶路撒冷的極端正統派猶太教區——米爾歇雷姆區（Mea Shearim）。

「妳怎麼可以妥協政治立場，跑去找猶太移民醫生[3]看診？妳不覺得妳這樣是在支持以色列占領嗎？」我的丈夫里歐這麼對我說，他是位中東事務專家。

「在哪裡生產比較舒服，應該由孩子的媽來決定才對。」我如此回覆。

他不可置信地無言以對。里歐替一個致力解決中東紛爭的智囊團工作，好幾個難以成眠的夜裡，他徹夜研究入境敘利亞（Syria）時，海關檢查護照可能會碰上什麼麻煩。他擔心一旦護照上載明出生地為「耶路撒冷」，會讓我們的孩子在阿拉伯世界旅行時造成衝擊。

我的背景也幫不上什麼忙。我出生於孟加拉（Bengal），多元的宗教背景只會讓我們在敘利亞祕密警察眼中更顯複雜。我從小在祖母強烈的印度教文化中成長，偏偏我父親篤信伊斯蘭教。我沒接受父親的一神論信仰，反而偏愛祖傳的「異教」信仰文化，這行為看在伊斯蘭教國家眼裡恐怕不大妙。

首次來耶路撒冷不久後，我便認識了這位猶太教正統派的婦產科醫生。我當時正在替BBC[4]做一些新聞報導，《女性時刻》（*Woman's Hour*）節目正在研究所謂的「猶太不孕症」（halakhic infertility），他們要我為此做個專題。猶太律法嚴格規定月事來的女子需遵循「淨化儀式」，因此每個月從女方月事第一天開始，伴侶間需禁止性生活兩週，為此猶太正統教派女性常無法自然受孕（我遇過某位猶太教祭司對此戒律網開一面，他對年輕男子於此期間召妓多所寬容）。這導致許多女人錯過排卵黃金期。我的醫生對這條被猶太律法認可的戒律大加譴責，他認為這剝奪了健康女性的受孕權。許多女性為求懷孕而施打排卵針，但這有時會導致嚴重的心臟疾病與高血壓。他主張這項關於女體淨化的法條應予以修改，但在這個婚姻法律皆由猶太教法庭定奪的國家，此觀點爭議性頗高。身為猶太教正統派信徒，他能有此主張，比起那些無宗教信仰的醫師來得更意味深長。從他候診間裡極端正統派的猶太教女性數量看來，他的醫術想必風評極佳。這些女子來他診所看診是相當勇敢的行為，因為她們處在一個男女間連握手，或甚至單純眼神接觸都不被允許的文化裡（部分極端正統教派男性正鼓吹要設立男女個別專用的人行道）。對於虔誠的正統教派女子而言，找男醫生看診頗不尋常。

當我發現有孕時，腦海中就浮現這位婦產科醫師的名字，在《女性時刻》節目專題報導後，

3 猶太移民意指從以色列境外歸國的猶太人。

4 BBC全名為 British Broadcasting Corporation，意為英國國家廣播公司。

他針對同主題寫了本書，並在一份主流國家報連載。我覺得找認識的醫生看診較為舒服。此外──雖然我永遠不會對里歐坦承──一想到一個在耶路撒冷誕生的孩子，就能讓敘利亞還有其他封閉的阿拉伯政權感到不安，就帶給我一種邪惡的喜悅，這得歸因於我童年時與伊斯蘭教錯綜複雜的關係。我認為既然我跟世界多數人一樣有權批判以色列的「殖民」政策，那我便同樣有權拒絕順從某些專橫阿拉伯政權幼稚的要求，好比我的衣著、我該與誰交談，或是我該在哪裡生下我的孩子。

那位猶太移民醫生令我著迷不已，他家住猶甸沙漠（Judean desert），通勤上班時，他的安全帽底下總戴著一頂無邊猶太禮帽（kippah）。每回我來產檢時都對候診室裡的男男女女感到好奇：戴著假髮、一身黑長裙的女人，還有頭頂黑帽、兩鬢留著鬈曲髮束的男子（我的孩子們都戲稱那兩束鬈髮為「curly-wurlies」[5]），信仰虔誠的他們總搖頭晃腦讀著每日經文。但對我來說，候診室充滿令人愉悅且性感的氛圍。我跟這些儀容端莊、臉色蒼白的女性坐在一起，就我所知，她們的身體被認為不過是丈夫的財產，但是在這間診所裡，當診間門一關她們就得躺在男性婦科醫生前（雙腿架在診療椅的腳鐙上），毫無保留地暴露自己，而她們的丈夫只能在門外禱告。在我的想像裡，此舉正是這些女人沉默的復仇，是屬於她們的小小冒險。

我的外表在候診室裡顯得不大尋常，在一群從未曬過太陽、皮膚白皙的極端正統教派猶太女子間，我的孟加拉膚色顯得格外黝黑，此外，我的穿著、說話方式、閱讀內容也都與眾不同。我總穿著長袖襯衫與長裙，打扮力求低調。某天有個女人不斷指著我的洋裝，一開始我以為她是對這件連身裙的褶飾圖樣著迷，但接著她開始猛點頭，我以為她可能是在進行某種特定禱告，才需要如此激烈地擺動頭部。她就坐在我對面，我一臉困惑，但還是擺出禮貌的微笑，最後她起身坐到我身旁，毫不遲疑地拉起我的洋裝領口。我才意識到這件洋裝的領口剪裁會讓人露出些微乳溝，這在我眼裡無傷大雅，但顯然會冒犯室內其他男性。當我翻閱《經濟學人週刊》（*The Economist*）時，我也覺得自己冒犯到他們，彷彿應該拿起候診室入口桌上疊放的黑色鍍金公禱書來讀才對。

奇怪的是，處在這個滿是經文與眾人搖頭晃腦祈禱的環境之中，我感覺我的寶寶也得到庇佑。每回照超音波，當醫生看著一旁螢幕畫面，一邊用希伯來文（Hebrew）說著「*Baruch Hashem*」，意思是感謝上帝，我就知道我的寶寶很平安。寶寶看來很健康，各種基因測試結果也正常。儘管身為高齡產婦照慣例需要接受侵入性檢查，但我不用，因為我的醫生說「*Baruch Hashem*」，一切看來都無大礙。我不否認心底有些害怕，我單憑醫師信仰就捨棄羊膜穿刺，沒有

5 Curly Wurly 為英國生產的巧克力棒，形似髮辮。而猶太典籍中規定男子不可修剪兩側鬍鬚與鬢髮，故傳統猶太男子兩鬢常蓄有一束鬈曲鬢髮。此處作者孩子則以此戲稱。

檢查胎兒是否染色體異常。但既然他相信我懷著「健康」寶寶，我也就相信。從懷孕初期我就讓情緒牽著走，抱著天真、模稜兩可的態度面對這一切。里歐說我可能是因為懷孕受荷爾蒙影響，才會對各種潛在風險漠不關心。

「妳怎麼能夠說妳對醫生的信仰有信心？妳自己根本沒有宗教信仰啊！」

「我不知道怎麼解釋，但這就是我的感覺，我應該相信直覺才對。」

我絕對是跟著直覺走沒錯，但以此事而言，我的直覺其實是被恐懼牽制。我害怕侵入性檢查，於是選擇躲在一條名為恐懼的隱形毯下度過孕期，直到我兒子誕生那一刻，當醫生初步檢查後宣布「嗯，妳的寶寶沒有任何唐氏症跡象，一切正常！」，那條毯子才被掀開。

他是如何察覺我的內心隱憂？

「我知道妳之前故作勇敢，但一路上我都不斷對妳說，我有預感妳的寶寶會很好的。」

如今我的寶寶已健康出生，我也不再受孕期荷爾蒙影響，我開始好奇倘若老天爺沒眷顧我，我會有何反應？若產下有先天缺陷的寶寶，那位虔誠醫生的「好預感」又能幫得上什麼忙？

這裡是耶路撒冷東北方斯科普斯山（Mount Scopus）的哈達薩醫院（Hadassah Hospital），我的寶寶隔著一道玻璃牆躺在育嬰中心裡。這是一座戰略位置優越的丘陵，因此一九六七年這裡曾發生為期六天的激烈爭奪戰。其實產房視野如何對我來說無足輕重，因為我不但是自然生產，且未採用無痛分娩。生產過程中我一度在床上哀號時，聽見里歐問助產士能否拉開窗簾，如此我才能從窗戶望見山谷景色。

「也許這樣能稍微舒緩她的疼痛？」

助產士嚴厲地瞪著他，「你當真以為生小孩就跟在海景房度假沒兩樣嗎？你真的覺得她會在意窗外景色嗎？」

雖然當時我正經歷令人崩潰的子宮收縮，但還是對他感到抱歉。他不過是想幫助我緩解疼痛罷了，那股疼痛一直持續到二〇一〇年八月的某個清晨。當陽光從窗簾縫隙照進室內，我的雙眼充滿了喜悅的淚水，因為我們的寶寶被送到我懷中，里歐說，「是個男孩。誕生在耶路撒冷。妳贏了。」

他抱著還沾滿血與黏液的寶寶，仔細端詳他的臉。

「他絕對遺傳到我的眉毛！」里歐語畢便低頭輕吻兒子還覆著胎毛的額頭，他的黑髮垂落眉間。看著里歐的嘴，我說，「他也遺傳到你的嘴巴。」里歐同意地點點頭，一邊把我們的寶貝放到我胸前。我輕撫他的臉，輕撫那張像他父親的大嘴，還有他濃密的眉毛。

「我們第三個孩子，誰想得到！」里歐邊說，我們邊注視著懷裡的小小奇蹟。此刻寶寶已完全甦醒，不過才出生幾分鐘，但是他並沒有啼哭。他鬥眼看著我們，可能在懷疑眼前這兩個充滿衝突的陌生人如何能帶他長大。

燈火通明的育嬰室裡，嬰兒們躺在一排整齊的塑膠嬰兒床內，實習醫生負責照顧新生兒。新手媽媽們排在玻璃牆外，試著從一群包得像俄羅斯娃娃的嬰兒中找出自己的寶貝。

我無法認出我的寶寶，不禁有些慌張。他們有替他貼上正確的名牌嗎？我記得我的男孩有一頭茂密黑髮。但是透過玻璃牆看來，許多嬰兒都有類似特徵，當我找遍每張臉還是認不出我的孩子，我開始心跳加速。

雖然我正處於慌亂的產後狀態，但身後一位女子還是吸引了我的注意力。她身著一襲伊斯蘭長袍，頭上裹著頭巾；一臉倦容卻對我投以微笑，那是個令人心安的笑容，彷彿在說，「別擔心，妳會找到妳兒子的。」但看著她和其他母親們站在那兒，讓我感到某種說不上來的古怪。我開始觀察其他母親的臉：這位包著頭巾的伊斯蘭教婦女身後是一位包著頭巾的猶太母親。而猶太母親後方則是一位非常年輕、未包頭巾的巴勒斯坦女子，她專注地用阿拉伯語跟身後女子低聲交談。令人驚訝的是，一大清早這位年輕母親已塗上睫毛膏、煙燻眼線與明亮的洋紅色唇膏。我好奇為何在這間醫院裡，這些母親在育嬰室外頭排隊看來會如此奇特，究竟為什麼？儘管我身體非常虛弱，卻莫名感到樂觀不已。我跟這些女子一起在這兒產下孩子，為何這件事會令我如此雀躍？

我眼前這些猶太與巴勒斯坦母親，正等著自己的心肝寶貝被送來懷中，這些孩子將是這片土地未來的主人。儘管他們的父親此刻也許正在檢查哨、邊界、在城牆邊進行著小規模戰爭，或是夜襲加薩走廊（Gaza Strip）與傑寧（Jenin）的難民營；甚至有些人可能在準備最具毀滅性的復仇——自焚。

但是這片土地未來主人翁的養育者正肩並肩站在這裡，彼此談笑風生，她們有著相同的目標，就是要給孩子最好的養育，讓他們平安長大。

當我走過育嬰室內成排的嬰兒床，這些裹著白色棉布的小嬰兒看上去都一個樣。此時我腦中浮現一幅景象，未來這些嬰兒之中，將會有人拿著槍械射殺「敵人」，有些人會宣誓成為自殺炸彈客，有些人則會成為扔擲石頭的暴民。但至少現在，他們都排得整整齊齊地躺在那裡，一切如此祥和。就在這群嬰兒之中，我終於找到我的寶貝。他睡著了，我藉由他臉上最好認的特徵——跟他父親一樣的眉毛——找到了他。此刻我內心湧上一股巨大的責任感，過去的重擔壓在身上，令我感覺好脆弱。就在那一刻他睜開雙眼注視著我，映入他眼簾的正是我焦慮的臉。

PART
ONE

01 一則愛與黑暗的故事前傳

我第一次遇見里歐是在愚人節，那是一九九〇年代初期，我剛搬到倫敦三個月。我那時順利通過倫敦大學（London University）某間學院面試，要在該校研究印度教與佛教，同時我也替BBC擔任特約新聞採訪。此外我還透過一位BBC孟加拉分部的同事介紹，替一份馬克思主義（Marxist）學生報效力。該刊物定期於倫敦大學學生會某間會議室開會。某次我要去參加會議結果提早到了，索性溜進擁擠的學生酒吧殺時間。我走向室內唯一的空位，里歐就坐在一旁、臉埋進報紙裡。我問他能否坐這空位，他用不耐煩的眼神看著我，接著煩躁地玩弄報紙與矮桌上的空啤酒杯。

我對他說「哈囉！」，他一臉驚嚇地指著身旁空位，「腦袋一片空白」這是他事後針對當時反應的解釋。

我對他微笑。濃濃的香菸煙霧在人群頂上繚繞。我看了看手錶，還得在這耗上十五分鐘會議才會開始。

「妳常來這裡嗎？」他問道。「我以前沒看過妳。」

戴著圓框眼鏡的他，讓我想起早年的伍迪．艾倫（Woody Allen）。

「不，不，我不常來。我等等要去參加一場會議，但不確定自己是不是真的想去。坐在這裡觀察人群滿有趣的。」

「什麼會議？」他抬頭看著我，我們第一次四目相接。我立刻對眼前這個不知何故緊張兮兮的男人有了好感，但我連他的名字都還不知道。

「如果我說了你一定會笑我，因為這個國家的年輕人通常不會再把美好的夜晚拿來討論馬克思主義。聽起來就很老氣！」

「好有趣！妳其實是前蘇聯特務之類的嗎？」

「可以這麼說吧。」我笑了。「我說不定無意間曾效力過KGB[1]，因為我來這裡前替俄羅斯新聞社工作了一年。」

「妳替俄羅斯新聞社工作？太酷了！他們辦公室在哪裡？我無法想像它就在倫敦！」

「你問題太多了！」我說。「這有什麼好大驚小怪的？」我還沒準備好要進一步談論在俄羅斯新聞社擔任年輕助理編輯的工作種種。

「這很有趣，因為對我們來說，」他說道，「我是說，對西方世界的人來說，很難理解世上竟然還有年輕人相信蘇聯式革命。學生政治在西方世界幾乎已銷聲匿跡，但在亞洲國家則足以扳倒一個政權！我很驚訝那些學生受到如此熱烈的歡迎與支持。妳可以想像天安門事件發生在特拉法加廣場（Trafalgar Square）[2]嗎？

我捧腹大笑。

「要來點洋芋片嗎？」他邊說邊把手上那袋吃得津津有味的洋芋片遞過來。我拿了一片。

「嗯，妳會議結束後如果有空，也許我可以給妳一點建議？」他說道，而我一片又一片默默吃著他那袋酸醋口味洋芋片。我對這次邂逅暗自感到興奮。我心中湧上一股奇怪的激動，彷彿這是一個新的挑戰，讓我有機會瞭解這個陌生人，但我試著不露痕跡。

「如果有時間的話，我很好奇你打算給我什麼建議，但是我恐怕三分鐘之內就得走了。」我不知道自己為何要這樣說，因為我對那場會議半點興趣都沒有，只想坐在這裡喝喝啤酒，跟我的伍迪．艾倫一起享受微醺的滋味。

「三分鐘很長了，妳至少可以告訴我妳的名字。我叫里歐。」

「里歐，你是這裡的學生嗎？」

「我也是來這裡開會的，跟一些英國伊斯蘭主義者……」

「伊斯蘭主義者？你是指英國穆斯林（Muslim）[3]？」

「妳一定是從印度次大陸來的吧？」他問我。「妳是穆斯林嗎？」

1 國家安全委員會，簡稱「KGB」，是一九五四年至一九九一年蘇聯解體前的情報機構。
2 特拉法加廣場位於英國倫敦，建於西元一八〇五年，為英國著名景點。
3 穆斯林即為伊斯蘭教的信徒。

不，別問那個問題，我心想。為何我無法逃開這種自我解釋的無聊問題？「第一個問題：沒錯。」我說，「至於第二個問題，我不確定該怎麼回答。如果我問起你的宗教，你會有什麼感覺？」

「哪邊？」

「什麼意思？」

「妳來自印度次大陸哪邊？」

「孟加拉。」

「孟加拉哪裡？」

「就孟加拉，這答案你哪裡不滿意？你的祖先又是從歐洲哪裡來的？你的黑色鬈髮在我看來不大像英國人，你是吉普賽人嗎？還是猶太人？」

我知道這樣說不但對他不公平，而且也迴避了關於我出身的問題，但我實在無法用簡短幾句話向他解釋我的個人背景與模糊的國家認同。我該如何向一個陌生人訴說我有個穆斯林父親，但我對印度教文化有強烈的情感認同？又該如何解釋儘管我生在孟加拉一個距離國界幾公尺之遙的小村，卻認為自己是印度人？而我又該如何說明當時尚只是個孩子的我，就無法接受孟加拉如此獨斷地分裂，無法接受東孟加拉在歷經許多政治騷動後，最終成了孟加拉人民共和國，而西孟加拉則歸屬印度？我父親出生於分裂前的印度，由於他的宗教信仰，自然選擇了以伊斯蘭教為主流的東孟加拉。我的過去是如此迂迴，每當他人隨口問起我的背景，我都擔心自己亟欲逃離的情感會伺機而出。面對這種情況，我總會興起離去或是轉換話題的衝動。這回我很幸運，因為我得先行離席與馬克思主義學生報的編輯們開會。我站起身來。

面對我突如其來的情緒轉換，里歐一臉困惑。我拿起包包，他也跟著站起身並說道，「嘿，雖然時間很短，但能遇見妳真的很棒。也許今晚我們還能再見一面？我跟一些朋友今晚八點約在柯芬園（Covent Garden）的藍調酒吧碰面，如果妳能一起來就太棒了。妳願意的話，我們可以約六點半先在這裡會合。」

我未經思索就答應了他的邀約。我有些意外，卻也如釋重負。

「還有，既然妳問起，順便告訴妳我是猶太人。」

我記得自己對這個劇情快速展開，卻又難以預測結局的夜晚感到無比興奮，同時也無比焦躁。我迫不及待想從會議脫身，好再次見到里歐。當我回到學生酒吧，他仍坐在同一桌讀著報紙，就像我離開時一模一樣。

「你剛剛一直都在這裡等嗎？」我問他。里歐露出謎樣的微笑，「我不能冒險失去妳！」他說道。

待他收拾好東西，我們便一起走出這煙霧瀰漫的巢穴。

我們漫步在充滿活力的倫敦街頭，一路來到藍調酒吧。當他向朋友介紹我時，結結巴巴地想正確讀出我的名字；稍早在學生酒吧時，我把名字寫在紙巾上遞給他，並且解釋重音該落在哪個音節。他朋友們的笑聲引來了酒吧裡眾人的目光。他一邊道歉一邊再次把紙巾拿出來複習，接著點了瓶葡萄酒跟一份披薩與大家分食。駐唱歌手抵達現場。雖然我們坐得很近，但還是得對著彼此耳朵大喊才能聽見彼此。里歐在紙巾上畫著無意義的線條，我們相處時他從頭到尾都沒放下手中原子筆，甚至連倒酒時也不例外，這一點讓我為之著迷。他不斷塗鴉，並隨手寫下我說的事情，包括這個孟加拉單字「*kaak*」，意思是烏鴉。我不確定這個字為什麼會出現在我們第一次的對話裡，可能是因為他堅持要我說些孟加拉語，而「*kaak*」是孟加拉學生們在學校學到的第一個單字之一。因為在孟加拉語中，這個單字把兩個第一子音結合在一起，中間僅隔一個第二母音。

整個晚上，我們談論各自的生活、閱讀喜好與旅行經驗。我逐漸發現他對猶太教、阿拉伯世界與伊斯蘭教的興趣是如此專注，這點令我相當驚訝，但也令我有點卻步。高中畢業上大學前那一年，他選擇去敘利亞修習阿拉伯文，而我則去尼泊爾（Nepal）自助旅行，途中我遇見來自世界各地的邊緣人，包括一位後來變成海洛因毒販的瑞士銀行劫匪，以及一位自有記憶以來便住在喜瑪拉雅山凹處的丹麥登山家。在我的想像裡，里歐是個好奇的猶太男孩，坐在大馬士革（Damascus）的市集裡，好學不倦地背誦古蘭經韻文，並且努力學習阿拉伯語眾多方言中被公認發展最成熟的敘利亞阿拉伯方言。在我看來，他並不相信任何漫無目的的遊逛。他做每件事情都會在心中設立明確目標，他最主要的目標就是蒐集各種相關資訊，好達成他心中讓不同宗教信徒和平共存的理想。他沒問起我十八、九歲時在尼泊爾做些什麼，反而問起當我在成長過程中選擇接受祖傳印度教時，我的穆斯林父親是如何看待我。我告訴他，事實上我痛恨所有宗教。我沒有信仰。印度教對我來說只是一種文化傳承，當我的生長背景引起過多令我難以承受的外在紛擾時，那是一個能讓我隱身其中的表象。

我一開始對他過度打探隱私的態度有些惱怒，但夜晚將盡時，這份惱怒混雜了一絲敬畏。眼前這個男人身上充滿各種我不熟悉的矛盾：他是一位年輕的中東事務專家，一位能對中東歷史與當下局勢進行深度分析的知識份子；然而他卻被困在中東宗教問題裡。他相信終有一天，猶太教與伊斯蘭教這兩個教義彼此敵對的宗教，雙方能相互連結並找到共同點。他並非那種無憂無慮的年輕男子，反而對自己的未來思考得非常透徹。他想要投身於塑造現代中東。

我對此感到洩氣。因為對我來說，中東是個充斥極端想法且女權低落的地區。

「妳這些偏見哪裡來的？」當我委婉表達我的恐懼時，里歐如此回應。「以伊朗（Iran）為例，妳根本不知道伊朗女性是什麼樣子。她們有些人是製片人，有些人是嫻熟議事規則、且口才便給的國會議員。」

「是沒錯，但就算這樣，她們在我眼裡還是像個會走路的黑色帳篷！」我反駁道。

「我們該考量的是她們的想法而不是穿著。況且以衣著這件事來說，她們沒得選擇。」

「但事實上她們可以有所選擇，當務之急就是要努力抗爭，廢除罩袍！當她們努力爭取議會席次的同時，更重要的難道不是該爭取自由行走的權力，不用帶著一個黑色帳篷四處移動，或是包得密不透風坐在男子議會裡嗎？」我說。

「妳自己身為女人，怎麼能這樣批評這些成就驚人的女性！」我聽見他語氣有一絲惱怒。

我氣得七竅生煙地坐在那裡。對我來說，罩袍完全違反了女性身體自主權，勢必得先將其徹底根絕，才有可能討論任何形式的解放。里歐替面紗辯護令我惱火，他是如此專橫地表達對女性事務的觀點，他的反應讓我看起來像是個毫無同理心、對宗教心胸狹窄的半調子女性主義者。

儘管如此，他不斷好奇探問我的過去與價值觀，還是令我感到興奮。他成長於倫敦北部社區，他的雙親仍住在當地，我對他的成長過程感到相當好奇。我想瞭解他的信仰，想知道他的猶太身分對他而言有多重要，當面對自己對伊斯蘭教文化如此堅定的愛好，他又該如何自我平衡。我們各自歷史間所產生的矛盾深深吸引我：像我這樣一位沒有宗教信仰的東方女子，坐在一個有著虔誠信仰的西歐人對面，兩人墜入愛河。

我希望能像里歐一樣，坦承地談論我的過去與我的信仰。但是他對我強烈的好奇心，令我心生恐懼。因為我知道一旦開始談論童年，我一定會有所保留。關於我在孟加拉鄉村的童年生活，我勢必只會告訴他如田園詩般快樂祥和的那部分，例如在滿是恆河豚（shushuk）的河裡游泳，或是在樹洞裡尋找復仇心重的眼鏡蛇，只因為我父親殺了躲在我床底下的公眼鏡蛇，我擔心牠晚上會來咬我們報仇。我無法拿這些美麗的童年冒險故事來欺騙我的愛人，對於潛藏其下的恐懼卻隻字不提。因為成長過程中塑造我性格的，不只是在河裡游泳、釣吳郭魚、尋找恆河豚的蹤跡等這些活動；我父親管理的糧食分配中心有位部屬屢次對我性侵犯。儘管我以我的榮譽為名向父母發誓，但他們都選擇忽視我的證詞。儘管我苦苦哀求那曾勇敢殺死眼鏡蛇的父親，但這起事件中，他卻無法保護他九歲的女兒。

我們從藍調酒吧離開時已是清晨時分。里歐叫了輛計程車，對司機報上他位於泰晤士河南岸的地址。我說我比較想回我的住處，那是位在倫敦東北哈克尼區（Hackney）一間維多利亞風格的雜亂房子，我跟一對姓威斯曼（Wiseman）的姊妹以及她們的弟弟合租，他們分別叫做莎拉、艾瑪跟羅伯特。

「威斯曼。妳沒跟我說妳跟一個猶太家庭住在一起！[4]」

「因為我不認為有必要去替我室友的宗教下定義！他們也很有可能是休京諾派（Huguenots）教徒！科普特人（Copts）！或是祆教徒（Zoroastrians）！[5]」

當黎明破曉，耳邊傳來牛奶車的聲響，以及牛奶瓶被送到前門階時那使人寬心的鏗啷聲，里歐問我兩週後想不想跟他去蘇格蘭（Scotland）度假。他剛考過駕照，且他父母願意把四輪驅動車借他兩週。他說他與另外三位大學友人已經訂好一間位在洛赫吉爾普黑德鎮（Lochgilphead）的度假農舍。我告訴他，我得負責照顧一位空服員單親媽媽的雙胞胎男孩，每週兩次，當她值晚班時我就得睡在她家照顧孩子，因此無法與他同行，否則對方會難以找到代班人選。他與我爭論說我們正要攜手經歷人生重要階段，應當多花一點時間相處。我對他說我們不過才認識十二小時，在跟一個偶然遇見的人穩定下來之前，我還得多花點時間探究對方。他說他真的很希望我能加入這趟旅行。他語氣鎮定同時又極具說服力。我累到無力爭論，在他懷裡睡去之前似乎對他說

4 威斯曼是東歐猶太人大姓。

5 休京諾派為起源於十六世紀法國的教派，亦被稱為法國新教。科普特人意指埃及基督徒。祆教（Zoroastrianism）又稱為瑣羅亞斯德教或拜火教，為古代波斯帝國國教。

了一句，「我會考慮看看」，只因被他緊抱在懷裡的感覺是如此莫名地療癒。昨天他不過是個陌生人，今天已經與我討論要一起度假。事實上我內心已經確定想跟他一起去蘇格蘭高地，只是單純為爭論而爭論。我想要多認識他，好奇地想更深入他的世界。

兩週過去，在共度一個神奇的夜晚後，我們又回到我位在地下室的房間。那晚我們去了特魯利街劇院（Drury Lane Theatre）看了一齣非常棒的戲，那是智利劇作家阿里耶勒．朵夫曼（Ariel Dorfman）的經典劇作《死亡與少女》（*Death and the Maiden*）。劇中主角寶麗娜．瑟拉絲（Paulina Salas）是一位前政治犯，性格黑暗扭曲，我被她深深打動。我對里歐說想要聽海的聲音，因為海是這齣戲裡的主要場景。於是他開車載我去濱海的布萊頓市（Brighton）。清晨時分我們開車回家，一路上靜靜聽著舒伯特（Schubert）的D小調弦樂四重奏，這首令人難以忘懷的動人曲子與這齣戲同名，我們稍早在戲院買了卡帶，用車上的音響播放。

才睡了兩小時，里歐就喚醒我說他必須趕赴新公司上班。

「什麼工作？」我睡眼惺忪地問道。

「我擔任一位巴基斯坦律師的助理，」他說，「他成立私人事務所，提供南亞客戶關於伊斯蘭律法的建議。」

「在哪裡？你說的那個巴基斯坦律師事務所？」

「是伊斯蘭法律事務所，在白教堂區（Whitechapel）[6]，離這裡不遠。我應該會走路過去。留在床上別起來，我自己出門就可以。」

「不，別走，留下來吃早餐。」我說，一想到他這麼快就要離開，我心中有些不捨。「我幫你泡點茶，吃吐司配酵母醬。」

以氣味濃烈聞名的酵母醬是由酵母萃取物製成，英國人喜歡早上搭配吐司一起吃，我來英國沒多久就發現這產品，然後逐漸愛上這口味。

「謝謝妳，但我不吃麵包，今天是逾越節（Passover）[7]。」

「那為什麼不能吃麵包？」

「因為逾越節只能吃未發酵過的麵包。」

「什麼是未發酵麵包？」

「就是沒有使用酵母製成的麵包。沒有發過的麵包。吃酵母醬配上吐司，等於在酵母上面吃酵母！這是雙重不祥的食物！」他說道。這大清早的酵母課程令我驚訝不已。

這件事一直在我腦海揮之不去，甚至開始思考我們之間是否還能繼續下去。想像一下，去蘇格蘭度假卻不能吃麵包會是什麼光景！接下來的那週末，我們去蘇格蘭攀爬英國最高峰，共計五小時的攻頂與下山途中，他拒絕吃我準備的酵母麵包三明治，堅持向同行登山客索討肯德爾薄荷糕（Kendal Mint Cake）來補充能量。我們在本尼維斯山（Ben Nevis）山頂的一陣呼嘯暴風雪中，

6 白教堂區位於倫敦東區，孟加拉移民約占該區人口百分之四十，區內的東倫敦清真寺是伊斯蘭教社區主要地標。
7 逾越節是猶太教三大節期之一。每逢猶太教曆一月十五日至一月二十一日止，此期間教徒食用無酵餅作為慶祝。

為了他奉行猶太飲食規定而起了第一次真正激烈的爭執。

這次爭執不過是往後一連串爭吵的開端，但是接下來的兩年內我們還是深深愛上對方。里歐的想法總會挑戰我的觀念，這讓我對這段關係感到興奮。他讓我對自己的移民背景感到自在，我知道他永遠不會把我的「不同」視作某種刻板的異國情調。我某位法國前男友過去總是用法文稱我為「**印度女子**」，我知道里歐不會如此看待我。此外，我很開心他是如此渴望旅行，也訝異即使在陌生國度他還能擁有完美的方向感。我們從交往初期就開始一起旅行，多數是去中東國家。即使我們人不在中東，而是去了像是安達魯西亞（Andalusia）、土耳其（Turkey）、北非（North Africa），還有印度次大陸這些地方，他也會在當地搜尋阿拉伯伊斯蘭教文明遺跡。「我無法想像沒有你的生活。」當我們站在雅典衛城（Acropolis）的階梯上時，我們對彼此這麼說。他在我中分髮際線抹上硃砂粉，這在印度教文化裡是婚姻的象徵。我們生了一個孩子，一個男孩。我們結婚了，雖然沒能就婚禮形式取得共識，無法決定該舉行猶太式或孟加拉式婚禮，於是乾脆註冊結婚。里歐承諾我，有一天會找到願意舉行聯合證婚的猶太祭司與印度教祭司。身為一位中東關係分析師，讓不同信仰交互對話一直是他的主要志向。

早期，我們（或者多數時候該說我）是如此艱辛地設法面對身為年輕上班族父母的壓力，但是我們從未失去當初在倫敦大學酒吧初識時，那股因為有對方陪伴而感受到的興奮。

既然如此，在接下來的歲月裡，我們為何會替彼此帶來這麼多痛苦呢？

02 母親不是猶太人

那日在倫敦，一個昏暗的贖罪日（Yom Kippur）[8]，夜晚里歐從猶太教堂回家，即將結束為期二十四小時的禁食。在這寒冷的秋夜裡，我也剛從BBC國際頻道（BBC World Service）位於布希大樓（Bush House）的新聞編輯室值了十二小時的班回來。我手指刺痛、背部痠痛，而長時間暴露於霓虹燈光下的雙眼，此刻正在適應家中廚房的柔和黃光。我把包包跟外套扔在廚房，泡了杯茶坐在餐桌前。我們六歲的兒子基朗正在畫著圓臉火柴人，還有他最拿手的圓圓大眼。我對里歐打招呼，他正站在兒子後方看著他畫畫。

「今天還好嗎？」

「還不錯。」

「你看起來好蒼白？」

8 贖罪日又稱敬畏之日，為猶太人一年當中最神聖的一日，當日必須禁食且密集禱告。

「有嗎？」

「葛力克祭司還好嗎？」

「他很好。」

「要喝些茶嗎？」

他沒回答。從我剛進屋到現在他始終繃著臉，他開始整理餐桌上的雜物，迴避我的眼神。我這才意識到是怎麼回事，心裡想著我是否該道歉。我不夠敏感，沒有意識到他正處於贖罪日禁食，在我找到適當詞彙清楚表達我的歉意之前，他先開口了，以他獨有的沉靜而堅定的語氣說道，「今天是猶太曆最神聖的一天。我知道妳對宗教不感興趣，但妳至少可以試著尊重我。」

「你這話什麼意思？我當然尊重你的信仰。你不在家的時候，我甚至還帶兒子去猶太教堂參加星期六的祁福式（Kiddush）[9]，我很喜歡葛力克祭司跟他家人。」

「那妳怎能在我禁食的時候在我面前喝茶？妳大可再等上半小時左右，禁食就快結束了。」

「拜託，不要找我吵架！我工作了一整天，壓力很大。你可能會有興趣知道以色列正不分青紅皂白地砲擊黎巴嫩（Lebanon）南部……」

「妳怎麼可以在贖罪日去上班？妳明知道這對我有多重要。」

「你在說什麼？我不敢相信你會這樣講。我不是猶太人，你奉行你的宗教我沒意見，但我為什麼要禁食？我又為什麼不該去上班？你怎麼可以這麼霸道？」

「妳根本不懂。我一整年都在壓抑自己，唯有這一天我一想到我的孩子永遠不會是猶太人，就會從睡夢中驚醒。」他聲音顫抖地說。我害怕那每年至少得吵上一回的話題又要來了。我們總是在爭論該不該讓孩子成為猶太人，每逢贖罪日這個議題就會被掀起。若要讓孩子成為猶太人，我就得先皈依猶太教。

「就因為我不是猶太人？所以你要我怎麼做？戴頂假髮，吃符合猶太教規的食物，不吃海鮮，進行為期三年的轉化過程？你瘋了嗎？我一直以為我們是很棒的一對；我們想要證明縱使我們來自不同的大陸，有著不同習俗，但我們還是可以共同生活，用健全自由的價值觀教育孩子。我一直寧願相信我們之間的一切，是一個偉大的跨文化愛情故事。」

「但是每當贖罪日我的感受就會不一樣。」他說，一想到我永遠不可能轉化成猶太人，他的語氣難免有些沮喪。但此刻他正全神貫注看著兒子，我決定趁勢離開這個話題，朝臥室走去準備更衣，好前往他父母位在倫敦漢普斯特德區（Hampstead）[10]的家，一起迎接禁食告終。

「我從來沒要求妳歸化，但如果妳愛我，妳就會知道什麼對我最重要。」

當我聽見他這番令人瞠目結舌的言論，我在樓梯口停下腳步。

「因為我愛你，所以在我生產完從醫院回家沒多久，當我們的兒子還只是個小嬰兒時，就讓你替他舉行割禮。這已經是我這輩子遇過最難以妥協的事情。」我邊說邊爬上狹窄的樓梯進入臥室。

9 祁福式為猶太人每逢節日與安息日前舉行的祝福儀式。
10 漢普斯特德區向來以人文薈萃聞名，許多知識分子、藝術家、文學家皆居於此處，此區亦是高級住宅區。

「**我不能歸化猶太教，里歐**。這你是知道的。因為我根本沒有宗教信仰！如果我是虔誠的印度教徒或伊斯蘭教徒，事情就簡單多了。但我不是，你很清楚。」幾週後，我再次向他重申立場。

如今回首過去，我常思考我那激進的無神論是從何而來。一定是起因於我拒絕了父親的信仰。拒絕父親的信仰，導致童年時他無法保護我。

里歐內心或許也很矛盾。根據猶太律法規定，他兒子不算猶太人，這令信仰虔誠的他感到絕望；但另一方面，他出身英國公立學校的背景，使他也有理性思考的一面。里歐擁抱我，要我再次安心，雖然他聲音顫抖，但他說，「我就是喜歡妳現在的樣子。我不會要妳轉化成猶太人。」

「我那時候不得不答應你替基朗舉行割禮，但你要明白我是為了你才這麼做，不是為了兒子。」我如此對他說。

「是，我很清楚。我很感謝妳。」

他的感謝融化了我的心，導致我做出更多讓步。雖然我不是真心相讓，但我發現自己就像個少女，想藉此表達我對他的愛。這種模式在我們的關係中不斷重演。我總是迫切地想得到他的認可。我會拋下自己的理性判斷，不顧一切想滿足里歐對我們家庭的願景。在我看來，他替我們的生活立下了許多令人氣憤且自私的規則，但我卻不斷接受，這一切把我推向崩潰邊緣卻無力掙脫。因為一旦掙脫，便表示我得獨自存活在這浩瀚世界裡，這對我而言是如山一般巨大的挑戰；當年我離開父母，切斷與過去的一切連結時便體驗過這一切。那可不是什麼愉悅的回憶。除此之外，每當我又接受一條里歐的中東任務戒律，他就會以一種出人意料且迷人的方式向我傳達愛意。儘管我懷疑這是他刻意的技倆，但此招一出總能化解我所有疑慮。

「如果你想要以猶太教的方式教育基朗或我們未來的孩子，我不介意。」我聽見自己這麼說。他深情凝視我的雙眼。我立刻就後悔自己方才許下了這個承諾。我想收回，但一切都已太遲了。我想要大喊表示雖然我不信奉神明，但印度教文化仍然對我很重要，而我也希望把這文化傳遞給我們的孩子。

就在那些年裡，熱情與孤寂開始交織出第一道紗線，紗線最終編成了一張在我們婚姻裡反覆出現的織錦。我們的情感起伏不定難以預測，時而出現的高峰令我們持續相互迷戀，然而當無可避免的低潮降臨時，這份不確定亦會撕裂彼此，讓我們不知不覺間成了受害者。我開玩笑稱里歐是「和平鬥士」，因為在我看來，他一心一意地把國際事務置於家庭之前。起初，我很輕易就願意為了他犧牲。當時的我充滿大量的青春腎上腺素，扮演一個女超人對我來說是種享受，身為一個年輕的母親，我還得同時兼顧ＢＢＣ的工作；而他只需專心在中東替許多英美新聞社擔任特派記者。但是當我的和平鬥士愛人提議我們全家搬離英國時，我激動地跳起身。里歐說他永遠無法想像自己在倫敦生活，他研讀阿拉伯文的目的並不是為了要在英國首都老死腐爛，比起在這個污穢的都會中生活、繳貸款，他有更高的使命要完成。我當時覺得他說的話不無道理，心想離開倫敦對我沒什麼損失，既然我能把孟加拉的一切拋在腦後，在倫敦自在地建立我第二個家，那麼只要家人能團聚，要在其他地方打造「第三個家」也不是難事。於是我離開倫敦前往摩洛哥（Morocco），只是去了之後才發現里歐的工作都集中在其他地區，於是我跟兒子常得長期獨自待在一棟寂寞的濱海房屋裡，屋裡彷彿有著一千扇窗戶，而大西洋的冷風不分晝夜灌進屋裡。因為我們還沒安頓好，廚具、家具、木炭全都付之闕如，所以我們在壁爐燒報紙、燒海邊拾來的漂流木，有一度甚至燒起舊小說；我們還得用熱水瓶煮雞蛋。我們的住處距離首都拉巴特（Rabat）搭公車要三十五分鐘，而我們也還沒有租車。然而里歐這位大記者卻跑去跟科菲．安南（Kofi Annan）[11]參加一項聯合國任務，在北非各國巡迴，留下基朗與我兩人瑟縮在濱海住宅，面對大西洋惡魔的訕笑。

我撐了一年才離開拉巴特，丟下里歐回到倫敦。那一年裡，我常幻想自己是《北非情人》（*Hideous Kinky*）[12]的女主角。我試著融入這個人人頭戴土耳其毯帽的中古世紀之城，並且在馬拉喀什（Marrakesh）[13]色彩繽紛的市集裡，與地毯業者討價還價，又或者走在拉巴特烏代亞（Udayas）舊城區裡的藍白巷弄內，在那裡大西洋猛烈沖擊岸邊，彷彿是要毀滅岸上馬木留克（Mamluk）[14]所建造的壁壘。然而當我遊走北非街頭時，身後永遠跟著一個嘮叨、不受控、走路搖搖晃晃的小孩，他總愛問我，「媽咪，我們什麼時候要去找賣蝸牛的？我這次想吃二十六隻。」他之前的最佳紀錄是十八隻。這道摩洛哥佳餚攤後的男人對我說，「妳兒子會讓許多女人心花怒放。」——這道蝸牛湯據說加了十四種具有催情效果的草藥。他只是想與我們攀談閒聊，但聽見這句話只會令我加速離去。基朗與我漫步走回古老的城市迷宮內，繼續與攤販喊價好消磨時光。我永遠無法勇敢地把一切拋在腦後，讓自己徹底沉浸在摩洛哥中世紀古城的迷宮之中。當漫漫長日將盡，我會拖著痠痛的雙腿帶著兒子搭上行駛於濱海公路的公車返家。吃下兩打蝸牛的他如今睡在我大腿上，一想到他是如此信任我，我的心就被罪惡感與自我懷疑壓得不斷發抖。

離開摩洛哥之後，我非常迅速地在倫敦重建生活。我有一份全職新聞編輯工作，一位德國保母。突然之間我的生活有了全新樣貌：兒子、保母與我三人一起生活，而我奔走中東的丈夫每八週會來探視我們一次。我的倫敦生活十分繁忙，我有知己好友還有一份很棒的工作。這樣看似完美的生活維持了一段時間。

我穿梭在社交聚會與搖頭派對之間；我和我最親密的友人，一位名廚兼中菜食譜作家一起烹飪，一起在倫敦各高級餐廳享用美食；里歐旅外工作期間，我屢次幻想要以出軌作為報復，但終究未曾實現；我努力嘗試在伴侶缺席的日子裡獨自享受生活，但仍宣告失敗。最終，當我們的寶貝女兒瑪亞在基朗出生八年後誕生時，我發現自己無法繼續在倫敦如此過下去。身為兩名幼子的母親，我想緊緊跟在里歐身邊，我開始想像自己可以當個更知足常樂的女人，可以像我母親一樣

11 科菲·安南為聯合國第七任祕書長。任期為一九九七年一月一日至二〇〇六年十二月三十一日。

12《北非情人》為英國小說家艾絲特·佛洛伊德（Esther Freud）的自傳性小說，內容描述一名英國少婦帶著二個女兒，為了逃離英國的傳統生活，來到摩洛哥展開冒險。本書亦曾被翻拍為電影。

13 馬拉喀什是位於摩洛哥西南部的城市，馬拉喀什意為「上帝的故鄉」。當地有摩洛哥最大的露天市集。

14 馬木留克為西元九至十六世紀間，效力於阿拉伯哈里發和阿尤布王朝蘇丹的奴隸兵統稱。

放下所有自我要求，像我婆婆一樣信任丈夫，盲目效忠丈夫指派的工作與任務。我腦中不斷想著，「ＢＢＣ的工作有什麼了不起呢？為了愛，為了守護這份幸福，我什麼都可以放下。」我只想沉浸在與里歐共處時所感受到的濃烈幸福之中。我當時在新聞編輯室任職區域編輯，正處於發展事業的黃金時期，但沒多考慮便申請了留職停薪一年。我的上司們不可置信地看著我，彷彿我是個叛徒；他們不但視我為得意門生，還升遷我的職位，我卻背叛了他們。

某個美好的日子裡，在我情緒亢奮之際——甚至比我有如女超人般膽大妄為的二十幾歲時所經歷的迷幻藥之旅還亢奮——我告訴里歐我會隨他一起去敘利亞。當時他又提起移居中東的計畫，而那正是他想去的國家。里歐說，當年他在敘利亞首都大馬士革學習阿拉伯文時遇見了最棒的老師，他想要繼續向他們學習。然而封閉的敘利亞政權拒絕讓他以記者身分在大馬士革定居。我們推測是因為當年他在大馬士革留學一年研讀阿拉伯文時，敘利亞政府已把他的猶太人身分登記在案。那段期間他正經歷一段宗教覺醒，前去參訪了該國僅存的幾座猶太教堂。他認為他的行徑一定是被敘利亞祕密警察記錄下來了。我懷第二胎期間，某回假期我們前往大馬士革旅行，結果「不是那麼祕密」的祕密警察證實了我們的推測。里歐在機場被審問了好幾個小時，這段期間他們肯定會在他的檔案裡加油添醋寫上幾筆，他們拷問他父母、祖父母、曾祖父母，甚至我父母跟祖父母的姓名，只為了再度確認跟重建他的猶太族譜。那回旅行之後，他屢次申請敘利亞簽證遭拒，甚至被置之不理。里歐推斷他只能暫時擱置他的大馬士革夢。因此他聯繫兩家報風嚴謹的英國報社，自願前往約旦（Jordan）首都安曼（Amman）擔任特派記者。那時關於美國即將攻打伊拉克（Iraq）總統薩達姆．海珊（Saddam Hussein）赤色政權的謠傳不斷，那些報社編輯很開心能找到這位充滿熱情且操著一口流利阿拉伯語的年輕中東專家自願深入戰區採訪。幾個月後我們來到安曼，在那裡住了一年。那一年裡，里歐經常前往伊拉克首都巴格達（Baghdad），替幾家英國主流報紙採訪伊拉克戰況。

住在安曼的十三個月期間，正逢伊拉克戰爭揭開序幕。我當時沒想過這將會是我與里歐日後中東生活的縮影。待在約旦的那段日子裡，每當里歐前往巴格達時，我不只要擔憂自己與兩個孩子獨自住在不友善的環境裡，並且當新聞傳來巴格達暴動者綁架並斬首西方人的消息時，總令我膽顫心驚。

當英國從安曼撤離僑民時，我便離開了那座城市，帶著瑪亞跟基朗來到波斯灣，那是我們印度之旅的第一段航程。

當我們人在阿布達比（Abu Dhabi）時，氣溫上升至攝氏五十度，我焦躁地在阿拉伯聯合大公國（ＵＡＥ）的首都遊晃，把赤足埋在柔軟綠草間。在距離我不到一公里處，有片廣闊的沙地一路往東延伸至阿曼灣（Gulf of Oman），往西橫跨沙烏地阿拉伯（Saudi Arabia）一路直到紅海阿卡巴灣（Gulf of Aqaba）東岸。處在阿布達比修剪整齊的公園裡，我待在鳳凰木樹蔭下開心地與南亞工人用印地語（Hindi）交談。這個國家裡從清掃環境一直到經營百貨公司，每個角落都有南亞工人的身影，唯獨政府辦公室與機場入境審查單位例外。這些職位都由一身全白的男子們把持，這些波斯灣阿拉伯人頭戴招牌白色阿拉伯頭巾，身著白色長袍。

我從阿布達比飛到杜拜（Dubai）好逃離一場戰爭，那場戰爭在接下來的幾年內，替中東歷史與整個世界都留下了可憎且持續的影響。我在杜拜搭機前往下個目的地印度次大陸，第一站是德里（Delhi）。接下來三個月內，當我的小女兒在孟加拉村落裡試圖伸手拿一桶水時，踏出了人生第一步；而她在一家杜拜商場模仿一位售貨員說話時，吐出了生平第一個清楚的阿拉伯字：「*mish mushkil*」，意思是「沒問題」。

美國與伊拉克間戰火仍猛烈之際，我帶著一雙兒女回到倫敦。瑪亞滿兩歲時，我又回到BBC工作，重回熟悉的新聞編輯室。我很幸運，因為新聞機構有一項政策能提供女性職員延長產假。每當我發現自己隻身帶著兩個孩子待在倫敦，這份工作總一次次把我從抑鬱邊緣救回。

里歐繼續在巴格達工作了一年，而我每天在倫敦撰寫許多關於伊拉克戰爭的新聞故事。許多夜裡我會從惡夢中驚醒。每當新聞報導又一名外國記者失蹤時，我會索性不看不聽好推開這令人不安的恐懼。

最終他還是回來了，花了一年時間寫了本書，主題是日漸入侵的美國文化如何影響伊拉克新宗教秩序。那一年我們又討論要再次移居國外。我比較想去北非，想再去一次摩洛哥或是突尼西亞（Tunisia），甚或阿爾及利亞（Algeria），然而里歐，他先是語帶怯懦而後口氣斷然地宣布，他認為自己唯一能派得上用場的地方是耶路撒冷。

「我絕對不要去耶路撒冷。你在開我玩笑吧！我們為什麼要跑去住在一個隔離社會？」我挫折地對他大喊，而他成天把耶路撒冷掛在嘴邊，活像是縈繞耳邊從不間斷的嗡嗡聲。我把自己鎖在浴室裡好躲避他對耶路撒冷高談闊論。我晚上離家與朋友聚會，以免他跑來質問我到底要不要跟他去耶路撒冷。我提早就寢好讓他沒有機會在床上與我討論耶路撒冷。有一度他的嗡嗡聲似乎減弱，我也跟著鬆懈，以為他明白我的立場了。然而某個晚上他回家後，宣布他找到一份國際危機智囊團的工作，被分派到耶路撒冷擔任中東分析師。

「妳不是說很希望我能找一份不用一天到晚出差的工作？這就是了，這份工作可以讓我跟家人定居耶路撒冷，只要偶爾去西岸跟加薩走廊出差。我不用去戰區，也不用報導區域政治，只需要專心處理以色列跟巴勒斯坦之間的衝突。」

「你確定？」

「沒錯。」他語氣堅定，不帶一絲顫抖。「我很確定。妳願意一起來嗎？」

「無論我跟不跟，反正你都去定了啊。」我心想。我試圖權衡眼前兩種選擇的代價與利益：跟兩個孩子留在倫敦，這樣的生活我再熟悉不過；或是一家團聚，隨他搬去耶路撒冷，儘管那是一個被安全牆、檢查哨、公車炸彈分隔的城市。

最後我同意跟他去耶路撒冷。出發前幾個月，我試圖想像住在以色列會是什麼情景，我過往與以色列接觸的經驗就還挺有趣的。十八歲那一年，我在加德滿都（Kathmandu）自助旅行，在大麻氾濫的尼泊爾小鎮村莊裡，一群喧鬧的以色列年輕人令我詫異不已，因為他們正在享受他們的「正常化假期」，所謂「正常化假期」是由政府補助退役徵召士兵放假。這群年輕人說著陌生的語言，在加德滿都骯髒的咖啡店與小吃店內尋歡作樂。倘若命運之神當下告訴我，日後我會跟這些年輕男女住在同一片土地、說著希伯來語，以準猶太人的身分養育我的孩子們，我肯定會嗤之以鼻。

然而猶太人對耶路撒冷的渴望，對我來說並不陌生。早年我在倫敦與威斯曼一家人同住時，在我認識里歐之前，我跟一位猶太復國主義者頗為熟稔，他總夢想著有天能回到耶路撒冷。這座城市在猶太人的靈魂裡根深蒂固，就連對這個最古老的閃族（Semitic）[15]信仰的極端左翼支持者而言，耶路撒冷也有其象徵意義。它代表著希望。里歐總說和平會由這裡開始，一旦交戰雙方同意停火，並且不再使用暴力，和平就會從這個眾人爭奪的城市開始蔓延。他對此深信不疑，兩個民族都把各自的希望寄託於此，終有一天，他們於此和平共存的夢想將會開花結果。也是在這座城市裡，他們經歷了相同的恐懼，他們恐懼這個夢會因為雙邊政治勢力消長而蒙上陰影。然而許多耶路撒冷居民眼中的恐懼，在里歐看來卻代表著希望，他認為有衝突至少表示雙方有交集，這裡不像以色列第二大城特拉維夫（Tel Aviv）那樣，刻意選擇性忽視發生在家門口的衝突，那裡的居民活在自我否定之中。

要我舉家搬離倫敦遷移至耶路撒冷的衝突區，我是百般不願意，然而我內心卻對猶太人有一股家人般的情感認同。我想那是因為我的兩個孩子算是半個猶太人——雖然根據猶太律法，他們並不是偉大猶太家族的一份子，因為唯有女方是猶太人，生下的孩子才算猶太人。但對我來說，生物學比猶太法典《塔木德經》（*Talmud*）來得重要，再說我的靈魂缺乏信仰，因此既然他們的父親是猶太人，那他們就是半個猶太人。我已逐漸接受他們的猶太身分，因為如此能讓里歐開心。一開始我是出於妥協才同意以猶太傳統養育他們，但沒多久我也開始喜歡上在安息日（Shabbat）[16]點蠟燭、全家聚在一起吃晚餐這些習俗。這個全世界最強盛的部落宗教在各方面都令我感到好奇，諷刺的是猶太教有許來自歐洲的信徒，然而歐洲卻是一片擺脫陰暗宗教歷史已久的大陸。

至於巴勒斯坦人，我對他們的認同除了出於政治層面之外，還有其他許多部分。這群東方第三世界的居民在我眼裡格外親切。我能理解他們的熱情、憤怒與家庭觀，除此之外，儘管他們信奉的伊斯蘭教，跟我在印度次大陸所熟知的版本在許多方面都有所不同，但我多少算是有些瞭解。某方面而言，伊斯蘭教特有的街頭文化令我倍感熟悉，比方說清真寺與禱告播音，還有耶路撒冷舊城區的巷道裡，有許多商店門口散放著多彩香料與中國製的玩具，而巴勒斯坦攤販在一旁喊價。我成長於孟加拉農村，那兒的市場有著同樣紛亂的場景：禱告播音與寺廟鐘聲迴盪在耳邊，還有一張張表情豐富的臉孔，一雙雙閃閃發光的雙眼投射出相似的原始情感。

然而某個週六早晨，當我在西耶路撒冷空蕩的街頭遊逛之際，聽見猶太教堂裡眾人正齊聲朗誦安息日祈文，這會讓我內心滿溢一股奇特的情感。我在這世界上最愛的人，是這項傳統的一份子。我跟他的孩子們也有一半屬於這個傳統，屬於眾人頌念的讚美詩，某些程度來說，也屬於我現在居住的這座城市——三千年來，世界各地的猶太人每年逾越節的祈禱文裡都會提起這座城

15 閃族，又稱閃米人，為源自阿拉伯半島和敘利亞沙漠的遊牧民族。阿拉伯人、猶太人及敘利亞人都屬閃族。
16 安息日為猶太教每週一天的休息日。

市：「明年在耶路撒冷。」到目前為止，我加入這個猶太家庭已近十五年，幾乎每年逾越節整個家族都會圍繞餐桌前，一起讀著《哈加達》（*Haggadah*）；《哈加達》的內容是關於猶太人出埃及的故事，這則祈禱文我至少讀過十五次。

在我們終於抵達耶路撒冷的那一天，我終於認命了。「所以我們今年逾越節祈禱文是不是該改口了？」當我們在本—古里安國際機場（Ben Gurion Airport）搭上計程車後，我這麼問里歐。「改成**今年**在耶路撒冷！」

里歐臉上帶著燦爛的笑容用手肘輕推我，他雙眼發光，流露出難以言喻的款款深情，他說，「我們會搞定這一切的。」

03 耶路撒冷那一年

我們在以色列的第一棟房子，就矗立在西耶路撒冷熱鬧的艾梅克勒方街（Emek Refaim），這街道名稱的原文意思是「鬼之谷」。我們第一次來看屋時問了許多人，但沒人知道街名由來。後來我自己查資料找到至少四種不同說法，我選擇相信以下這一則：「根據《希伯來聖經》第五卷《申命記》（*Deuteronomy*）一書記載，在猶太人占領這片土地前，所有敵人都被視為『鬼』或是『巨人』。」如今在這個歷史不足半世紀的嶄新以色列國度裡，敵人想必就是巴勒斯坦人。這條綠意昂然的街道上一棟棟豪宅林立，但如今過往居民已然棄守，再無人聽見阿拉伯人的聲音，還有什麼可以比「鬼之谷」這個街名更能準確描繪此情此景呢？就連少數在各個咖啡店與餐館廚房流理臺後方工作的巴勒斯坦人也保持低調，對他們的猶太雇主與顧客說著一口道地希伯來文。這些留在當地與流亡他鄉的巴勒斯坦人，就是二十一世紀遊走在「鬼之谷」這條街的鬼魂，後來我與一位曾經歷那段歷史的人結為朋友，對方也認同我這個觀點。

當然，在新來乍到的旅人眼裡，這條街開滿了一間間熱鬧的咖啡店、餐廳、戲院，還有設計師品牌的女性內衣與服飾店，怎麼看都跟鬼扯不上關係。這些熱鬧的商店距離我們租來的房子只有五分鐘路程。基朗在一家知名的音樂教室學彈吉他跟打鼓，那間學校也在這條街上。

我們那棟房子一樓曾經是某間阿拉伯豪宅的一部分，那裡空蕩有如洞穴，雜亂中帶著優雅，牆上嵌著好幾扇高拱窗。一九四八年以色列建國後，接手的屋主們加蓋了兩層樓，把先前的豪宅隔成兩戶雙併住宅。負責整修的建築師重新設計了整棟建築，巧妙玩弄結構以沖淡原屋的阿拉伯特色。這個新國家的新建築流派先驅們，不再單以「阿拉伯」三個字來形容這些房子，而是改稱其為「阿拉伯風格」。「阿拉伯風格」這個詞彙的定義就跟這個建築流派一樣曖昧。它可以用來形容一九四八年後，根據傳統阿拉伯風格所建造的房子，也可以用來稱呼一九四八年之前所建的正宗阿拉伯住宅。我們搬來這裡不久後，我便發覺這個概念是刻意維持模糊好混淆以色列新世代對於歷史連貫性的認知，好抹去這個國家某一段特定歷史。後來我們在以色列境內旅行時，便碰到許多試圖模糊以色列那段巴勒斯坦歷史的類似案例。主流媒體跟電視紀錄片鎮日播送著古老的歷史：偉大的大衛王（King David）統一了猶太國，或甚至會介紹鄂圖曼帝國（Ottomans）與拜占庭帝國（Byzantines），因為如今他們對以色列已不再構成威脅，然而關於這片土地最近代的歷史卻未見隻字片語，流亡的巴勒斯坦人與他們後代子孫的歷史無人聞問。

我們在艾梅克勒方街那棟房子的頂樓是於一九五〇年代增建，光線與空氣透過高高的窗戶散進屋內，淹沒寬廣的主臥室，頗有一絲「新聖殿」建築風格色彩。所謂「新聖殿」建築就是根據神話所描述的，被羅馬人於西元七十年摧毀的第二聖殿（Second Temple）[17]的樣式，建造出時髦華麗的住宅，而引進此種風格的建築先驅們，也許是為了想壓倒占有優勢的古阿拉伯建築之美，連帶把另一種風格狂妄的建築計畫引進猶太國，那就是蓋上一間間的旅館與購物中心。我的女房東是一位對宗教無感但狂熱支持猶太復國主義的高大女子，在以色列博物館工作的她，常開玩笑說她的德國猶太家庭成員個個體積都如此龐大，所以她不得不把房子改建得夠大夠寬敞才能容納他們。她不願透露原屋主身分，但是在我們簽完合約並預先匯了三個月房租到她銀行帳戶後，她才熱心地告訴我們屋裡發生過兩起謀殺案。第一起是一位心懷妒忌的妻子殺了丈夫，也或許是反過來；第二起則是一位巴勒斯坦園丁殺了他的猶太雇主，因為她沒付他酬勞。

我不想深入探究這些故事，因為我搬來不久後就稍稍被這些故事嚇到。我意識到自己常常得晚上一個人帶著兩個孩子，而基朗對謀殺謎團、血跟血塊又著迷不已，他不斷問我有可能會是什麼事情引起殺機這類的問題，令我更加不安。

我發現我很難在這間屋裡獨處。只要孩子們在樓下玩耍，里歐就會嫌吵；這棟房子中央如教堂一般挑高，因此噪音不但會透過回音穿透到他樓上書房，而且音量還會增強五倍之多，所以他總跑去咖啡店工作。我們在倫敦的家是棟簡單狹窄的三層樓維多利亞風建築，裡頭舒適溫暖還鋪了地毯。而艾梅克勒方街這棟房子則是空蕩蕩充滿回音。只要我獨自待在裡頭，平日潛伏屋內的

17 第二聖殿建於西元前五百一十五年，用以取代被新巴比倫王國摧毀的第一聖殿。西元七十年，羅馬帝國入侵耶路撒冷，聖殿被焚毀，僅留下西邊一道圍牆，即是俗稱的哭牆。

噪音與舞動的幽靈就會湧現，慫恿我接受邀請，跟著它們在屋裡走走繞繞。於是我也成了在屋內遊走的幽靈，宛如一具空洞無形的容器，承載著這片土地遭人刻意抹去的歷史。

有著挑高圓頂天花板的廚房，改建前想必是一處天井式庭院，還有迷迭香與敘利亞奧勒岡盆栽靠著外牆排排站。當年屋主與鄰居的孩子們，可能會在這庭院繞著一棵每年開一回香花的孤單扁桃樹玩耍。但如今天井上頭已經被巨大的透明塑膠圓頂封起，光線透過圓頂撒落屋內。我常覺得自己彷彿身在教堂，特別是當晚上里歐外出而孩子們也就寢後，我獨自熄了燈，坐在嵌入式的廚房吧臺前戴上耳機聽音樂時，感受特別強烈。

我們當初會選擇這間房子，是因為艾梅克勒方街上咖啡店林立，看來十分熱鬧，但我們很快就意識到整件事是一場騙局。這裡的居民大多是美籍猶太人（偶爾夾雜一些英國人與法國人），他們購入許多阿拉伯豪宅，但只有猶太假期時才會來住。因此一整年裡其他時間，這些房子總是上著鎖，空空蕩蕩的。在這條街上眾多咖啡店跟餐廳裡，英語隨處可聞。我們搬來這裡的頭一個月就發現這裡到處都是來自英語系國家的猶太人，而比起我跟孩子們，里歐的感受尤為強烈。咖啡店的服務生甚至拒絕跟里歐用希伯來文交談，這讓他十分憤怒。早在我們還沒安頓好之前，他就開始後悔搬進了這個英語橫行的保護罩裡。他不願意與我們一起去艾梅克勒方街上，享用各間不同咖啡店著名的以色列早餐，那裡的早餐分量大到全家人共享一份都沒問題。我們搬過去後的前兩個月幾乎天天外食，因為負責幫我們把家當從倫敦運到耶路撒冷的船運公司把東西搞丟了，於是我們住在洞穴般的大房子裡卻沒有一件家具，甚至連張床都沒得睡。我們只能與山谷裡鬼魂

我們第一棟「阿拉伯」房子的入口。

的回音共居，栩栩如生活靈活現地出現在屋內每個角落。

我們房子後方就是席雷爾咖啡店（Café Hillel），那間店是這條街著名的地標，因為就在我們抵達耶路撒冷的前一年，有位二十二歲的自殺炸彈客在店門口引爆炸彈，造成二十多人喪命，當中有幾位還是反對以色列強行占領的重要以色列知識份子。這間咖啡店位在一棟優雅的阿拉伯建築一樓，過去一年來已重建為現代新穎的玻璃櫥窗店面，並且再度成為眾人聚會的熱門地點。「事實上，現在比過去還更忙。」老闆這樣對我說，「因為重建後老顧客又繼續光顧，還多了許多新客人想過來看看這個地方在爆炸之後成了什麼樣。」我不禁想著人類真是天生就對死亡、毀滅與未知的恐懼著迷。又或者我們生性就愛挑戰潛在危險，並藉由造訪危險之處來克服內心恐懼？

我們每天早上都會去這間席雷爾咖啡店吃早餐，餐點包括一份巨無霸香草歐姆蛋、咖啡、新鮮柳橙、五種不同的沾醬、鷹嘴豆泥（hummus）、蔬菜沙拉、配沾醬食用的生菜、一片口味不一的甜點，再加上新鮮的硬皮麵包。孩子們會狼吞虎嚥吃下這些餐點，他們永遠都處於飢餓狀態。我們屋裡沒有熟食，因為鍋碗瓢盆全都還在運送途中。我們親切的鄰居借給我們三張床墊，我們便直接把床墊放在石頭地板上睡，好在當時是八月末，是全年最熱的月份。到了第二週我買了一個湯鍋跟平底鍋，這樣一來，臨時有需要便可以煎個蛋、做點簡單的義大利麵，然而愚蠢如我竟忘了買盤子。某天早上我們懶得著裝外出用餐，於是我往平底鍋打了幾個蛋之後，突然意識到此事。我跑去找借我們床墊的鄰居，問他們可否借我們幾個盤子就好。我們手邊有足夠的塑膠餐具，全都是每回外帶餐點時，基朗跟瑪亞收集下來的。

「我們手邊恐怕沒有多的盤子。」我們的鄰居，艾倫與卡蘿・羅森索語帶尷尬地說。

「只需要借兩個盤子給孩子用，不會借太久的。我們的東西應該很快就會送來了。」我對他們說道，心中不解他們何以會拒絕如此簡單的要求。

「真的很抱歉，我兄弟為了舉辦婚禮，把我們所有的備用碗盤都借走了，真的沒有多的可以借給妳。」卡蘿的語氣聽起來相當過意不去。

我為此大感意外。他們是有三個孩子的大家庭，住在寬敞雙併住宅的其中一戶，他們肯定會有多的盤子可以借我們。我一臉失落困惑地站在我們兩戶共享、中間只隔著一道低矮竹籬笆的寬敞露臺上。一臉親切的羅森索夫婦見狀便說道，「有其他需要儘管開口。妳需要床單、毛巾嗎？」

「不用了，謝謝。」我心不在焉地說，內心仍疑惑為何她連兩個備用的盤子都沒有。我想到躺在平底鍋裡的蛋，我可以聽見瑪亞與基朗在爭論誰該吃較軟的那一顆。基朗對煎蛋有特定要求，他只吃完美的單面太陽蛋。有時候雞蛋剛從冰箱裡取出，煎了兩分鐘「太陽面」還是冷的，我只好翻面煎。但是基朗拒絕吃翻過面、蛋黃被包在柔嫩蛋白裡的荷包蛋。

我的鄰居急著要回到屋內。我本也該趕快回去顧著鍋裡的蛋，然而卻傻傻地在開花的仙人掌以及粉紅與白色的天竺葵花叢間，多站了一分鐘左右。

最後孩子們只好用塑膠叉子，直接就著平底鍋吃起雞蛋。

當晚我對里歐談及此事，才明白箇中原因。

「妳瘋了！妳不能向虔誠的猶太人借碗盤餐具。他們飲食得符合猶太教規。」

原來是這麼一回事，我怎麼會這麼久才想通？畢竟猶太餐的規定我也不是最近才知道。當年里歐來自耶路撒冷的虔誠親戚到倫敦借住我們家，他們還得事先問過我們是否吃肉。當時我們吃素，我便回覆說我們不吃肉，因此他們才過來借住。然而我沒跟他們說雖然里歐與我不吃肉，但我偶爾會替兒子煮幾根熱狗。我實在開不了口，因為說了就代表我得買一組全新或是拋棄式餐具，並且要單獨烹煮他們的食物。甚至照理說，就連煮過非猶太餐肉類的爐子都不能用。里歐說他表姊夫雅可夫知道基朗會吃肉，但卻假裝不知情好繼續住在我們家，不然他就得在北倫敦猶太社區另覓住處。如此一來，在這全世界消費最昂貴的城市之一住上兩週，便能替他省下好幾百美元。然而雅可夫他那戴著猶太禮帽、在耶路撒冷就讀宗教學校的十三歲兒子阿默思可就沒這麼好騙，他不但會翻找我們冰箱的冷凍庫，還一直追問我們當時年僅三歲的兒子喜不喜歡吃雞柳條。但還好基朗說他最喜歡吃學校營養午餐裡的恐龍造型雞塊，這回答讓我鬆了口氣。

在經過雅可夫跟阿默思幫我準備的這場猶太餐震撼教育之後，我不禁覺得這是猶太教傳統中令我不舒服卻又非常重要的一環。面對這種排外習俗，我實在毫無耐心應付，這習俗不僅會趕跑非猶太族裔，就連不信教的猶太人也會被疏遠。它會讓最親切善良的男女都變得鐵石心腸。我的鄰居樂於出借床單與浴巾，但卻無法借我一個盤子。如果我吃的肉類跟蝦接觸到他們的盤子，這些盤子就得送進洗碗機以七十度高溫洗滌，然而一旦那臺洗碗機洗過這些接觸不符猶太教規食物的碗盤餐具，那臺洗碗機本身亦會被認定為不符猶太餐教規。

「宗教不講究邏輯，宗教的重點在於儀式。」里歐說，「古老的儀式透過祖先一代代傳承而來。這雖只是一種部落習俗，但對許多人來說仍舊意義非凡。」

儘管我們早上時常懶洋洋地坐在席雷爾咖啡店陽光普照的露天座位上，享用眼前一盤盤美味的沾醬與麵包，但基朗在那裡卻無法完全放鬆。

「根本分不出來我們人在哪裡。」有一天他這麼對我說。「每一桌的客人都在講英文，我們感覺好像身在某個美國小鎮一樣。」

「好像真的是這樣。」我說，「所以你爸才從來不跟我們一起來這裡。」

「爸不喜歡美國？」

「他不喜歡這裡的美國猶太人老是把猶太教當成炫耀的工具。」

「那爸為什麼堅持要帶我上猶太教堂，還堅持要幫我辦成年禮？」

「我猜他是想要把傳統傳承給你——或是照他的說法，那叫做部落文化——就像他的祖先傳承給他一樣。」

「那妳的祖先呢？」

回答他的問題之前，我叫他趕快先吃早餐。接著我告訴他，對某些人而言，尋求部落的歸屬認同是很重要的一件事，因為知道自己並非孤身活在這浩瀚殘酷的世界會令人感到寬慰。但對我而言，是不得不斷斷過去種種家族歷史的糾纏，然而我相信此舉引領我走進了另一個歷史世界，引領我面對新一代魯莽而寂寞的靈魂。這些幽靈盡力尋求歸屬感，卻始終無法如願。

所以鬼之谷裡真正的鬼魂到底在哪裡？那些應該在屋內與街上漫步的鬼魂呢？我們消磨早晨

時光的那間咖啡店，裡頭的鬼魂去了哪裡？還有那些拋下這一棟棟巨大華麗如宮殿般宅邸的原屋主們，他們的鬼魂又身在何方？

沒多久我就遇見了其中一縷幽魂，不過是這縷幽魂已經投胎轉世，他叫做艾里安。

自從他獲發以色列護照後，他便去掉了原名艾里安（Elyan）裡頭阿拉伯特色過於強烈的「y」，改為十分普遍的猶太名艾倫（Elan）。這本護照認證了他極為特殊的「以色列阿拉伯人」身分。他是耶路撒冷基督教青年會（YMCA）附設餐廳的退休領班，而我女兒瑪亞就在那間基督教青年會上幼稚園。耶路撒冷的基督教青年會設立了市內唯一一所希伯來文與阿拉伯文雙語和平共存的幼稚園。某天早上瑪亞吵著要吃巧克力麵包捲，而艾里安有如神的使者一般翩翩降臨，前後三次滿足她的願望。後來這逐漸變成我們每日早晨的例行儀式。我們每天早上八點抵達基督教青年會，人都還沒走到這棟建於巴勒斯坦英國託管時期的雄偉建築的樓梯口，我女兒就開始往上跑，她會快步穿過華麗大廳來到擺滿亞美尼亞風石桌的奢華餐廳露臺，找尋艾里安的身影。他雖已退休，仍習慣每天早上來這間咖啡店，坐在遮陽棚底下的座位喝咖啡。他會帶她去自助餐櫃臺，讓她從滿滿一托盤的各式甜麵包中挑選。為了討我開心，她會非常有外交手腕地先替我挑上一個乳酪捲餅，於是我只能勉強微笑接受，但在心底默默反對她手裡滿滿的迷你巧克力捲。艾里安會輕輕捏著她塞滿巧克力的雙頰，一邊低聲說著，「*Hilue, hilue*」，意思是「甜，甜」。而我會一邊煩惱著她蛀爛的牙齒，一邊在心底咒罵這位和藹可親的阿拉伯人。

但後來我們卻成為朋友，因為我終究適應了這個阿拉伯的「甜蜜」傳統，他們會無止盡地拿甜食餵兒童，餵到他們生病為止。既然人都住在巴勒斯坦，就沒道理拒絕阿拉伯式的待客之道。就在我不甘不願地接受自己的女兒每天早上都會往嘴裡塞滿甜麵包捲這個事實之後（「媽咪，反正那只是乳牙啊。」她竟會如此替自己辯護！），艾里安與我開始一起共享晨間咖啡。正因如此，我才逐漸瞭解他早在一九四八年前，當他還是個小男孩時，就穿梭於耶路撒冷艾梅克勒方街的巷弄間。他的家族擁有一大片土地，一路延伸至艾梅克勒方街的市郊，那裡過去被稱為巴卡區（Baqaa），如今該區範圍縮小後，改名為貝特賽法法區（Beit Safafa），現為以色列境內的阿拉伯社區。艾里安在那裡出生且仍居於當地。

「我父親認識這些房子的主人。」有一天艾里安開車載我在街上閒逛時這麼說道。「艾梅克勒方街過去可說是阿拉伯富豪街。一九四八年後的猶太人改名字改得好，這裡現在的確是鬼之谷。當車子開過這條街時，我都可以感覺到我父親的朋友在我頸後呼氣。」

艾里安小時候，每當他父親跟友人們在艾梅克勒方街的豪宅裡坐在低矮的貴妃椅上，喝著阿拉伯咖啡時，他就會在舊鐵道沿線玩耍。如今這條鐵路已廢棄，改建為一條自行車與行人專用道，兩旁高級餐館林立。雖然自一九四八年後，這些房子跟這整條街都已大幅改建且徹底現代化，或者是所謂的去阿拉伯化，但人們還是可以在某些房子的混凝土外牆上，找到以精緻阿拉伯文字跡所寫下的古蘭經文。陽臺上仍保留著做工精細的鑄鐵雕花欄杆，壯觀的鄂圖曼風格拱窗也依然可見。它們外型近似歌德風格，但是上色的磚牆與阿拉伯建築風格的鑄鐵雕花，替厚重的耶路撒冷石牆增添了一絲輕盈。某些房子上半部依然保存舊有的彩色玻璃窗，再配上或藍或綠的百葉窗。

通常像我們家那樣改建過的房子，外觀都會介於現代與阿拉伯風格之間，看起來過度裝飾且沉重。然而艾梅克勒方街兩側房屋多數仍原封不動，呈現陰柔而鮮明的阿拉伯風情。

「當年住這裡的都是巴勒斯坦有錢人。看看這些房子就知道了，一個現代家庭哪裡用得上那麼大的空間。也因此他們不用把雜物堆擠得到處都是，孩子們就可以隨意奔跑。每棟主屋座落於一座廣闊的花園之中。某個角度而言，過去家家戶戶用圍牆圍起的大片空間，如今算是得到正義，因為它們現在開放給眾人使用。」艾里安解釋道。

過去那些寬闊的宅邸如今都被改建且重新隔間，好讓現代小家庭能入住其中。但至少這些房子如今已登記在案，建築外觀不能再任意拆除或是大肆改建，其他地區較小間的阿拉伯房屋命運可就不同了。有些街道在一九五〇年代就拆光了過去那些裝飾華麗的巴勒斯坦房屋，好騰出空間建造一種稱為「*shikunim*」的醜陋高聳混凝土建築，解決成千上百新移民的居住問題。這個新國家不斷鼓勵世界各地的猶太人移居此地，以提高其人口比率。

「這裡以前有很多鳥。西耶路撒冷當時就是個綠意昂然的小村莊，有許多當年英國人種植的高大尤加利樹與地中海白松。當我的同胞離開這城市後，甚至連鳥兒都跟著逃走了。」艾里安說。

我們往南行經塔爾皮歐區（Talpiot），最後抵達貝特賽法法區，他那些未曾逃離此地的家人仍住在那裡。

「他們會奪走一切。猶太政府要貫徹聖經裡的任務，他們要奪走從尼羅河到幼發拉底河之間整片土地才會開心。但說不定就算如此，他們也不會滿足。」

我不是第一次聽見像這類關於猶太人對土地貪得無厭的假設，這說法在巴勒斯坦人之間相當流行。

雖然艾里安沒有補充什麼精準的政治觀點或歷史典故，發言全憑個人記憶，但這趟鬼之谷探訪行仍令我情緒激動不已。我們是確確實實走了一趟鬼之路回到過去。

幾週後，我參加了由東耶路撒冷的聖城大學（Al-Quds University）籌劃的旅行團，發現自己又走了一回相同旅程。不過這一回沒有鬼魂，但有貨真價實的政治與歷史解說以及相關分析。這趟行程是經過特別安排，讓幾位如今住在約旦或美國的前艾梅克勒方街居民重回舊家，並且讓他們有機會談談自己的感觸。

我帶著我婆婆喬依一起參加這趟行程。當時她來耶路撒冷拜訪我們，或者該說她是來拯救媳婦與當時唯一的孫兒們，因為他們又一次發現自己身處陌生國度，被困在一間沒有家具的空房子裡。這不禁令人想起我們當年在摩洛哥的日子，當時與世隔絕的我們，被大西洋的冷風吹得直打哆嗦，而她那喜歡周遊中東的兒子又不在家，因此她非得來援救我們不可。喬依對這趟行程感到非常興奮。她在一九五六年出生於埃及一戶富有體面的猶太家庭，那正是第二次中東戰爭前一年，這場戰爭導致她全家被迫遷離，永遠無法回到他們位在亞歷山卓（Alexandria）、那棟占地寬廣且曾多次增建的優雅宅邸。

胡妲是這趟行程的主辦人，也是艾梅克勒方街上某棟巴勒斯坦房屋「前任居民」的女兒。我們來到她父親兒時住家前，隔壁的大房子當年是她伯父的，而緊鄰在側占地寬廣的建築則屬於她另一位伯父。她情緒看似沒什麼波動，不像有的人眼眶泛淚；但那是因為那些人年紀較長，他們曾親身在這些屋裡留下成長的記憶。他們談起各自後院的石榴樹、多汁的金桔與長角豆；聊起院子小徑的希伯侖（Hebron）地磚或是客廳地磚的花紋。他們每個人的記憶都還如此鮮明，鮮明到可以根據他們的記憶繪製出一本本畫冊。

但胡妲的例子與他人不同。她父親很有錢，她的叔叔伯伯以及其他家族成員也很富裕，因此即使失去了艾梅克勒方街的豪宅後，他們依然維持著一定的影響力。胡妲是我在耶路撒冷所認識唯一一位控告新屋主，想討回家族財產的人。這起案子被多次擱置，但她不斷抗爭直到訴案重啟。她父親屋外有一條鋪滿美麗地磚的小徑，看起來有些類似我們住的那棟「阿拉伯」房屋的客廳地板，只不過眼前這些地磚花色更惹人注目。黑白地磚在綠色草坪襯托下更顯突出。當天是週六，我們可以透過窗戶看見裡面的住戶正在吃午餐。餐桌上擺了兩盞蠟燭，幾個家人正團聚享用安息日餐點。

胡妲是個性子如火一般烈的人，我發現她看著那家人如此怡然自得，看著看著情緒也愈來愈激動。

此時，兩個頭戴無邊猶太禮帽的男人走了出來。

「上次我來的時候，他們還報警。」胡妲驕傲地說道。

我希望在安息日這些機警的猶太人不會報警。畢竟我們沒造成什麼麻煩，只是站在前院柵門外欣賞小徑地磚，胡妲說這些地磚本來是鋪在屋內的。

那些男子站在屋子前門外。我們與他們之間隔著一座茂密的花園，這座花園約有五十公尺長，中央有棵正開著花的巨大琵琶樹。

「我父親至今仍會談起他們過去精心籌辦的晚宴，所有街坊鄰居會一起圍著一張大桌子——就是眼前這些人享用他們安息日餐點的那張桌子——吃著阿拉伯什錦扣飯（Maqluba），喝著薄荷茶，抽著水煙。

「可是現在，」胡妲繼續憤怒地說道，「我光是在站在父親被搶走的房子前面，他們就威脅我說要報警；當年我父親接獲通知不久後，就被迫帶著親戚們搬離，半點賠償都沒有。」

「賠償？妳一定是在說笑。」一位年紀稍長的女士開口了。我們方才已去過這位女士當年的舊屋，如今定居美國的她一樣未能獲准入內。「我只不過是想看看我們後院種的橄欖樹都不行。我們小時候很愛爬那棵樹。橄欖樹通常每年都得修剪，但我父親從不動它，因為他說那顆樹正努力向上爬。我還記得它長得很雜亂，有著巨大茂密的樹頭與粗壯的樹枝。」

那兩個男子朝我們走來，我覺得我們最好趕快離開現場，但是胡妲想繼續等在原地。她想等著看如果我們站在那裡會發生什麼事，如果她要求入內探視，對方又會作何反應。

「*Sabah el Khair*。」她用阿拉伯語向那兩位男子道早安。從他們面無表情的臉看來，他們似乎認得且記得她。

接著她對他們說明這棟房子過去屬於她父親，若他們願意讓我們一行人至少隔著前門與窗戶參觀一下這棟房子，那就太好了。

「只要十五分鐘就好。」胡妲懇求，但是她的聲音幾乎藏不住輕蔑的語調。她真正想說的話應該是，「你們是哪根蔥，敢坐在我家吃午餐？」

那兩位男子就這樣站在原地。他們沉默了好一會兒，然後其中一位開口以英文與另外一位交談，好讓我們都能聽懂他們在說什麼，「這女人之前來過，還從建築承包商那邊偷走了地磚。可能是她賄賂他們。我把那承包商開除換了一批人，結果她又來偷，但這次新承包商沒讓她得逞。這就是為什麼院子裡那條小徑，有幾塊沒辦法鋪成原來設計的棋盤花樣。你看這裡少了幾塊地磚，那邊也是。」

他們沒瞧我們一眼，也沒對胡妲回應隻字片語，就轉身走回屋內。胡妲幾乎藏不住憤怒。她似乎期待現任屋主會有些什麼反應；可能整個早上都在準備要如何辱罵他們，至少也要跟他們大吵一架才行。突然她安靜下來，所有團員也跟著不發一語。我們不知道該說什麼，胡妲真的想要跟他們硬碰硬嗎？她是希望他們再度報警嗎？是不是因為如此一來，至少她可以證明就算無法在法院贏得官司，仍然能在她父親家門前掀起一陣混亂？證明她仍可在一群奉行安息日習俗的人們獲得平靜滿足之際，撒下不滿的種子？但那些戴著無邊便帽的男子卻拒絕與她對話或是對質，某方面來說，這樣的反應恰好擊中了她的痛處。

當她終於整理好情緒，用顫抖的聲音對我們說，「你們多數人恐怕都無法想像，站在自己父親家門前，卻再也無法進入是什麼感覺。你沒有賣掉它，也沒有捐出去做公益。你只是莫名被告知得離開，就連午餐都還在爐子上來不及吃。你就這樣離去，而且永遠無法再回來。」

「我知道這種感覺。」喬依邊說邊看著一棵開花的檸檬樹，它芳香的樹幹往被牆圍起的房屋周圍蔓延，那棟曾屬於胡妲家的房屋。

「我們家也被迫遷出位在亞歷山卓的房子。一九五六年之後所有猶太人都被迫離開埃及。他們只有很短的時間打包行李。我在那裡出生也在那裡度過童年。當然也沒有補償。我甚至有好多年都被禁止前往亞歷山卓，但我弟弟卻被葬在那裡的家族墓園。他們也沒問過我們，就把我們的房子變成孤兒院，不過那是我現在心中唯一的安慰，因為至少我們的房子是被拿來做善事。」

「當妳**可以**回去亞歷山卓時，妳有去看那間房子，嗯，那間孤兒院嗎？」團裡一位巴勒斯坦裔的美國婦人親切地問道。她聽來情緒很激動。

「有，我有去，心裡也確實好多了。當然，因為它現在是孤兒院，他們必須改變許多建築結構，但至少心理上我覺得舒服多了，幫助我緩和失落感。我從沒夢想過會得到任何補償。」她轉向胡妲，但卻說不出話來，最後她開口說道，「我完全理解妳的感受。」

接著這一群承載著記憶、見證著以阿衝突近代史的活幽靈，離開了胡妲父親的房子。巴士正等著載我們前往下一站：另一棟被巴勒斯坦難民「遺棄」，而現在被歐洲猶太移民占用的房子。

「猶太人兩千年來從沒忘記這裡是他們的故鄉，最後他們終於來了，並且從當時正當持有土地的居民手中奪回土地。怎麼會有人期望巴勒斯坦人能在短短六十年後，就忘記自己失去了些什麼呢？」里歐總是對親朋好友們這麼說。

04　「無宗教」條款

說起學校，這裡沒什麼好選擇，特別是對基朗這年紀的孩子而言。最後我們選了聖公會國際學校（Anglican International School），這是現階段對他來說最顯而易見的選擇，我們認為以他在倫敦讀小學的背景，在這間學校會比較容易融入。他抗拒學習希伯來文。他不解為何他父親自己激烈反對以色列政策，卻又堅持要他學習以色列的語言。只要我開口提議，「你難道不想學你現在住的這片土地的語言嗎？」他就會與我爭論數小時不休。

「我朋友沒有一個人說希伯來文。」

「但是你住這裡。你總得學著跟街上的人溝通！」

「有必要嗎？反正這條街上每個人都說英文。」

「嗯，這藉口很糟糕，難怪英國人都不肯好好學第二語言。」

「我可以學法文。」

「法文在這裡不管用。」

「以後總用得上。」

「但你現在住在這裡。」

「那我學阿拉伯文。」

「希伯來文到底有什麼問題？」

「它不實用。如果我以後想在阿拉伯地區旅行，阿拉伯文實用多了。妳不是說我應該學一個實用的語言嗎？」

「但如果你學希伯來文，你爸會很開心，因為這樣一來你就能在猶太成年禮上讀懂經文了。」

「我不想要什麼成年禮，我又不是猶太人。」

「你是半個猶太人啊。」

「我才不是。猶太身分是從母方傳承而來的，才沒有什麼半個猶太人這種說法。」

「但生理上你是有一半的猶太血統啊。」

「媽！宗教又不會透過生物學遺傳！反正就我所知，我不是猶太人。」

「別瞎說了！你不要一直找我麻煩，像個青少年一樣跟我唱反調。猶太教也是一種文化身分，所以你是半個猶太人沒錯。」

「就算這樣，我還是沒必要學希伯來文。」

只要談起身分認同的話題，他反應總是比我機智。他很早就聲稱，根據猶太律法他不是猶太人。他是從哪裡學會用這般強硬的言語捍衛自己的立場？有一部分想必是從他父親身上學來的，除了他對希伯來文的態度以外。他見識過他父親不厭其煩地在公車、計程車與機場安檢櫃臺，測試以色列人的仇外情結。基朗常看見他父親故意在以色列公車上打開阿拉伯文報紙，好激怒那些自尋煩惱的乘客。他見過他在週六夜晚，趁那些旅居此地的猶太教徒聚集在我們房子隔壁的猶太教堂，進行安息日結束後的儀式時，放送喧嘩的阿拉伯音樂。每回我們開車在路上，基朗總會聽見他父親怒氣沖沖地叫嚷著，路牌上頭往往沒有阿拉伯文；就算偶爾標示了阿拉伯文，也會被噴上各式種族歧視的塗鴉。

關於多數以色列人對待阿拉伯文的態度，我其實無法真正反駁這個十一歲孩子的觀察。這片土地上將近有三分之二的人口說阿拉伯文，不只是巴勒斯坦人，還有大部分來自阿拉伯世界的猶太人也是如此，這些阿拉伯猶太人占以色列總猶太人口約達半數之多。但阿拉伯文不只在日常生活中缺席，甚至連像是「Galgalatz」這樣的流行樂廣播電臺都甚少聽見阿拉伯音樂。

里歐覺得這樣孤立阿拉伯文的態度令人哀傷，因為其實在伊拉克猶太人家裡，更常聽見的是來自埃及的阿拉伯樂流行天后——烏姆．庫勒蘇姆（Umm Kulthum）的歌曲，而非希伯來文流行樂。當堅貞的猶太教徒把阿拉伯文從路牌抹去，也就同時抹去了一大段自己的歷史——猶太人的中東史。生於十二世紀西班牙安達魯西亞區的邁蒙尼德（Maimonides），他是史上最偉大的猶太哲學家之一，他的多數作品正是以阿拉伯文出版。以色列幾乎是動員舉國之力，近乎偏執地想將阿拉伯文化抹除得一乾二淨，就連後天皈依的猶太教徒對此也是同樣狂熱。就像巴基斯坦（Pakistan）的教科書，故意略而不提印度兩大史詩作品《摩訶婆羅多》（*Mahabharata*）與《羅摩衍那》（*Ramayana*），這麼做是在重寫歷史，以除去印度文化對其人民的影響[18]。打開以色列的電臺，聽不見阿拉伯音樂，反倒是英語流行樂壓倒性地充斥於無線電波之中，這一切再再顯示出，即使歐洲猶太復國主義（Zionism）已於六十年前獲得勝利，創建了以色列，但至今以色列仍深陷迷思之中。儘管現實世界裡，它的地理位置在中東，但它卻有一顆不規則跳動的歐洲心。

儘管基朗百般不願，里歐與我還是決定他應該繼續學習希伯來文作為第二語言。他對希伯來文的抗拒，始終令我感到困擾。經過為期一年、每週三小時的希伯來文課程之後，他仍無法說出像是「我餓了」之類簡單的句子。然而瑪亞卻成了完美的「以色列」兒童，說著一口完美的阿什肯納茲（Ashkenazi）[19]猶太腔，算是彌補了她哥哥抗拒希伯來文的缺憾。

儘管里歐堅持要孩子們學習希伯來文，但並無意把女兒養育成以色列人。我們選擇送她到耶路撒冷唯一一間阿拉伯、以色列兼容的幼稚園。這間和平幼稚園（Peace Preschool）位於西耶路撒冷優雅的基督教青年會綜合大樓一樓。這棟有著狀似陽具鐘塔的建築位於高級的大衛王街（King David Street），是耶路撒冷的地標之一，許多協助以巴社區互動交流的機構皆設於其中。然而無論這裡再開放終究有其侷限，畢竟這裡是由以色列人管理，我應該早有心理準備才是。果不其然，當我填寫幼稚園入學表格時就碰上了麻煩，上頭有一格欄位要求申請人填入宗教，而我一如過去填寫各種申請表格的作法，在該欄位留白。

「妳得填妳家的宗教信仰。」

「我們家沒有信仰特定宗教。」

「可是妳總得寫點什麼。我們招收新生有固定配額，猶太人跟阿拉伯人各半。」

「那這兩種之外的人該怎麼辦？」

「妳還是得寫點東西，她父親是什麼宗教？」

我遲疑了一會兒。我真的不想要破壞我女兒進入這間非常特別的幼稚園就讀的機會。此外，里歐的確對他的宗教相當虔誠，因此若說他沒有信仰，那就是在撒謊。

「猶太教。」

「妳呢？」

「我沒有。」

「妳生下來是什麼宗教？」

「什麼都沒有。沒有人生下來就有宗教的。」

「我是說妳父母信什麼教。」

「一言難盡。」

這位負責入學申請的祕書，顯然被我神祕兮兮的回答給惹火了。但過沒多久她開口說道，「好吧，我就把妳女兒分到猶太區。因為妳說妳沒有宗教信仰，我們也沒有『無宗教』這個選項，所

18 印度與巴基斯坦兩國文化上淵源深厚，但因錯綜複雜的領土與宗教問題，導致兩國政治關係長期陷於緊張對立狀態。

19 阿什肯納茲為源自中世紀德國的猶太後裔，占目前全球猶太人口約百分之八十，美國猶太人多數皆屬此族裔。阿什肯納茲猶太人宗教傳統與希伯來文發音都與其他猶太人有別。

以她應該算是猶太人。」

「我想妳說的沒錯。」

我內心蠢蠢欲動，想說出瑪亞的外祖父信奉回教，而她的母系祖先則信奉印度教。但這樣說未免過於魯莽，可能會害我女兒被學校當局視為家庭歷史混亂的學生。所以為了她，也為了配合這間幼稚園的配額制度，我被迫有了一個純猶太女兒，但她身上本該留著一半「無宗教信仰」的血液才對。如果猶太身分可藉由母方傳承，那麼我不禁要想，「無宗教信仰」這項特質是否也能如此傳承給下一代呢？

這間標榜「和平」的幼稚園，卻很快就喚起了瑪亞對於以阿衝突的強烈興趣。有天當我們在吃早餐，她說，「媽咪，妳在倫敦BBC工作時，有在電臺上談過黎巴嫩嗎？」

「有啊。那時候發生了一場戰爭，我們節目上幾乎每天都會談論它。妳對黎巴嫩知道多少？」

「我知道黎巴嫩跟以色列打過仗。」

我聽了有些驚訝。「妳怎麼知道的？」我追問道。

「我就是知道，有人跟我說的……」

「誰告訴妳的？」

「我想應該是爸比跟我說過。」

「爸比說了什麼？」

「他說以前發生過戰爭，就是有一次我們去戈蘭高地（Golan Heights）[20]，妳不想跟我們去的那一次。爸比開車帶我們去一個叫做黎巴嫩邊界的地方，軍人不讓我們在那邊待很久。爸比還跟他們吵架。」

「爸比還跟妳說了什麼？」

「黎巴嫩裡面有阿拉伯人嗎？」

「他到底怎麼跟妳說的？」我重複問道，一方面覺得好奇，但同時看著她大談戰爭卻又令我憂心忡忡。然而她沒理會我的問題，只是自顧自地說，「媽咪，妳沒跟我說黎巴嫩人是不是阿拉伯人。」

「是，他們是。」我心不在焉地回答她。

「就跟『巴勒斯坦坦人』一樣嗎？」

「沒錯。」我再度注意到那多出來的「坦」字，我女兒每次念「巴勒斯坦人」都會自動多加一個「坦」字，我覺得聽起來很可愛。坦坦人，談談人，我不自覺碎唸起文字遊戲，直到她說了一句話把我拉回現實，「以色列人比阿拉伯人強。」

「到底是……」我對她吼叫，「聽好，到底是誰跟妳說這些的？」

「我學校裡最好的朋友吉莉說的。」她看著我，對我突如其來的憤怒感到不解。

20 戈蘭高地，位於黎巴嫩、敘利亞、約旦和以色列四國之間，一九六七年第三次中東戰爭期間被以色列占領至今，然而國際上普遍承認戈蘭高地為敘利亞領土。

「我以為拉雅才是妳最好的朋友。」

「吉莉是我最好的猶太朋友，拉雅是我最好的阿拉伯朋友。」她用希伯來文說，「妳知道嗎？以色列獨立紀念日（Yom Ha'atzmaut）那天，拉雅沒來學校。我老師艾瑞爾拉說，『*Hayom ze Hayom bishvil ha Yehudim, lo bishvil ha Muslemim.*』。」我女兒的幼稚園老師說的那句希伯來文意思是，「獨立日是猶太人的節日，不是穆斯林的。」

我經常在想一間巴勒斯坦人與以色列人共存的雙語「和平」學校，會如何處理像以色列獨立紀念日這樣代表著一九四八年猶太建國的日子，因為在巴勒斯坦人眼裡，這一天被視為「災難日」，有超過七十萬名巴勒斯坦人遷離，或者該說逃離家園，就此成為難民。基督教青年會幼稚園，這間同時接受支持自由主義的猶太人與思想開明的巴勒斯坦人（至少開明到能接受在此學校內與猶太人來往）入學，聲名顯著、政治正確的教育機構，顯然沒能妥善處理獨立紀念日這個問題。導致碰上這樣的節日，就算是開明的阿拉伯人也只能把自己關在家裡直到節慶結束。看著我女兒以宗教替她的朋友們分類，我不禁擔憂起她對於宗教差異的理解是否有所偏差。

我試著回想在孟加拉的學校情況又是如何。我還記得某些同學們的名字，班尼、圖夏爾、萊拉、畢席、艾沙、卡蜜莉亞……這些人在我眼裡從未被標上任何宗教身分。如今這些名字被刻在一隻彩蝶半透明的雙翅上，從我眼前振翅而過，卻喚起了許多宗教身分的回憶：印度教、伊斯蘭教、佛教、基督徒。身為孩童，我們毫無疑問地相信無論是杜爾加女神節（Durga Puja）、開齋節（Eid）、衛塞節（Buddha Purnima）、齋戒月（Ramzan）、聖誕節（Christmas），這些來自不同宗教的節日，都是我們生命與文化的一部分，並且令我們更為瞭解日常生活裡各種豐富的傳統習俗。

然而，我很好奇我女兒對以巴政治情勢有何認知，於是進一步探問。我問她，「那妳覺得自己是什麼？妳是站在以色列還是阿拉伯那一邊？」

「妳跟我說啊。」

「不要，由妳來告訴我。」

「我爸比是猶太人，所以我應該要站在以色列人那邊對嗎？我覺得以色列比較強。」

「但是妳爸比也會說流利的阿拉伯語，我覺得他恐怕不會同意妳這樣想。」

「但是在學校我都說希伯來文。就連我的巴勒斯坦朋友拉雅，她希伯來文說得都比阿拉伯文好。」

希伯來文作為這片土地統治者兼占領者使用的語言，很快就會取得優勢。而瑪亞回家時，會一邊揮舞著以色列國旗，一邊唱著街頭流傳的激進愛國歌曲，這首歌的歌詞如下：

Eretz Yisrael Sheli　　我的以色列大地，
Yafa ve gam porakhat　　美麗而盛開，
Mi bana ou mi nata?　　誰建造的？誰賜予的？
Kulanu b'yakhad.　　是我們齊心協力。

Ani baniti bait b'Eretz Yisrael
Az Yesh lanu eretz,
Ve yesh lanu bait,
Ve yesh lanu etz, ve yesh lanu kvish, yesh lanu gesher,
B'Eretz Yisrael.

我在以色列大地建造我的家。
我們擁有土地，
我們擁有一棟房，
我們有一棵樹、一條路、一座橋，
就在這片以色列大地。

這種國家主義式的民族自尊是如此單純，單純到多數以色列兒童都能感同身受，起先我還覺得挺有趣的，因此沒阻止瑪亞繼續用藍白色的以色列國旗裝飾我們的房子，也沒阻止她在我們驚恐的聯合國賓客面前，唱著歌頌以色列土地榮耀的愛國歌曲。里歐向來大力主張猶太人應至少向巴勒斯坦人為奪走他們的土地致歉，同時他也認為以巴衝突唯有透過推廣一國方案（one-state solution）[21]才能解決，因此在把以色列視為占領勢力的國際組織代表面前，里歐認為瑪亞的行為令他難堪。

我們多數旅居此地的朋友皆來自聯合國、各種援助機構或是西方媒體，他們不學希伯來文，因為他們認為這是占領者的語言，但也有些人是因為覺得學了也派不上用場。然而和平營的新人們，總會急著去東耶路撒冷各個語言學校報名學習口語阿拉伯文。相比之下，除了少數記者以外，沒有人踏入「Ulpan」一步。所謂「Ulpan」，是專為新猶太移民設計的希伯來文密集班學校，只要在那裡上半年課，理應就能在日常生活流暢使用希伯來文。

學習希伯來文是種政治不正確的行為。我們許多記者朋友在西耶路撒冷待了四年之後，仍然連用希伯來文要杯水或買份報紙都辦不到，他們認為抵制學習希伯來文能帶來一種莫名的驕傲，同時也代表自己的政治立場。這些國際組織成員甚少與當地原生以色列人互動。他們多數住在阿拉伯人居住的東耶路撒冷，許多人甚至不大情願或甚至拒絕前往位於猶太人占據的西耶路撒冷的餐廳。不過某些較年輕的成員，有時會反叛這條不成文規定。藉由他們停靠在外的車輛的白色車牌，就能看出哪幾間酒吧是聯合國或是歐盟的最愛。國際組織的成員可以隨意停車，甚至連人行道都可以。凡是負責和平談判、糧食分發、難民遣返等任務的成員都能享此特權，藉以答謝他們的辛勞。但看見WFP（世界糧食計劃署）或是ICRC（紅十字國際委員會）的車輛，停在西耶路撒冷的酒吧、餐廳、夜店外頭的人行道上擋住通路，還是會令人眉頭一皺。你可以看見這些車主一邊啜飲著瑪格麗塔（Margarita）調酒，一邊討論組織內部最新情勢，不過最熱門的話題當然還是以色列的占領。以色列酒吧與餐廳裡所洋溢的舒適感與歐洲氛圍，讓這些駐外人員有回家的感覺；許多人發現在此能暫時免於談論以巴衝突，使得這些住在「阿拉伯」區的駐外人員，暫且逃離該區過度政治化所帶來的壓力。這些致力於人道援助與解決以巴衝突的機構，平日實地考察的地區就在距離市中心酒吧與俱樂部僅僅幾百公尺之處，從阿拉伯人占據的東耶路撒

21　一國方案，為解決以巴衝突的方案之一。此方案主張將以色列、約旦河西岸及加薩走廊合併為單一國家，其內居民不分猶太人或巴勒斯坦人，都能擁有平等公民權。

冷一路延伸到約旦河西岸。每當看見這些「西方人」冷靜地坐在酒吧椅凳上，倒著以色列品牌「Maccabee」啤酒或是烈酒，一坐就到深夜，我都能察覺且理解他們心中的絕望。某方面來說，他們從事的是項沒人感謝的任務，最終成果將不會被清楚看見，也沒有人會有深刻的感覺。過去這些年來，和平協商始終僵持在該追求有正義的和平，抑或是缺乏正義的和平。畢竟這場衝突起因於兩方民族爭奪同一片土地，要能讓雙方滿意又符合正義的解決方案根本不存在。過去六十年來，許多局外人簽了兩年或四年的合約來此地工作，等到期滿離開之際，也未能完成當初的任務，因為這些國際組織——或者根據那些犬儒學者的說法，那叫做和平工業——在巴勒斯坦領土上的工作總無法持續。每當一項專案計畫接近尾聲之際，另一場暴動或動盪就會跟著爆發。要不就是在一場籌備數月甚至數年，前景看好的雙邊對談即將展開之際，一輛巴士就在西耶路撒冷爆炸，於是國際調停會被暫緩，好讓以色列展開報復行動。

而正是因為以色列對巴勒斯坦境內人民施以各種形式的報復，讓希伯來文對國際組織成員來說毫無吸引力，在他們心中，希伯來文成了壓迫的同義詞。我可以理解這個觀點。過去我從未碰過像這樣，訪客拒絕學習當地語言以表達「政治正確」的狀況。

我過去幾度嘗試學習阿拉伯文。而當我學習稱為「Fus-ha」的現代古典阿拉伯語時，驚訝地發現有許多印度語言皆是從阿拉伯文中大量借用詞彙。雖然我可以輕易從北印度的語言與文化中，認出許多阿拉伯字彙措辭與烹飪傳統，但我發現阿拉伯文是個學起來極度困難的語言。特別是阿拉伯文當中「h」跟「gh」兩種發音實在難以掌握，再加上我們所造訪的每個阿拉伯國家都有各自的方言，而且差異極大，這使人非常容易混淆，讓我緊張到不敢在巴勒斯坦練習我在摩洛哥所學的阿拉伯文。甚至連數字跟一些簡單的片語，在每個國家都有不同的說法。在學習超過六個月的巴勒斯坦方言之後，雖然要開口交談仍顯勉強，但我已能讀懂不少詞彙，我想這主要得歸功於我習慣在阿拉伯文之中，尋找其與印地語以及烏爾都語（Urdu）[22]的連結。

當我剛搬來耶路撒冷時，我覺得喜歡希伯來文勝於阿拉伯文並沒有什麼不妥。對我來說，希伯來文聽來很熟悉，因為自從我認識里歐之後，每週五晚上用餐前都會聽見安息日禱告。我們決定住在西耶路撒冷這個說希伯來文的地區，而不是說阿拉伯文的東耶路撒冷；既然我們要去中東唯一一個除了阿拉伯文以外，還講另一種閃米語族（Semitic languages）[23]語言的國家，我們想要試試看。再加上因為我那猶太丈夫以及我們的半猶太子女的關係，我感覺自己與以色列有某種連結，我很好奇猶太國是如何以歐洲價值立國，而這套作風又該如何在中東運作。許多簡單的事情都令我好奇不已，例如總是身穿黑外套、頭戴黑帽的東歐正統派猶太教徒該如何面對炎熱的沙漠，又或者鷹嘴豆泥這道經典的阿拉伯開胃菜怎麼會被阿什肯納茲猶太人當成「以色列食物」，進而成為他們的家常料理。此外，看見一個已死去近兩千年的語言再度復活，並且進一步成為這個新國家文學、科學、詩歌以及天文學的主要文體，也相當有趣。我常好奇如果梵語再度流通會

22 烏爾都語為印度官方認可的二十四種語言之一。
23 閃米語族是閃含語系下的語族之一，阿拉伯文與希伯來文皆為其分文。

是什麼狀況。要如何用梵語來描述一臺電腦、一具溫度計以及一個插座？我在希伯來文密集班裡，驚訝地學到這三個詞彙都可以用聖經中的希伯來文表達（「電腦」被翻譯成「*makhshev*」，意思是「思考機器」）。這個語言的創造力跟進化力令我著迷不已。這個語言於當代以口語流通的歷史還未足百年，就已有人以此語言創作出優秀的小說作品，除此之外，還有政治條約、歌曲、詩歌，甚至是黃色書刊。

但有一天我兒子從學校回家，嚴重打擊了我對希伯來文的熱情。他對我說，「媽，我聽說爸在幫我找希伯來文密集班學校，是這樣嗎？」

「是啊，因為距離你的成年禮已經沒剩多少時間。我想你應該要辦一場成年禮。雖然你現在可能不喜歡，但等你大一點之後，回想起來你可能會懂得欣賞這種文化體驗。」

「不要，我才不會欣賞。不要讓我在朋友面前丟臉。爸自己都不想要他朋友或同事知道他是猶太人，那為什麼我就例外？我學校的好朋友都是巴勒斯坦人，這樣他們會以為我站在以色列那一邊。他們已經發現我有個猶太家庭，情況已經夠糟了。」

「他們怎麼發現的？」我問他，心裡有些擔憂兒子抗拒自己的出身。我理解里歐為何在公開場合總避免洩漏自己的猶太身分，因為他覺得無論是之前擔任中東記者，或是目前在以色列占領區擔任以巴衝突調停者，他的猶太身分都會讓他失去公信力。

儘管我明白他的苦衷卻讓我有些沮喪，因為這讓我跟孩子們陷入窘境。我對里歐與孩子們的猶太家系向來覺得興奮，我喜歡向耶路撒冷熟識的友人們說，我之所以會在這裡，是因為我的家庭與這座城市有所連結。

看著基朗為自己的猶太血統感到尷尬，令我難過。他所持的原因與他父親多少有些雷同，他害怕他的阿拉伯朋友一旦發現他跟猶太教的關聯，不知會如何揣想他對以巴衝突的立場。

「妳知道，在電腦教室我們本來只是鬧著玩……」基朗繼續說著，而我還在思考這整個情況有多荒謬。雖然我能理解里歐為何需要隱藏猶太身分，也能理解基朗何以步上他父親後塵，但心中仍有一部分認為，以此態度對待阿拉伯人不免有些偏執。根據我的經驗，多數阿拉伯人雖可能反對猶太復國主義，但他們很少反猶太人。

「那麼……」我問基朗，「你同學是怎麼發現你的猶太家庭？」

「他們『Google』我。結果我的中間名阿奇瓦（Akiva）[24]出現在一份族譜裡，想像一下那有多丟臉。」

「什麼族譜？」

「妳的名字也在裡面。那是一份猶太族譜，顯然我的祖先是在一八八〇年代從立陶宛（Lithuania）移民此地的猶太復國主義者。」

我不發一語，試著想像這個可憐的孩子在跟他的巴勒斯坦朋友們分享這些訊息時，內心有何感受。

24 Akiva，此為常見的猶太人名。

「現在他們全都知道我的中間名，他們開始在學校嘲笑我，叫我阿奇瓦。」

「你最好的朋友耶申也跟著笑你嗎？」

「沒有，不包括耶申。但我不知道他心裡怎麼想的。現在他可能不會按照計畫跟我一起去英國找爺爺奶奶過暑假了。」

「我相信他會的。巴爾古提家想法很開明的。他們可能會反對猶太建國主義，但是不會反猶太人。」

巴爾古提家族成員，包括極富魅力的巴勒斯坦領袖兼政治激進主義者——馬爾萬・巴爾古提（Marwan Barghouti），他被以色列法庭指控謀殺平民，判了五個無期徒刑，現正服刑中。他是耶申的遠房伯父。傳統上，巴爾古提家族屬於巴勒斯坦高級知識份子。耶申的父母分別在英、法求學，如今他們把孩子送進聖公會國際學校，這裡的學費跟任何一間英國公立學校一樣高昂。他們住在東耶路撒冷的豪宅裡。各國高官與巴勒斯坦部會首長都會定期參與他們舉辦的社交宴會，宴會上主人會親自招待賓客享用美酒與美味的小點心。里歐對於他們的兒子要跟我們一起去英國過暑假，感到非常興奮。

「但是媽咪，我的祖先是這個國家第一批移民過來的猶太復國主義者，至少根據網路上的族譜是這樣說的。他們把巴勒斯坦從耶申手中奪走！」我心煩意亂的兒子如此說著。

05 太多幸福

前幾個月就在一陣混亂中匆匆過去。我試著在這座被隔離的城市中重新定義自己，情緒在一陣陣狂喜間跳轉。身為國際組織的成員，我們定期受邀出席各種旅居者舉辦的派對與聚會，但我總盡量避免出席。旅居約旦那一年裡，我遭遇過許多挫折。我難以與約旦人為友，因為他們經常對我語帶輕蔑，把我當作成千上百個服侍當地與外國富人的南亞女僕之一。我曾試圖往歐洲社交圈尋求慰藉，但他們也令我難過，因為他們同樣排外，與世隔絕的俱樂部就是他們「安全的」避風港，裡頭有游泳池與遊樂場——想當然耳，只開放給他們自己的孩子們使用。

里歐因為工作需要，時常得跟許多耶路撒冷的國際非政府組織（ＮＧＯ）與外交官交涉。我們被邀請參加各單位舉辦的派對，從聯合國、世界糧食計劃署、挪威難民理事會、國際危機組織、英國文化協會，一直到其他上百個致力於維護和平、危機處理、難民關照任務的機構組織都有。但我更喜歡把時間拿來與里歐的表姊夫婦米哈爾與雅可夫相處，他們是住在西耶路撒冷的虔誠猶太教徒。

我熟識許多旅居此地的人，但我覺得他們多數與我不同。里歐的曾曾祖父母是當年第一批移民此地的猶太復國主義者之一，透過這一層關係我與這片土地也有了實際連結。看著里歐虔誠的表姊夫婦誦讀安息日禱文，令我對猶太教儀式感到相當好奇。這對夫婦在客廳掛了一幅耶路撒冷知名畫家所繪製的哭牆（Western Wall）畫作，但畫面裡少了一個重要元素，那就是圓頂清真寺（The Dome of the Rock）[25]不見了！

里歐的表姊夫婦非常重視隱私，他們仍篤信傳統且反動的猶太復國主義。米哈爾是里歐的表姊，他們的外曾祖父似乎是歐洲猶太人或來自阿什肯納茲猶太人家族。米哈爾出身自一個不信教但支持猶太復國主義的家庭，卻嫁給一位來自葉門（Yemen）的虔誠「阿拉伯猶太人」，這舉動等於公然挑釁了她父母以及當時整個阿什肯納茲猶太體制。雅可夫的世界觀令我著迷不已，我從未見過像他如此誠實、觀念如此政治不正確的人。他自稱阿拉伯猶太人，光這點就讓在以色列「上流社會」占有主導地位的阿什肯納茲猶太體系，甚至連他妻子都非常不滿（此刻米哈爾因為癌症已離開我們，但我想其實她心底還是喜愛她葉門丈夫各種古怪的觀點，所以才會甘願惹惱她不信教的阿什肯納茲猶太父母，成為一位虔誠的教徒），雅可夫與他母親說的是阿拉伯文，在一九五〇年代，他母親年紀輕輕就帶著兩個孩子從葉門移民以色列，她去的猶太教堂所有儀式至今仍以帶著濃濃阿拉伯口音的希伯來文進行，一切與千年前的葉門無異。

對我來說，把週末拿來陪伴雅可夫與米哈爾，比聽那些旅居人士討論中東政治更有吸引力。這些水土不服的歐洲人總把中東和平掛在嘴邊好滿足自尊，這些人認為自己對促進中東和平有所貢獻，他們會不自覺地自我欺騙，或甚至深信不移地認為他們的參與讓這個地區有所改變。身為記者，我理當一同加入這一團混亂之中。但我沒有，我實在不愛這一切。

我沒有如我身邊外國人期望的那般公然批評以色列。這個新國家以一種特別的方式伸張主權，捍衛著連自己都「一知半解」的抱負，這一點讓我極度感興趣。我也對日常生活中，以各種形式出現的猶太復國主義感到好奇。

也許當時我是想試著融入西耶路撒冷當地人之中，才沒有在一開始就加入旅居者與激進以色列人的行列，公開譴責以色列的西岸地區政策。

我在耶路撒冷結交的第一個朋友是歐莉，她是位西班牙裔美國猶太移民，她不信教，但卻是激進且充滿決心的猶太復國主義者。所謂「左翼猶太復國主義者」就是用來形容像她這樣的人，她跟那些相信兩國方案（two-state solution）[26]的右翼猶太復國主義者不同，她認為以色列國領土應該從地中海沿岸一路拓展到約旦河，這片土地是給猶太人的，只有猶太人能獨享。她跟里歐從第一天起就不對盤，但我很慶幸能認識歐莉，她跟我的孩子們也成了朋友。我們一家人在艾梅克勒方街這棟空蕩蕩的大房子展開新生活之後，當寂寞第一次來襲之際，是她拯救了我。

我徹底被歐莉迷倒，她會用法文寫詩，用西班牙文做夢，用英文與希伯來文進行日常對話。

25 圓頂清真寺為耶路撒冷著名地標，其建造地點位於哭牆旁，猶太人認為該地正是猶太教最神聖的聖殿山，故雙方為此地長期爭執不休。
26 兩國方案為解決以巴衝突的方案之一，此方案主張在約旦河西岸地區與加薩走廊建立巴勒斯坦國，與以色列和平並存。

她身材豐滿，雙腿修長，短裙之下的結實雙腿泛著古銅色澤。她四十歲，而且單身。

某方面來說，她的形象正是我當年對自己的想像。雖然我年紀比她小，但我想跟她一樣，感覺如此「年輕」，我也想跟她一樣，擁有源源不絕的創意；我還想學她穿著迷你裙炫耀一雙長腿，但在耶路撒冷我永遠沒膽量穿上。此外，我也羨慕她單身。單身？好吧，也許沒有。我不是很確定自己是否羨慕她這一點，因為我實在太喜愛那種充滿「男人味」的擁抱，加拿大作家艾莉絲·孟若（Alice Munro）在短篇小說〈太多幸福〉（*Too Much Happiness*）裡，曾如此形容男人的擁抱，「要是他們愛妳，感覺當然更加美好，但就算他們只是為了保護妳，而把擁抱當成一項古老而高貴的協定，一項非履行不可的義務，這樣的擁抱雖缺乏熱情，卻也同樣能撫慰人心。」

我不確定里歐是否曾覺得他用擁抱保護過我，但總之我愛他的擁抱。他雙臂強壯，那是中產階級家庭用牛奶與肉食餵養出來的，不像我兒時在孟加拉肉類攝取不足，因此四肢缺乏肌肉，有如繩線般瘦弱。他常說他擔心若是太用力把我拉進懷中，會把我的腰給折斷。

對於接受傳統英國教育的他而言，或許也把擁抱視為一項非履行不可的義務，一項古老而高貴的協定。但即便如此，他的擁抱總依然能為我帶來撫慰。

所以就單身這件事而言，我並不羨慕歐莉。

里歐說我是愛上她了，說我終於實現潛藏的同性戀幻想。他認為我每天都期盼見到歐莉，怎麼可能對她沒有絲毫愛情上的幻想。

但不管里歐怎麼說，我還是一樣愛她。孩子們也渴望看見她。對他們來說，她是耶路撒冷從天而降的阿姨，他們喜歡有她作陪。特別是基朗，他當時在家很少有機會吃肉，因為我自己多數時候吃素（但吃魚），里歐也出於政治立場而吃素，因此，基朗總會狼吞虎嚥吃下她帶來的鯷魚漢堡與淡菜佐培根，並且仰慕她有如彼得潘一般不老的生活型態。

歐莉住在西耶路撒冷與我們同區的一棟德國聖殿教徒（Templer）[27]所留下的房子，屋外有座雜亂的花園環繞。「以色列政府有給德國聖殿教徒合理補償。」她某天如此說道，當時我對於遣返難民這個錯綜複雜的議題還不甚瞭解。我只能在心中揣想她何出此言？再者，我當時也不願以她的政治觀點或價值觀來評斷她。按照歐莉的說法，這間房子本屬於德國聖殿教徒，他們逃離德國的迫害，定居在巴勒斯坦地區，但隨著以色列建國他們跟巴勒斯坦人同樣淪為難民。歐莉說，就算像里歐這樣政治神經敏感的人，也會同意住這房子沒什麼不對，因為以色列政府後來為了回報德國政府對大屠殺受難者與倖存者提供高額補償，於是也補償了聖殿教徒。既然以色列政府已經補償了原屋主的損失，那麼住在這間被以色列略奪而後棄置的聖殿教徒屋子裡，就不算什麼問題。真是如此嗎？那強迫屋主遷離的**行為**又算什麼呢？話雖如此，我卻暫時不打算提出這個問題。

我很慶幸在搬來耶路撒冷沒多久之後，歐莉就出現在我與孩子們的生活之中。我真不知道要是沒有她，我該如何是好？我該如何處理這麼多失落與期待？我們又該如何順利度過長達數年的

27 聖殿教派為十九世紀創於德國的教派，該派認為若能在巴勒斯坦地區建立第三聖殿，便能加速耶穌再臨於世，加上此教派於德國被視為異教徒，因此在十九世紀末，便開始於逃往巴勒斯坦地區建立殖民地。

新生活適應期而不至人仰馬翻呢？

幾年後離開人世的里歐表姊米哈爾，對當時急於融入當地社會的我們來說，也是一大幫助。我不想漫無目的、永無止盡地隨波逐流，靠著國際非政府組織代表們的好意過活。這些非政府組織可說是這裡的地下政府，幾乎控制了這座城市裡的國際組織，他們要負責管理巴勒斯坦難民學校、運送食物到加薩走廊的援助貨車、難民營，還有其他困在以色列占領區內的巴勒斯坦人。總之，這些單位已經夠忙了，我不想增加他們的負擔。

「那些工作應該是占領勢力的責任，好比說，以色列政府。」歐莉會這麼說，提供我另一種思考角度，「如果這些組織停止介入這些事務，以色列就得按照國際法規，照顧這些難民跟占領區內的巴勒斯坦人。嗯，就像他們那句阿拉伯文『*Ahlan wa sahlan*』，歡迎來我家。我們一直對聯合國以及其他援助組織表示，他們的所作所為只是在減輕本該由以色列承擔的責任！這些國際組織擔起難民遣送的工作又負責照顧占領區居民，反而讓以色列無法盡責。」

我後來很快就體會到，國際組織在以色列與巴勒斯坦所做的一切都是徒勞無功。歐莉說得沒錯。然而在當時，甚至是接下來的好幾年，我都覺得她的評論不是衝著我而來。我並不是國際組織的一份子。我屬於這片土地，我的孩子們也是。

然而基朗始終抗拒這份歸屬。「他們把巴勒斯坦從耶申手上搶走。」

基朗的話常讓我躺在床上時陷入沉思。我對里歐說，基朗不想讓他朋友知道他是半個猶太人，里歐覺得這很有趣，他還以此對基朗開玩笑說道，「我聽說他們叫你阿奇瓦，這是個很棒的猶太名字，某個有名的猶太祭司就叫這名字。」接著場面會嚴肅起來，基朗會跑回房、用力甩上房門，以此回應他人再次提起他深惡痛絕的猶太名。

某天晚上，我在寬敞的客廳攤開一張我們從耶路撒冷舊城區買來的中國製小羊皮，鋪在美麗的磁磚地板上，我跟里歐帶著兩杯葡萄酒坐在上頭。我情緒有些波動，因為過去幾週來，我們罕有機會擺脫那些和平團友人享受愉悅的獨處夜晚。我不禁有點緊張。

我聲音顫抖、小心翼翼地問他，「嗯，跟我聊聊你的祖先吧。沒想到我以前竟然沒問過，是基朗才讓我想起這件事。」

「我之所以把我的小小心力奉獻於中東和平，背後其實有個不大快樂的原因。」里歐邊說邊往我們這間阿拉伯房子的拱窗望去。「一八八〇年代，我的外曾曾祖父是第一個猶太殖民區的創辦人，他從附近的巴勒斯坦村莊偷了幾隻牛，結果點燃了阿拉伯人與猶太人之間的第一道戰火。如今我只能徒勞地期待自己可以對以巴和平有一些小小的貢獻。」

我很震驚。我認識他十五年了，但某些事情仍是一無所知。他致力調解以巴和平這個決定，不但形塑了我的現在，更可能會繼續主宰我的未來很長一段時間，他怎麼會現在才告訴我背後竟藏著這麼一段故事？當我們坐在這家徒四壁的房間地板上，我凝視著希伯倫地磚上抽象的葉子與花朵圖紋，里歐繼續說起更驚人的家庭祕辛。原來他的外曾曾祖父不只被控偷竊數量不明的巴勒斯坦牛隻，同時也被控將一位巴勒斯坦村民丟進井裡。「好像就是牛主人」，里歐補充道，語氣帶著一絲古怪的幽默感。

他向來有如謎一般神祕難解，他抱持左翼政治思想卻又篤信猶太教，還蠻橫地要求家中半維持猶太傳統，這一切種種讓他在我眼中始終像個新情人，從未感到厭倦。在一起度過這麼多年之後，我仍感覺自己幾乎不認識他。此時中東暮色突然一沉，屋外花園與室內都暗了下來，昏暗中地磚彷似成了逝者凝結的證詞，我開始理解為何他不想住在「阿拉伯房屋」裡。儘管他常拿他傳奇般的猶太復國祖先說笑，但其實心底背負巨大的罪惡感。他認為如今巴勒斯坦難民流亡，他也得負上一份責任。「後來那位外曾曾祖父逃到英國躲避法院傳喚。一百二十年後我來到這裡，就是為了他被控犯下的罪行贖罪。」里歐只是多少想為了公平正義盡一份力。

他又笑了。我寧願他別笑。像這樣的時刻，我實在難以容忍他的自我解嘲，我寧願與他來一場正常合理的成熟對話。我想對他表示支持，我準備好要對他說，如果住在前任屋主是巴勒斯坦難民的阿拉伯房屋裡對他而言是如此困擾，那麼我很樂意搬家。我知道當時我們在耶路撒冷開啟人生新頁，他是為了讓我開心才同意我選的這間房子，此舉也是為了感謝我在歷經一團混亂的約旦生活之後，這麼快又再度放棄倫敦的工作與生活隨著他來到中東。

然而對里歐的同理心總無法維持太久。當他深愛的人真心想替他做些什麼，他總習慣拒絕或佯裝沒注意到，這似乎是他的天性。當時我們身處陰暗的房裡，我緊靠在他身旁，正打算提議搬離這棟房子，搬去某個不曾褻瀆巴勒斯坦歷史、不會帶來罪惡感的地方，但他卻接了一通聽來像是某位外交官打來的電話，對方想針對以色列即將撤退加薩走廊一事諮詢他的意見。他匆忙離開房間，獨留我在陰暗暮色中，麻木不仁地忽視我內心撫慰他的渴望。幾分鐘後我聽見前門關上，他出門去附近的咖啡店與該位外交官碰面。街燈亮起、窗開著，華麗鐵窗的長影映照在地磚上。很可能有許多鬼魂此刻正嘲笑著我無能為力的沮喪，笑我又錯過一次與里歐交心的機會，笑我的愛人如今與我已走上兩條平行小徑，鮮有交會。

「胡說八道！」當晚孩子們就寢後，我請歐莉來這棟寂寞的房子陪我，她如此說道，「妳別因為妳先生一番話，就覺得這麼棒的一間房子鬧鬼！妳很瞭解妳先生，他只不過是個痛恨自我的猶太人！雖然我們完全可以理解這些難民有多渴望回來，但現實上這是不可能的。在未來幾百年裡，這只會是一場夢。不只會有相關議題的詩作出現，甚至這整個地區的文學與藝術都會以巴勒斯坦政權轉換跟流亡為題材而蓬勃發展。那是好事。但如果真要讓他們回來，可能會引發又一場戰爭。畢竟這裡沒有足夠的空間讓所有人一起生活，這裡只是世界地圖上小小一點罷了。」

簡單來說，歐莉認為這些被迫遷離的難民放下仇恨之後，可以把離開家園的那段記憶當成寫詩的靈感。就像過去幾百年來，猶太人在祈禱裡、在夢或藝術裡，始終渴望最終能回歸耶路撒冷。

清澈的耶路撒冷夜空下，我們坐在露臺喝了一瓶葡萄酒，我不禁暗自承認歐莉沒能說服我。雖然幾杯梅洛葡萄酒（Merlot）下肚後——順帶一提，這瓶酒並非產自任何以色列占領區內的猶太殖民區——我激動的思緒已不若先前那般稜角鋒利，但我仍覺得歐莉不過是在玩弄這些想法，她自己都不信她說的這一套。突然間我領悟到，她之所以發表這麼荒謬的論點，只是因為她希望我把它轉述給里歐聽。她想羞辱他，羞辱他自我憎惡的猶太性格。

顯然我的推測沒錯。「真是一堆殖民主義的狗屁胡扯！」隔天早餐桌上，里歐怒氣沖沖地一邊替瑪亞的吐司塗上酵母醬一邊說道。「她哪裡瞭解難民的痛苦？她是入侵者，來自美國的局外人，她甚至不信教，但她卻覺得自己比這片土地的合法居民更有權待在這裡，這些居民可是被二十世紀最荒謬的殖民事業給踢出這片土地！」

「她有什麼目的？」里歐問道。「她幹嘛故意要讓妳跟我鬧翻？」

「現在是怎樣？你哪來這種想法？歐莉對我們，對我、對孩子們一直都很好。是她填補了你飄忽不定的工作排程留下的空缺。」

「又來了，又是老調重彈。不管我做什麼妳永遠都不會開心，妳現在還沒發現嗎？我已經努力十五年了。」

「你有嗎？」

「有，我有，我已經盡我所能了。我從來不曾故意要讓妳不開心。」

「但你也從來沒有努力要讓我開心啊。你總是全心投入你自私的任務之類的。」

「妳也不是德蕾莎修女（Mother Teresa）。」

「事實上，我曾經是。我放下了一切曾對我非常重要的事情，好讓你能在這他媽的地區追求你的夢。但你貪得無厭。你還想控制我的朋友，控制我該見誰、不該見誰。」

「妳喜歡去見討厭我的人，天知道妳想幹嘛？那是妳的樂趣嗎？還是妳的復仇？我從來沒有故意傷害妳，但妳就是會受傷。妳一心執著想要受傷，想扮演受害者。妳就像以色列人一樣，靠著慶祝受難而茁壯。如果妳已經決定要過不快樂的人生，我想不到還能怎麼做才能讓妳開心！」

「你當然想不到，因為你毫不在意你最親近的家人有什麼需求，你忙著拯救世界。你根本沒有花時間陪家人，你有什麼好在意的？」

「妳根本是偏執狂。妳讓我忍不住想逃離這一切。妳就不能暫停一週，別對我歇斯底里鬼吼嗎？我的重點是，妳的新朋友出現在我們家讓我不舒服。妳所謂的**朋友**卻是想盡辦法要拆散我們，在我們之間製造摩擦。她表現出一種妳的一切全歸她所有的態度，好像妳跟孩子們全歸她管。而且妳也跟著加入這場遊戲，妳利用別人來向我表現出妳並不需要我。沒錯，我是沒辦法妳一按鈴就隨傳隨到。我有工作要做，而且現在是這個國家的關鍵時刻。」

這個國家。他絕對不會說「以色列」或甚至「巴勒斯坦」。接下來的幾年來，我們只能繼續住在這個國家。沒有臉孔、沒有名字，一如抽象的天神主宰著我們的生活。我們自願搬到「這個國家」居住，直到商議出和平的疆界為止，又或者一如里歐倡議的一國方案，我們將長居直到廢除所有疆界，直到我們都成為傳說中「一國」的一份子。然而這「一國」將以何為名？我們現在不需要討論這個，里歐會這麼說。「我很樂意住在巴勒斯坦，只要它能賦予所有宗教平等的權利與正義。」

每回我總是屈服，於是我們只能繼續住在這個國家。當我留職停薪期滿，ＢＢＣ要我回去上班，我告訴老闆我不回去了。他們問我是否想延長留停一年，讓我有時間考慮清楚。但其實我早已下定決心了。我選擇獻身命運的祭壇，那是我們共同的命運，也是由里歐設計的命運，而他致力打破這個國家雙國並存迷思的這份信念將牽動著我們的命運。

儘管歐莉顯然與我丈夫不合，但我不會因此不見歐莉。我一週至少會跟她碰面三次，有時帶著孩子一起，但大部分時間只有我們兩人。我們會去耶路撒冷最有名的馬哈耐・耶胡達市場（Mahane Yehuda market）採買生鮮食品，替她精心籌劃的餐宴準備食材。她介紹我認識市場裡漁獲最新鮮的魚販。她會拿「免費」的吳郭魚頭來燉湯當作淡菜湯的湯底。在這個猶太市場裡，我們會溜到櫃臺後方偷偷摸摸選購淡菜跟蝦子並用三層塑膠袋封住，以免被人看見或是氣味竄出。[28]我們會在她聖殿教房子裡的廚房打開層層包裹，一想到我們在這座虔誠的城市裡幹了被禁止的勾當，就笑得跟個孩子似的。

歐莉還介紹我認識市場內一位伊拉克猶太人咖啡店老闆，他帶我認識了整個阿拉伯猶太人的世界，原來這些猶太人之中，許多人仍夢想著要回到他們位在伊拉克、庫德斯坦（Kurdistan）、摩洛哥、突尼西亞、阿爾及利亞或是葉門的「家鄉」。這個世界讓我有回家的感覺，且讓我想起孟加拉鄉村的童年時光，這不僅帶給我無比的快樂，也讓我開始自我探索。為此我永遠虧欠歐莉，因為她不經意地帶我踏上一趟旅程，引領我通往生命中某個我本以為早被傷痛回憶掩埋的章節，那是我有記憶以來，就不斷想逃離的回憶。自從離開夾在兩個孟加拉之間的故鄉村莊之後，我在耶路撒冷終於又回想起那段明亮純淨的童年歲月，我不知道原來這些回憶還留存在我體內，藏在一層又一層破碎的純真裡。

28 根據猶太教規，不得食用無鱗或無鰭的海產，因此淡菜與蝦皆屬違禁品。

06 葉門的葫蘆巴醬

「這是葫蘆巴醬（hilbe）。」櫃臺後方的男子從一個大塑膠桶內舀了一匙黃色黏稠糊狀物，放在我鼻子面前。

它聞起來酸酸的，還有一股辛辣的香菜味。

「以前在葉門，這玩意兒就等於現在的鷹嘴豆泥，算是葉門的萬用沾醬，從麵包到肉類都可以拿來沾著吃。好吧，不只以前，現在以色列這裡也還是一樣流行，而且不限於葉門社區。葫蘆巴醬已經成功被納入『以色列料理』之一了。」

我心想不只葫蘆巴醬，還有其他許多奇奇怪怪的食物都被劃入以色列料理的範疇，好比說波蘭魚餅、鯡魚凍、日本壽司，當然還有各種阿拉伯料理也不例外，像是茄泥沙拉、阿拉伯什錦扣飯、中東蔬菜球、鷹嘴豆泥等等。在西耶路撒冷的咖啡店與餐廳裡，傳統阿拉伯早餐被廣泛認定為「以色列」早餐。里歐常說，「他們奪走了他們的城市、他們的村莊、他們有著美麗拱門的房子、他們的橄欖跟扁桃果園、他們的音樂跟他們的食物，但卻有什麼消失了。所有人為因素呢？

馬哈耐・耶胡達市場裡的伊拉克露天市集。

阿拉伯人都上哪去了呢？」

擺滿異國辛香料櫃臺後方的男子說道，「我們家好幾代都做這個，我們用石臼跟石杵研磨新鮮的葫蘆巴種子。這一匙是我母親在我們家磨的，用的是她葉門南部家鄉裡的食譜。」

我從他手中接過湯匙，這一匙散發著酸味的果醬，裡頭還混著一塊塊綠色水果，我聞著它散發出來的香氣，整個人陷入一段早已遺忘的童年氣息裡，心不在焉地問道，「裡面還有些什麼？」

「芒果、碾碎的葫蘆巴種子、芥末、水、鹽、辣椒跟檸檬汁。」來自葉門的男子邊說邊比著誇張的手勢，眼神四處游移。馬哈耐．耶胡達市場忙亂的景象在我眼前翻轉，也在我身邊逗留，客人與小販們喧鬧地討價還價。我被來自四面八方的各式香氣包圍，現磨香料、醃橄欖、地中海鮮魚、煙燻鯖魚、熟成的粉紅石榴。成堆的堅果與水果乾在市場內排成一長排，這一區被稱為伊拉克露天市集。杏桃小販剖開了一打亮橘色水果，把多汁的剖片放在托盤上讓路人試吃，慫恿他們購買。

我遲疑地把那匙葫蘆巴醬放在鼻子下嗅聞著，紛亂回憶裡有一道曾經熟悉但早已遺忘的謎團正迅速浮現成形，而我正試著挖掘出謎底。

「啊，是印度醃芒果！」我終於找到答案，忍不住大聲喊道。這葫蘆巴醬聞起來真的很像我小時候吃的酸味醃芒果，那是用磨尖的淡菜殼把芒果青削成片，再加上萊姆汁、磨碎的葫蘆巴籽、鹽、烘烤過的辣椒片以及新鮮香菜。

我手持著那匙葫蘆巴醬，為了這意外的發現興奮地尖叫，而葫蘆巴醬小販驚訝地看著我。

「我想起我小時候吃過很類似的東西，只不過我吃的那種有多放一些綠辣椒跟新鮮萊姆汁。」我向他解釋道。「原來這食物源自葉門……」我把那匙酸辣醬汁放進我嘴裡。芒果不費吹灰之力地滑進喉嚨，在嘴裡留下一股滑嫩濃烈、苦甜交錯、滿溢著香菜氣味的滋味。

「但我可以告訴妳，絕對不是猶太人把它帶進印度的。」他說，「一定是那些四處遊蕩的穆斯林，那些去妳祖國傳遞伊斯蘭教創始人穆罕默德（Muhammad）語錄的聖者帶去的。我們猶太人從不離開自己的國家，我們地位很高，一直到大概六十年前為止吧，猶太人都還負責擔任葉門國王的顧問。」

我的思緒漫遊到歷史課本裡。記得我在村落小學裡依稀背誦過類似這樣的字句：「在十四世紀，一群遊蕩的穆斯林聖者抵達北印度，傳遞先知穆罕默德的語錄。」這些流浪的阿拉伯新宗教使者，後來被認定為聖者與苦行僧。孟加拉的錫爾赫特市（Sylhet）有一座陵墓，裡頭葬了一位葉門聖者沙阿賈拉勒（Shah Jalal），他在該座城市定居結婚，終生在該地傳教。是沙阿賈拉勒把濃稠的葫蘆巴醬帶到印度河東岸嗎？

「妳似乎有點迷惘，我的印度朋友。所以哪個比較好吃，這個還是印度版本？」

「我其實不大能分辨。我們的沒那麼黏稠，然後更辣一點，我們放了一大堆新鮮的綠色辣椒，所以更辣。」

「印度什麼都辣，就像你們的電影明星也很辣。印度美女真了不起！自從我來到以色列之後，本來我都會看埃及電影好持續掌握阿拉伯世界動態，但是埃及女人看起來像是生鏽的水管，妳們印度女人則是閃閃發亮的不鏽鋼！我現在都從電影學印度話。『*Namaste! Ap keise hain?*』哈囉，妳好嗎？」

「那是印地語，不是印度話。」我邊說邊接受他的印度問候。

「噢！妳相信輪迴吧？就是人會有來世，沒錯吧？我下輩子就想當個印地人。」

我直覺地想糾正他，應該說「印度」人而不是「印地」人，但想想何必自找麻煩，至今我已習慣一天至少會聽見一次，以色列人跟巴勒斯坦人搞不清楚印度跟印地的差別[29]。我想要專心探究葫蘆巴醬的起源，顯然最有可能是由葉門人帶到印度的。

「所以你們家不但製作出這麼美味的葫蘆巴醬，以前在葉門還是國王的顧問。那你們怎麼會來到這裡？」

「噢，妳知道的，很老套的故事。自從猶太國建立後，沒有任何一個阿拉伯國家想收留我們；他們認為我們是叛徒。一九四八年以前，我們的生活還真是處處受禮遇，猶太人跟穆斯林之間根本沒有任何問題。我們還會在彼此家裡吃飯。」

「真的嗎？所以那時候你沒有吃猶太餐嗎？你家不信猶太教嗎？」

聽見猶太人跟穆斯林一起用餐，我不禁露出懷疑的語氣。但這位來自葉門、充滿自信的葫蘆巴醬老闆愉快活潑地對我說，「我們當然一起吃。妳在這裡看到的宗教排他性，都是阿什肯納茲那一派歐洲猶太人搞出來的。我們的阿拉伯朋友要吃清真餐，我們吃猶太餐，兩邊都是要求在宰

29印地（Hindi）指的是印地語，為印度第一大語言；印度（Hindu）一詞指的則是信奉印度教的人。

殺動物時把血排乾淨。」

面對過去，他顯然覺得遺忘那些阿拉伯國家常見的猶太人歧視是比較舒服的作法。葫蘆巴醬小販無意回想，儘管他們擁有「高級職位」，但幾世紀以來，身為猶太弱勢的他們卻被限制居住在稱為「*mellah*」的猶太區。在葉門，猶太人甚至不準在公共場合穿鞋。我觀察著這位自稱是前任葉門國王顧問後裔，如今被認為是市場之王的香料小販，我想起其他懷舊份子，以及其他前任「地主們」。

「過去在東孟加拉我們有大片大片的土地，我們的日子過得就像是貴族地主一樣。」我聽過許多歷經印巴分治[30]，被迫遷移至西孟加拉的人說過這番話。印度跟巴勒斯坦的國土分裂，替兩國人民帶來相似的影響：有些人被迫離開家鄉，有些人從不知名的海岸出發，以難民身分抵達，有些人獲得政治庇護，有些人則被驅逐出境。成千上百的人們身在祖先居住的國度卻遭政府拒發公民身分。國土分裂導致地主淪為難民，難民則住在被政府強奪而來的房子裡，而這些房子的原屋主正是那些被迫離開的地主。東孟加拉的地主們到了西孟加拉的加爾各答（Calcutta）之後，也只得睡在難民營，加爾各答曾是英屬印度的首都，如今已淪為貧民窟城市。五百萬名巴勒斯坦人在國土分割六十年之後，仍住在難民營裡（對許多人來說，這場分割象徵著舊巴勒斯坦的滅亡，用阿拉伯文來說就是「al-Naqba」，一場浩劫）。這場分割讓不同的宗教團體之間產生隔閡，然而這些團體過去曾在同個村莊、城鎮，甚至城市裡和諧共存，從希伯倫一直到加利利（Galilee）都是如此。過去六十年，這場分隔種下的仇恨不成比例地擴散。最終猶太人再度被限制在猶太區內，與自己的同胞同住，只不過這一回是他們自願的，因為他們得占據這些被以色列政府宣告為

「荒地」的區域，並且在區域邊界築起城牆以隔離阿拉伯人。從波蘭到巴勒斯坦，猶太區擴展的範圍與速度皆如此驚人。

「我們看起來很像，」葉門男子邊說邊傾身把手臂放在我手臂旁比較膚色。「我們看起來很像一家人。」他的深色雙眸閃閃發亮露出微笑。「嗯，如果這裡的情況沒有改善，我可能真的會搬到印度去。」

「那你可以去加爾各答北邊的市場裡賣葫蘆巴醬！」

「我還真的可以，不是嗎？」

「不過你得把口感調整成沒那麼黏稠，然後少放一點葫蘆巴籽。」

「然後多放一點辣椒。」

「沒錯，多些辣椒。還有別忘記加點新鮮萊姆。」

說完這句話我準備離去，而他身子再度前傾輕拍我的肩膀。「所以妳怎麼會到這裡來？妳看起來不像外勞。妳不是為了照顧一些得了帕金森氏症的阿什肯納茲猶太老人，才離開妳美麗的國家吧？」

他一邊低語一邊晃動身軀模仿帕金森氏症狀。我對他說，「不只是歐洲猶太人會得帕金森氏

30 一九四七年印度獨立後劃分為印度與巴基斯坦兩國，孟加拉被分割為東、西兩區，西孟加拉歸印度，東孟加拉則屬於巴基斯坦。孟加拉其後於一九七一年宣布獨立。

症……亞西爾・阿拉法特（Yasser Arafat）[31]也深受其苦。此外，照顧老人也沒什麼不對，他們是不是阿什肯納茲猶太人更不重要。」

「我媽八十四歲了，幾乎連路都走不動。我已經申請了三次全職看護，但每一次都被排到候補名單。如果我是藍眼的阿什肯納茲猶太白人，有個金髮母親，馬上就會有來自印度、斯里蘭卡或菲律賓的女孩送來我門前。」

「是這樣嗎？我不清楚。」我當然是說謊。我早就從雅可夫與米哈爾家中，得知以色列對於非白人、非歐洲猶太人的各種不平等待遇。

「我們國家已經變成像過去南非那樣了，白人、黑人、有色人種、印度人。我們不只猶太人跟巴勒斯坦人之間存有等級制度。我們還有分非常白的猶太人、橄欖膚色的猶太人、接近白人的猶太人、淺棕色猶太人、棕色猶太人、接近黑人的猶太人、黑猶太人，此外還有一個全新的品種叫做俄羅斯猶太人，他們多數根本不是猶太人，有些人其實是納粹黨，有些人是穆斯林！你能享有多少權利取決於你肌膚底下的黑色素有多厚，俄羅斯猶太人則另當別論，就像我剛剛說的，他們是另外一個世界，他們有些人享有特權，有些人就普普通通。有些人跟阿什肯納茲白人一樣享受政治特權，有些人則跟衣索比亞人一樣處於社會最底層。」香料小販針對他國家的南非症候群慷慨激昂地論述了一番之後，表情看來十分得意。

而帶我來這個格外擁擠的週五早市的歐莉，此時煩躁地拉著我的手臂；身為這個葉門男子的常客，想必這番話她已聽過多次。「當妳看見那些虛弱的阿什肯納茲猶太老人跟他們善良的印度或是菲律賓小幫手，妳會想到什麼？妳看過猶太黑人身後跟著幫傭嗎？或是衣索比亞猶太人被菲律賓人攙扶？典型的種族隔離場面就在這裡上演：白人配上黑人或是棕褐膚色的僕人。」當他說這番話時我有些慌張失措，不知是否該鼓勵他繼續發表生動的批判，還是繼續去逛逛市場其他區。

「你好像過得很苦，」我說道，「就跟磨碎的葫蘆巴籽一樣苦。」他的言論已開始變成一段冗長迂迴的以色列社會種族報導，我想讓氣氛輕鬆一點。

「所以妳不是幫傭，妳太漂亮了，不可能是幫傭，*habibti*。」他用一個阿拉伯文中表達愛意的熱門詞彙結尾，意思是「我的愛」。接著他問道，「那妳為什麼來這裡？」

我笑而不答。

「妳結婚了？」

「啊，又來了。」我心想，「一旦開始這個話題，就永遠走不開身了。」我再度微笑，但這回表情多了些防衛，我對他說，「我可以買一罐葫蘆巴醬嗎？謝謝。」

我在黏答答的櫃臺上放了一枚以色列幣的五元銅板[32]，然後任憑歐莉拉著我穿過人群，走過古老猶太市場的狹窄巷弄。我用手肘在人海中推擠前進，聞著混合了汗水、煙燻魚、乾果、羊奶酪、棕松露、鹽漬鱈魚的氣味。

31 亞西爾．阿拉法特為巴勒斯坦解放運動領袖，並因為與以色列簽訂《奧斯陸協議》，於一九九四年榮獲諾貝爾和平獎。
32 約新臺幣四十一元。

為何這個市場令我感覺如此舒服？那位伊拉克猶太人魚販尼辛，他一邊向我們打招呼一邊揮舞著菜刀，剁下深色多鱗的古老提比哩亞湖（Tiberian）吳郭魚的魚頭，這種魚又被稱為聖彼得魚。傳說耶穌在加利利海（Sea of Galilee）[33]湖畔，用兩條聖彼得魚跟五個大麥麵包餵飽了五千人。魚頭被棄置成堆，歐莉拾起了幾個魚頭。尼辛以劍客般的身手將各種魚肉去骨切片，有銀色的海鱸、肥美的歐鯿，還有嬌小的西大西洋笛鯛。他的巴勒斯坦助手根據不同訂單撿起魚片、魚排或是一整條清理過的魚，秤重過後交給從大清早就站在一旁等待的焦急買家。看見猶太人跟巴勒斯坦人並肩工作使人寬心。縱使他們扮演的是主人與助理的角色，但能看見這表面的和諧總是好事，畢竟在這裡並不是那麼常見到兩方民族共處。在耶路撒冷也許只有兩個地方能看見兩方人民面對面接觸，一處是醫院，另一處就是馬哈耐．耶胡達市場。在這個超市林立，各式商品都以玻璃紙包裝妥當的時代，這個市場宛如一道切片，讓人瞥見沒有民族衝突與自殺炸彈的舊耶路撒冷是什麼模樣。

幾個月漸漸過去，而當初搬來耶路撒冷的主要目的——幫助里歐達成對雙方和平調解有所貢獻的使命——看似愈來愈遠，我只能緊抓著其他理由說服自己。我為何仍住在這裡？因為如此一來，當許多我的前同事在慌亂的新聞室裡，如機器人般精準地進行播音測試時，我卻能隨時穿越這擁擠的市場感受蓬勃的生命力。我衝動地做出結論，我留在這裡是因為我可以按照個人需求買我想要的魚，我可以看見魚在我面前被取出內臟，因為我痛恨在無菌的超市冷凍架上，購買層層包裝、剝皮去骨的魚。無論是實質上或象徵意義上，我都真心喜愛這種體驗，它非常原始且發自內心，它的單純與超然的存在觸動了我的心弦，幫助我重新找回且再次體驗失去的童年。就在我伸手可及的某處，有一股難以計量的能量正被釋放。

「妳得開始認真考慮在這裡找份工作，或許妳可以考慮去ＢＢＣ工作。有何不可呢？……妳有沒有去ＢＢＣ的耶路撒冷辦事處問問看？」有一天歐莉這麼建議我。「妳來這裡夠久了。而且工作可以幫妳把里歐忙亂的生活拋在腦後，因為妳看起來似乎有點偏執。容我說一句，妳一天到晚反覆嘮叨他做了什麼、沒做什麼，有點過頭了，而且說來說去都是那些。」

「我也這麼覺得，對不起，我一直拿自己的困擾來煩妳。」

「我很樂意聽妳說，我只是覺得妳應該要找到自己的立足點。」

我當然想找到屬於我的立足點，一天到晚為了同樣的問題爭執不休，我也累了。然而歐莉有所不知的是，我跟里歐自認識以來，幾乎不斷以同樣方式爭吵。我必須找到屬於我的世界，不能只在歐莉身上尋找友誼、陪伴與憐憫，我得找尋一個能強化我的社交地位，並且緩緩在我內心注入自尊的世界。我得重回職場。我必須善加利用我內在感受到的能量。我內心蠢蠢欲動，裡頭有個說故事的人正努力破繭而出，雖然已有許多人說過各種版本的中東奇談，但我想告訴全世界屬

33加利利海並非海，而是以色列最大的淡水湖，亦稱為提比哩亞湖。

於我的版本。歐莉再三向我保證，我的故事必定會與眾不同，她說因為我並非以「白人預言家」之姿，從西方世界而來想改變她的國家。從她這個論點看來，她的確是值得交的朋友。我們之間毫無半點職業間的競爭嫉妒存在。

我在耶路撒冷的第一年總覺得有些頭暈目眩，我發現我所居的這座城市總令我迷惘，它不但精神分裂，且並不遵循世界其他國家的任何刻板模式運作。「這個國家」以色列－巴勒斯坦，岔開雙腿站在東西的交界。若我想要的話，我可以穿著衣不蔽體的泳裝，躺在特拉維夫的金色沙灘上，讓地中海的溫暖潮水拍打我赤裸的腳趾，看著一具具尋歡作樂的美麗黝黑身軀神情恍惚地從我身邊經過，彷彿以巴衝突從不存在，彷彿這裡真是聖經裡充滿牛奶跟蜂蜜之處。然而就在幾公里之遙，以遊牧為生的阿拉伯貝都因（Bedouin）牧山羊人，正在貧瘠的山脈裡尋找乾枯的仙人掌餵食骨瘦如柴的牲畜，貝都因女子則會身著黑色長袍與頭巾，走到沙漠邊緣拿取飲水。身在特拉維夫，人們很容易忘卻戰爭就發生在不遠處。鄰近的檢查哨，當虛弱的巴勒斯坦老人昏倒在熱辣的豔陽下等著通關去醫院、去上班或是前往被以色列路障分隔而日漸疏遠的親戚家的人們，穿著迷彩裝的以色列少年士兵們只是雙眼無神地看著他們。以色列身處民主幻象與叢林規則的夾縫間，以色列挾核武威力包圍早已被封鎖的原生居民，只因他們被控朝坦克車扔擲腐爛的水果。特拉維夫高級地段的商店櫥窗展示著各大設計師最新一季的服飾；初來乍到的訪客很難不產生置身羅馬或巴黎的錯覺。但就在車程一小時之處，耶路撒冷跟拉姆安拉（Ramallah）[34]之間，連一條像樣的道路都沒有。

我從雙方生活的鮮明對比中得到許多能量。我發現觀察這些對比雖然令人感到氣餒，卻也令人活力充沛，因為它們會不斷質問觀察者的弱點，挑戰觀察者的政治敏感度是否合宜。某回我帶了一瓶戈蘭高地出產的紅酒，前往一位以色列左派朋友家作客，我這番政治不正確的舉動令我陷入窘境。「妳怎麼可以這樣支持以色列占領？」他們如此說道。「妳每買一次占領區出產的商品，就是幫助以色列繼續實施種族隔離政策。」我那些身為和平激進份子的以色列猶太朋友們，會罵我沒買對產品、沒吃對雞蛋。這裡最方便購買同時也最有名的有機產品，是產自位在西岸中央某個山頂上的殖民區，有人告訴我那一區住著思想最右翼、最好戰的猶太人。在我來到這裡幾個月之後，我得知這些雞蛋是由「殖民」母雞所生，是裝在裝甲車裡駛過占領區的土地送達以色列市場，所以我不能購買這些有機雞蛋。

然而某次我政治正確地帶了一瓶在倫敦希斯洛機場（Heathrow）買的波爾多紅酒（Bordeaux），前往住在東耶路撒冷的巴勒斯坦友人家作客，巴夏爾．巴爾古提卻請我喝了一杯產自戈蘭高地占領區、頂級芳醇的紅酒。

「說到喝酒這回事，我從不看牌子。如果要在一瓶政治正確的酒與一瓶佳釀間做選擇，我選擇後者。欣賞音樂也是，我不喜歡去思考『我喜歡孟德爾頌（Mendelssohn）勝過華格納（Wagner）嗎？[35]』不管產地是占領區或自由地區，只要是美酒我都歡迎。來，喝一杯吧。」

34 拉姆安拉為巴勒斯坦自治政府總部所在地。
35 孟德爾頌與華格納兩人皆為十九世紀德國音樂家，但孟德爾頌為猶太裔。

像這樣的對比場景持續不斷發生，在我日常生活中盤旋傳遞各種訊息。生活的本質就在其中；豐富的資源就落在我觸手可及的範圍裡，那是一個裝滿愛、矛盾、恨與人性堅韌故事的寶藏盒，而這些故事交織在人們周而復始的生活裡。這正是我在英國那些年所缺乏的各種直接了當的人際接觸——爭吵、和好或是突然湧起一陣莫名情緒。在這裡的第一年間，有回我正在慎重考慮到底該留下或是離開，突然間我注意到公車上的人們都在大聲說笑或討論起家務事，例如孩子們的婚姻、成年禮、割禮，他們都毫無愧色地高談闊論。我為自己偷聽他人生活這樣的行為感到困窘。接著我意識到自己的偏執，儘管我也害怕遇上自殺攻擊，但我就是想搭公車在市區移動。有時我會有罪惡感，特別是當帶著女兒搭公車上、下學時。我偏執地想體驗**真實**生活與其對比。在公車上，我注意到來自東耶路撒冷、頭戴面罩的伊斯蘭教婦女通常總安靜地坐在公車前半部。當我鬼鬼祟祟地偷看她們的腹部，想尋找想像中的炸彈腰帶，才驚訝地意識到自己竟也天生帶著偏見。我發現我並非唯一心懷警戒的乘客；我身旁手捧猶太經文的男子也偷偷觀察著頭帶面罩的阿拉伯女子，而且他會邊看邊加速閱讀手中的祈禱書並前後搖晃身體。武裝警衛會隨機抽查公車乘客。某回有位一臉嚴肅的年輕俄羅斯人直接朝我走來，要我打開包包。「你覺得我看起來像是**阿拉伯人**嗎？」我邊說邊配合打開我帆布背包的拉鍊，裡頭裝滿從市場買來的煙燻魚跟山羊乳酪。我從他明亮的藍眼中看見一絲猶豫。我停了一會兒，然後又補充說道，「還是你這麼做只是為了表現你不只會搜查阿拉伯乘客，也會檢查公車上其他乘客嗎？」

接下來幾個月，我仍偏執地在公車上偷聽他人對話，並且在日記裡記錄他人的行為。我貪婪地大肆享用這些盛裝在金盤上、送到我面前的豐富活力。我急於搜刮各種瑣碎日常，這是我早年生活在拘謹固執的英國時所欠缺的。耶路撒冷的公車載我通往一種「家」的概念，人們在這裡談論、嘶吼、尖叫並且崩潰大哭，這裡的人們不受歐洲含蓄作風的約束。為此，即便面臨他處發生爆炸案，我們被警告別搭公車的艱難時刻，我仍願意每天至少冒險一回。

在耶路撒冷政治化得令人窒息的社會裡，我找到使人精力充沛的靈感，它幫助我找到歐莉所說的立足點。舊城區閃耀的白石城牆上，日以繼夜地投影著巴勒斯坦平民的狂烈暴怒，因為以色列控制了他們的日常生活，而且情勢是如此錯綜複雜。暴怒也源自城裡那道哭牆，它庇護著那些搖頭晃腦、哀悼著毀於約兩千年前的第二聖殿的猶太人。而哭牆後方據說就是當年猶太聖殿的位置，但這塊稱為聖殿山之處，於第七世紀建了圓頂清真寺，裡頭跪拜的穆斯林們會為此寺存在的正當性出言辯護。

這兩個民族的生活以各種方式相互依賴，從禮拜敬神之處、居住的土地，一直到他們對耶路撒冷的憧憬。各個面向根深蒂固地糾結互擾，耶路撒冷難以承受這般壓力，始終維持在沸點。城內居民終日惶惶不安，無人能置身其外，所有人甚至連來自國外的和平工作者也包括在內。然而每個人卻又都是消耗品。耶路撒冷的局外人，包括和平工作者、作家、記者都相信自己的存在是必要的；虔誠的猶太人則相信聖經賦予他們居住於此的權力；以色列的政治人物把耶路撒冷視為永恆不可分割的首都；和平激進份子為了更靠近西岸地區，所以必須以耶路撒冷為家；而越過檢查哨、在安全牆的另一邊，成千上百的巴勒斯坦人內心懷著期待，相信有一天耶路撒冷終會成為巴勒斯坦國的首都。

某方面而言，這些夢想、矛盾以及最終的失望相互餵養並重生新能量，這過程不斷重複上演，也許這座城市有史以來便不斷重演著此般循環。這個循環讓我想起印度教的三相神，也就是梵天（Brahma）、毗濕奴（Vishnu）與濕婆（Shiva）。梵天是創造之神，祂代表了這片土地的人民，代表著這片土地的築夢者與信徒；維護之神毗濕奴則守護著創造的成果，這便是促進雙邊交流的和平工作者所扮演的角色；然而毀滅之神濕婆終究會摧毀一切。毀滅之神代表著那些不抱幻想的移民、自殺炸彈客與這個失敗國家——或者該說非國家：以色列與巴勒斯坦地區——的失敗政治人物。這片應許之地歷經了魯莽的政治變革，褻瀆了人民的夢想，最後又毀滅重生，這一切似乎是以巴衝突背後蘊藏的神聖計畫，所有參與者如今都已經習慣這熟悉的輪迴。

可堪告慰的是，在陰暗的占領區之外，至少還有個馬哈耐·耶胡達市場，在市場裡漁獲在我眼前被人選購，接著被取出內臟、刮去魚鱗、剖切成片。我上一回看見滿是血與黏液的魚，已是多年前在孟加拉的事。在馬哈耐·耶胡達市場我任憑自己被一股天真與難以言說的自我放縱牽著走：我學會把衝突拒於門外，忽視不斷重複上演的挫敗、無聲期盼與政治協商，忽視里歐與他的同事們不斷徒勞地想改變歷史。我每週至少會去一次尼辛的魚舖，買一條來自提比哩亞湖肥美的土色聖彼得魚，我把魚帶回家好追憶一段遙遠的童年時光，而這段時光迅速就變得清晰可觸，帶給我無比歡愉。

07 我的「以色列」女兒

我重回職場了。就在我們即將歡慶於耶路撒冷度過頭一年之際，某天我打電話給當時ＢＢＣ耶路撒冷辦事處的處長——賽門．威爾森（Simon Wilson）。他在電話裡語氣非常溫暖，然而當我去見他時，他說他很歡迎我使用他們的辦公室，但必須事先跟他討論所有我打算報導的故事，而ＢＢＣ特派記者有權優先選擇題材，即使該題材是我發現的，我也得放棄追蹤該則故事。但最重要的是，他說根據ＢＢＣ聘用規定，我得先正式辭去倫敦新聞室職位，才能在耶路撒冷擔任自由作家。

他還補充了另一項規定，那就是我不能報導「重點新聞」。那是局內特派記者的職責。最後這項規定我並不大在意，反正我對所謂重點新聞本就沒什麼興趣，因為那大多是以巴衝突的政治新聞。我對另類觀點更感興趣，我想探討以巴衝突之中的人性觀點。我跟里歐討論我即將做出的「重大」決定，這事關我得放棄ＢＢＣ的終生職。我問他這樣是否當真妥當，因為這表示我將無法重回頗為優渥的工作環境並喪失一切退休福利。這間接表示倘若我無法成功當個自由作家，就得依靠里歐的資源而活。他說，「那是妳的選擇，妳想怎麼做都可以。」

「嗯，其實不是，因為如果我不趕快辭職，等留停期滿我就會被召回新聞室。難道你要跟我回倫敦嗎？」

「我辦不到，妳很清楚。我的工作在這裡。我的志願始終都在這裡，如果我想當個有用的人或是做出貢獻讓世界有所不同，我就只能待在這個國家。」

「那我的目標、我的任務、我的人生又該怎麼辦？」

「妳嫁給我的時候就知道我的目標是什麼。妳嫁給我的時候就很清楚我是什麼樣的人。我無法改變自己。我不擅長改變自己。」

「你在閃避我的問題。那**我的**夢想又該怎麼辦？」

「妳就用最適合妳的方式去實現它。」

「我該怎麼做？回倫敦嗎？那家庭又該怎麼辦？」

「妳自己選擇要怎麼做對妳跟妳的家庭最好。但無論如何，我都不會回倫敦。」

「我不是說我要回去，我只是要你知道，我現在面對的是一個多數人都會認為非常重要的決定，因為這可是全世界都擠破頭想進去的新聞室，而我卻得放棄它的終生職位。沒錯，我已經決定要辭職，我只是想聽你說一些好話安慰我而已。」

我說最後一句話時提高了音量。一如往常，我內心的惡魔公然挑釁我，伸著他們鮮紅的舌頭激動地竄出，而我自己都不懂，為何里歐對我的未來展現那種事不關己的態度會令我如此憤怒。

我的言論純屬理性，但卻選了聽來最不理性的方式表達。

我氣沖沖地離開，拿起手機打給位在布希大樓的世界新聞編輯部。三十秒內我的電話就被轉接到正確單位。接電話的編輯正是之前面試並錄取我、讓我加入新聞室團隊的人，電話那頭傳來她柔和的聲線。我可以從她冰冷、不友善的語調中察覺她的失望，她以此語調告訴我，得寄一封正式電子郵件給人力資源部，他們會回我一封電子郵件並且附上我的離職確認信。然後她補充道，我必須把我的ＢＢＣ員工證寄回去。「除了員工證，還有其他妳可能持有的ＢＢＣ財產。」

我靜靜坐著，試著沉澱自己剛才到底做了什麼。我很平靜，甚至可說有些麻痺。就這麼簡單？放棄一份多數記者會不惜代價爭取的工作，就只要這樣透過電話簡單兩句話就完成了？

夜深後，我開始意識到這一切真的發生了，然而最困擾我的並非離職，而是新聞室編輯要我把識別證交回。我看著識別證，上頭有張年輕、快樂的笑臉，那似乎是多年前的照片，就在我剛加入ＢＢＣ記者俱樂部時拍的。他們不能就這樣沒收我的識別證，畢竟我從二十三歲起就在那邊工作。

我決定留下識別證。

那一週我本期待里歐會提議慶祝此事，但是這件事壓根兒沒被提起。我本以為沒有大肆慶祝或許是好事，但一想到我為了讓兩人團聚已放棄這麼多，心裡還是不好受。我跟內心的惡魔爭論：我跟別人不同，我不需要緊抓著過去不放，我有勇氣接受且適應改變，然後向前邁進。我不需要被ＢＢＣ的退休金給綁住！我絕對不想在新聞室終老，那裡是新聞特派員之墓。

隔週一我把瑪亞送去幼稚園後，便大膽走進位在市中心附近一棟商業媒體大樓三樓的ＢＢＣ耶路撒冷辦事處。賽門・威爾森親自招呼我，他配了一張空辦公桌給我，我坐在那裡往外看著底下繁忙的雅法路（Jaffa Road）好緩和我緊繃的神經。就在此時我下定決心，我不要以失敗者之姿離開這個地方、這座城市。過去面對類似情境時，我曾多次重整自我昂首前行，這回也不該例外。當天我打了幾通電話去倫敦之後就拿到了幾個外包案，負責幫ＢＢＣ兩個知名時段的的節目做專題報導。

我去幼稚園接瑪亞時遲了些。園裡只剩幾個孩子，匆忙趕來的家長把汽車隨處暫停，因為基督教青年會跟這所和平幼稚園所在的大衛王街此刻正對外封閉，好護送一些達官顯要通行。等著我的瑪亞手裡拿著許多藍白圖畫。以色列獨立紀念日就快到了，孩子們畫的每幅畫都是根據此主題描繪出以色列代表色。我甚至收到學校通知，說紀念日當天所有孩子都該穿白色T恤跟藍色牛仔褲到校，好揮舞藍白旗幟跟大衛王街的慶祝隊伍打招呼。整座城市都以藍白色妝點，從私宅到檢查哨塔，國旗四處飄揚。幾乎每兩部車就有一輛在收音機天線插上以色列國旗，隨風飄揚。

瑪亞走回座位要從抽屜拿她忘記帶走的東西。她回來時，我驚訝地看見她手裡拿著一根迷你英國國旗。

「誰要妳畫這個的？」

「我的老師。每個小朋友都要畫自己國家的國旗。我根本不知道這是英國國旗。我老師給我看一張圖片，我就照著畫。妳喜歡嗎？這是給妳的喔，媽咪，妳想家的時候可以用這個。」

「所以他們是刻意想讓這一切看起來正常。只要畫個聯合傑克（The Union Jack）[36]，那就算畫上一整天的以色列國旗都沒關係囉？那巴勒斯坦國旗呢？」我對我四歲的女兒這麼說，隨即意識到這話聽起來有多蠢。

「什麼是聯合傑克？」

「這個，就是妳手上拿的這個。」

「噢，我不知道英國國旗叫這名字。」

「那妳手上這些圖畫要怎麼辦？也是要給我的嗎？」

「這些是獨立紀念日的裝飾。我會掛在我房間。」

我從未見過有哪個地方對國旗如此執著。這裡不只可以在陽臺跟窗戶上看見國旗，健行者也會頭戴國旗圖樣的棒球帽，我甚至看過有男子戴著織成國旗上藍色星星與兩道藍色條紋圖樣的無邊禮帽。當我跟瑪亞走出優雅的基督教青年會大樓，她用希伯來語高聲喊道，「**Degel shel Israel（以色列國旗）**！」同時指著大衛王街上飯店外頭約一打在旗竿上飄揚的國旗。

「*Degel shel Israel*」成為她接連幾個月最喜歡的詞彙之一，儘管我苦口婆心勸她無論畫國旗或揮舞國旗都是不正確的行為，但她就是不聽勸。她拒絕理解原因，也不想知道為什麼她不該在她臥室牆壁或是我工作筆記本畫上以色列國旗。她甚至開始配戴一枚上頭有國旗的以色列博物館徽

36 聯合傑克為英國國旗的俗稱。

章，這讓她巴勒斯坦派的哥哥非常惱火。然而只要試圖從她身上拿下那枚徽章，場面都會變得一發不可收拾，要不大發雷霆、要不涕淚縱橫。我決定忽視她對國旗的偏執，我認為她很快就會失去興趣。但對里歐來說這可沒那麼簡單，他擔心他的巴勒斯坦朋友會發現他不但是猶太人，而且還有個「以色列」女兒！這又是一件至今我仍無法接受的事：只要我對任何人提起我們會奉行安息日習俗，並且在週五夜晚點起蠟燭，里歐就會勃然大怒。抵達耶路撒冷沒多久，我們就有過幾次劇烈的爭執，正是因為我公開談論我們的半猶太孩子，還有我們之所以會來到這裡，主要是因為他與這片土地及猶太教之間的關係。

「妳也不會希望我到處去跟人說妳有可能是印度教徒，但妳親近的家人又是穆斯林吧！」里歐憤怒地說道。我回覆他，「你當然可以這麼跟別人說，但我跟你狀況不同。你知道我的背景不是那麼簡單好懂，我沒有信仰任何宗教。我是無神論者，那才是我真實的身分。此外我們不是在印度，我們人在耶路撒冷，就我看來我們之所以會來這裡，正是因為你是猶太人。」

「我不想被任何刻板印象影響。再說，要是我的巴勒斯坦同事知道一個猶太人竟然想告訴他們該如何與以色列維持和平，這可能會讓他們對我留下壞印象。」

「但如果你連這麼重要的事都要隱瞞，他們又為什麼要信任你？如果某天你的猶太人身分曝光，他們又作何感想？」

「我報告裡所有建議都是根據我與人們開會結果而擬定的；我只是不想讓他們對我有先入為主的印象。我怕如果他們發現真相，一切就毀了。」里歐說。

「不好意思，我不懂你在說什麼。」我繼續說。「如果你擔心阿拉伯人發現你的信仰後，會因此反對你的提議，那你在這裡根本就是浪費時間。和平提議應該由屬於這片土地的人來擬定，否則這跟殖民事業有什麼兩樣？他們為什麼要聽局外人指揮？經過了六十年的協商之後，這些局外人替這片土地帶來了什麼？」

「總之我就是不希望妳到處宣傳我的猶太身分，就這樣。」我從他聲音聽見他對我有所不滿時，才會出現的那股嚴厲。

「我才沒有到處宣傳什麼！但我認為你必須告訴他們你的身分，如果他們因此質疑你的公平性，那錯的是他們。」

我當下感到失落迷惘。如果他持續否認自己的出身，我看不出有何必要待在耶路撒冷。我之所以會同意搬來，正是因為他與這片土地的連結。看著許多外國人打著西方自由主義的旗幟行殖民之實，有意無意地剝削以巴衝突，我拒絕成為他們的一份子。歐莉說里歐是自我厭惡的猶太人，這說法總會觸怒里歐。他真正想傳達的是，以色列假猶太教之名所犯下的行徑是如此駭人，他不想背負此罪名。然而除了隱藏身分以外，一定還有其他方式可以表達。

「你這樣言行不一會讓孩子們無所適從。」我說。

好吧，瑪亞除外，儘管她父親對以色列以及非猶太人卻奉行猶太教規這兩項議題存有異議，但我們的女兒對於自己應當歸屬何處沒有絲毫困惑。瑪亞愛死以色列了。

大衛王街上的公車站牌，因為有國外高官下榻於街上同名飯店而暫停使用，於是我跟瑪亞走到下一個站牌。已有不少人在那裡等待十八號公車。自從西元兩千年發生第二次巴勒斯坦大起義[37]之後，陸續發生過幾起公車自殺攻擊。儘管英國領事館再三警告我們別搭公車，但我照搭不誤。搭公車能讓我們進一步融入這個社會。在這裡，人人上公車時都戒慎恐懼，擔心遭遇自殺炸彈攻擊。每回我搭公車總會感染這份恐懼。然而我覺得當我與其他乘客有了共同的恐懼，我們彼此便算是有了某種連結。

瑪亞與我每天都要搭十八號公車去幼稚園。此刻我們正等著搭公車回家取車，再開車前往東耶路撒冷接一位以色列人權份子。我為ＢＢＣ的案子安排了一趟難民營採訪。當我們看見公車出現在山坡上的紅綠燈前，我對她說，「妳今天要乖乖的喔，因為我必須帶著妳去工作。」

「媽咪，我發誓，妳在訪問別人的時候，我會乖乖的。我會帶我的蠟筆跟圖畫紙。我喜歡跟妳一起去工作。」

「但是不准畫以色列國旗！妳可以帶著整盒蠟筆，但不准帶藍色與白色。」

像這樣帶著她一起去工作，對她來說並不陌生。

「拜託、拜託，不要在那邊畫 *degel shel Israel*，拜託。」我再度向她重申。

「為什麼？是因為我們要去巴勒斯坦嗎？」

「我們要去一個難民營。」

「是巴勒斯坦人住的嗎？」

「對，那裡住了許多巴勒斯坦人。」

「是在拉姆安拉嗎？」

「是在前往拉姆安拉的路上，在東耶路撒冷。」

「我以前有去過嗎？」

「妳沒去過。」

「我以前去過巴勒斯坦，拉姆安拉就在巴勒斯坦。還有伯利恆。在伯利恆不能說希伯來文。」

她自言自語。

我記得那時候我們在伯利恆開車，基朗抓到她在後座翻著希伯來文故事書。他迅速把書從她手上奪走、藏在座位下。之後當我們站在市場中央，她為了要氣我跟她哥哥，高聲喊叫著「Imaa a a a aaa……」我們在耶路撒冷才住不到半年，她就決定要改口叫我 **Ima**，那是希伯來文「媽咪」的意思，這麼做實在不甚明智，特別是我們此刻正在西岸地區旅遊。我不敢想像如果這發生在敘利亞會是什麼狀況，要是祕密警察聽見她大喊，轉頭卻看見一位南亞 Ima，不知會有何反應！

我要去的難民營位在東耶路撒冷一個名為殊爾法特（Shuafat）的巴勒斯坦阿拉伯人社區，我要去訪問一位這些年來房子九度被以色列軍隊毀壞的巴勒斯坦人，我想在這樣的情況下，我最好得控制好我的「以色列」女兒，她絕不能在那邊叫我 Ima。我該如何對她解釋，在那街上污水四溢又過度擁擠的難民營裡，憤怒與仇恨就像是有毒菌類一樣四處傳播？又該如何對她解釋，在那

37 第二次巴勒斯坦大起義為二〇〇〇年九月爆發的以巴衝突，此為巴勒斯坦人反對以色列占領而發起的暴力反抗運動。

樣骯髒惡劣的環境底下，有著十個或甚至更多孩子的家庭只能擠在兩房破屋中生活，而每個孩子都在心中懷抱著殉教的志願卻難以對占領者顯露一絲仁慈。

這回之所以會帶著瑪亞是因為我找不到保母照顧她，再加上這是我以自由作家之姿，接下的第一個BBC採訪案，我實在承擔不起任何會危及我重振事業的風險。況且傑夫會陪著我們，他是以色列和平激進份子，同時也是反拆屋以色列人委員會（Israeli Committee Against House Demolition）會長。有他作陪，開一小段路穿越難民營看來便不是太危險。我如此替瑪亞做行前教育，「請不要在那邊說希伯來文，不然我們可能會惹上麻煩。」

「但他們不會開槍打我們吧？」

「嗯，有可能喔。如果妳叫我Ima，他們會以為我們是以色列人。」

當公車到站，她趕在眾人前頭跑向門口，我後悔我方才說了那些話。這樣說很不負責任。我怎麼可以口出此言來混淆我小女兒的觀念？我怎麼會跟她說難民營的人會拿著槍在街頭漫步？但一切都太遲了，我無法收回說過的話。關於街上哪些人會開槍，哪些人會帶槍，她已逐漸有自己的定見。她每天都會看見她朋友的父親或是她父親的表親帶著槍，人們攜帶槍械對她而言是一件再正常不過的事，因此她不解里歐與我為何反對。當我們走在街上，她總羨慕地看著那些配有大把來福槍的士兵們，在非值勤時間也把槍掛在側身。當公車加速穿過咖啡店林立的艾梅克勒方街巷弄，我從窗外望去，就看見至少有四個人配槍站在鄰近的行人穿越道等待通行。公車裡，瑪亞對著坐她對面的軍人微笑，那位女兵大腿上放了一把槍。

「妳知道嗎，我朋友阿薩夫的爸爸，督度，他有一把手槍。」她記憶力很好，她沒忘記我們——嗯，應該說沒忘記她在公車抵達之前正在討論的話題。

「是嗎？」我回應道。我對她才四歲就知道「手槍」這個詞彙不免感到憂慮。我想轉移話題，但這是不可能的。

「他把手槍放進皮帶上的槍套。阿薩夫說他父親會保護我們。」

「為什麼要保護你們？」

「恐怖份子啊。這樣就沒有人可以來學校開槍打我們。」

「妳在說什麼？什麼恐怖份子？」

「我想應該是巴勒斯坦恐怖份子，那些在公車上放炸彈的。」

我不知道她對於公車炸彈瞭解多少，但在公車上談論此事未免令人焦慮。她從未問我為何我們仍然搭公車回家而不改搭計程車。說也奇怪，關於爆炸這回事，我的恐懼從未深到足以令我卻步。當我跟我滿嘴希伯來文的女兒與以色列以及巴勒斯坦乘客一起搭公車時，便覺得我們是當地社區的一份子。此刻在公車上，坐在我身旁的瑪亞肆無忌憚地談起手槍、步槍、以色列安全與恐怖主義。這些詞彙我都是青少年時期讀了犯罪小說才認識的。

我生平第一次觸摸槍枝是在雅可夫與米哈爾家，他們家共有三個孩子加入軍隊。那是我抵達耶路撒冷不久後的事情。當時我對於看見這麼多武裝年輕人走在街上，內心仍驚恐未平。每間咖啡店、餐廳、書店、酒吧、電影院，以及所有當地學校都有武裝警衛守在門口，一律都得檢查包包才能放行。

我第一次摸槍時全身起了冷顫，覺得像是犯了什麼禁忌，彷彿我幹了什麼可憎的勾當。雅可夫與米哈爾的兒子，阿默思，年僅二十歲，負責駐守西岸地區，且定期參與突襲恐怖份子嫌疑犯的住家。某天我們吃著安息日晚餐時，他說，「來我房間，我有東西要給妳看。」

當天稍早，我曾談到以色列軍隊讓十八歲青年休假時帶槍回家是非常不負責任的行為。

「但我們必須隨時保持警戒以防被攻擊。」阿默思激昂地為軍隊辯護。

他的房間在地下室，同時也充作防空洞使用。西耶路撒冷每棟房子都必須配有防空洞。這小房間很冷，從房內唯一一扇窗望去，我才發現外牆足足有一公尺厚。這扇窗讓我想起船上的舷窗；開著的窗戶上頭有個輪狀裝置，我猜是把它往內拉就能關上窗。窗雖開著但房內仍有一股悶味。那把槍就躺在他凌亂的床上。

「我剛剛在清理它。我們偶爾得幫它上上油。」阿默思說。

「你就這樣把槍留在這裡而且窗戶大開？這裡可沒有鐵窗！」

「沒有人要偷槍啦。這些槍都有編號，軍隊電腦一查就知道這把槍是配給我的！所有鄰居都是猶太人，他們也都有槍。我跟妳說，我們必須保持警戒，隨時準備在短時間或是毫無準備下進攻。這就是為什麼整個以色列就像個積極的軍隊。我們隨時都準備好戰鬥，敵人沒辦法突襲我們。一九七三年的贖罪日戰爭（Yom Kippur War）[38]，阿拉伯人低估了我們，他們以為我們人人都會忙著禁食或是祈禱，但是軍隊可是全面戒備中。他們學到生命中最重要的教訓！」

「這槍有裝子彈嗎？」

「當然有啊。不然有什麼意義？我們必須隨時準備好，一有狀況立刻行動。」

「怎麼會有人想在西耶路撒冷猶太中心攻擊你？」

「我們被敵人包圍。所有阿拉伯人都想殺我們。」

「你這樣不會有一點偏執嗎？難道他們現在還不知道你們是全世界最精實的軍隊之一嗎？特別是經過贖罪日戰爭之後？沒有人會去突襲你們！」

「他們想把我們推下海。他們恨我們。」

「你認識任何阿拉伯人嗎？」

「不認識，我也不想認識。我想對抗敵人，不想交朋友。我可不是耶穌基督。」

「你不擔心你擦槍時會意外射中你的小妹嗎？」

「怎麼可能？我有受過訓練，我知道怎麼照顧我的槍，而且在以色列從沒聽說過有人被誤擊死亡的案例。妳仔細想想，跟世界其他地方比起來，我們的槍枝犯罪很少，因為家家戶戶都至少有一把槍。」

阿默思說得沒錯。我常好奇為何在這個流行揮舞槍枝且可以合法取得槍枝的國家裡，相關犯

38 贖罪日戰爭，又稱第四次中東戰爭，發生於一九七三年十月，埃及與敘利亞各自出兵攻擊被以色列占領的西奈半島與戈蘭高地，最終以色列軍隊逆轉得勝。

行卻如此之少。

「妳想握握看嗎?」阿默思說,他樂得看我這麼緊張兮兮。

「好。」我說。我從他手中拿起這冰冷的金屬。我持槍的姿勢剛好讓槍口對準了他,他迅速地把槍口移開。

「妳不能這樣拿槍!就是這樣才會不小心打到朋友或是自己的腳!妳看妳的手指就放在扳機上!不過我已經把保險栓扣上了,就是這裡。妳只要這樣推開,這把槍現在就可以射擊了。」

「你用過幾次這把槍?你殺過人嗎?」

「我不知道。」阿默思說,他突然陷入沉思。「我不想殺人。但是出任務時我們指揮官會要我們開了槍就跑,我們不會回頭去數有多少人傷亡。我沒有直接開槍殺過人。但我們入侵加薩走廊時,我想我應該傷過人。加薩走廊的民眾是最暴力的一群。他們絕對想致我們於死地,把我們推下海。」

「阿默思,如果阿拉伯人老是想殺猶太人,那為什麼你父親對故鄉葉門還會保有如此美好的回憶?」

「他是選擇性記憶。反正他根本什麼都不記得,他甚至不是在葉門出生。他的記憶全來自我們祖父母。他們在葉門生活是很不錯,但沒有跟阿拉伯人一樣好。他們仍然是次等公民。他們甚至不准在公眾場合穿鞋子!妳有聽過這麼古怪的不平等待遇嗎?」

「但是你奶奶總是說那邊的生活很棒,你爺爺又是政府高官。看看這片應許之地現在是如何對待他的，他現在住在毫無特色的住宅區裡一棟兩房公寓裡頭。你奶奶說以前在葉門她可是住在一座很大的莊園裡，有花園、山羊還有僕人。」

「妳知道，人們離家後永遠只會記得家鄉最棒的水果、最好的水源。如果我祖父母在那邊生活真那麼完美，他們就不會拋下一切財產跑來這，不是嗎？他們為什麼會來這？」

「因為他們以為這裡真會如聖經所說的那般，是片流滿奶跟蜜的土地！我從沒聽你奶奶說過有阿拉伯人要殺她。即便搬來這裡這麼多年之後，你奶奶現在都還在說阿拉伯話。而你身為阿什肯納茲猶太人跟葉門猶太人的混血兒，如果沒戴上猶太禮帽，看起來就跟加薩走廊街頭其他巴勒斯坦人一個樣。」

「我看起來才不像阿拉伯人！」阿默思反駁道。

「明明就很像。」我心煩意亂地說道，此時我意識到自己竟開始把玩槍枝。這把上了油的槍看來閃閃亮亮，冰冷的扳機散發著誘人氣息。我感覺自己跨過了某道疆界，從純真變成世故。一旦碰過這把殺人機器就再也不純潔了。我的手指觸摸著冰冷的槍口與扳機。這是我此生第一次手握這把武器，感覺就像一陣暈眩來襲，像是地心引力死命拉扯著我。而我只想放開一切顧忌隨它而去。

「媽咪，快點，我們的站到了！」瑪亞邊拉著我邊從她固定坐的那個車輪上方的架高座位跳下。她已經背好書包。年僅四歲半的她遺傳了父親完美的方向感，她從不會忘記要在哪一站下車。事實上，連我們走路回家她也認得路。

瑪亞與我先回家拿了我的錄音設備，然後再去接傑夫。在車裡她又開始聊起督度，也就是她朋友的父親。她說她非常以督度為榮，因為他能保護兒童不受恐怖份子攻擊。我覺得自己彷彿住在像是《魔鬼終結者》（*The Terminator*）系列那般的科幻犯罪世界裡，在這個世界裡戰火永不停歇，所有居民都畏懼著共同敵人。還有一隻全年無休的軍隊隨時待命攻擊。我住在一個每個孩子都看過且摸過槍的世界，每個孩子都知道什麼是彈鏈。我小時候以為只有寶萊塢電影裡的壞蛋或是黑暗英雄才會用槍，在電影裡，那些被吹捧的幫派份子以及像是寶萊塢巨星阿米塔布・巴沙坎（Amitabh Bachchan）所扮演的超級英雄，他們去射殺貪婪地主都顯得合情合理。小時候我也以為槍枝是給那些想要劫富濟貧的平民或無產階級軍隊用的，就像是孟加拉納薩爾派（Naxalite）[39]份子一樣。我無法想像竟然會看見像阿默思這樣的平民，或是像督度這樣一個家庭男子持槍。我難以理解何以每個以色列青少年都懂得操作槍械、懂得射擊。

一路上車況壅塞，我們抵達傑夫家時所剩時間已不多。當我按門鈴時，我對瑪亞說，「妳得去廁所把臉跟手洗一洗。」

「妳會讓我拿麥克風嗎？」她邊問邊指著我揹在肩膀上裝了錄音設備的袋子。

「不！不會，這次不行。」

「但有時候妳會讓我拿！」

「只有錄好玩的時候才可以，就像我們在街上或是咖啡店錄環境音那樣。今天的錄音很嚴肅，而且我必須單獨跟對方好好談談。可以嗎？拜託當個乖女兒，我知道妳是。還有等我們到難民營的時候，**不要**說希伯來文，也**不能**叫我 Ima。」

「難民營的小朋友是不是沒東西吃，所以為了他們我才要把晚餐都吃光光？」

「難民營的小朋友應該沒有營養不良。巴勒斯坦小朋友是有很多困難沒錯，但飢餓應該不是其中之一。」

「那每次妳說如果我不吃光盤子上的食物會有小朋友不開心，**那些**小朋友是住在哪裡？」

「什麼小朋友？」我心不在焉地回應她，因為我正在翻找袋子，想確認是否有足夠的空白錄音帶。我已經很久沒有錄採訪了。

「妳每次都說我要為了**那些**小朋友把東西吃光光。妳有時候說他們住在非洲。」

「嗯，在非洲某些地方，印度也有很多，還有拉丁美洲跟其他許多地方。好了，來跟傑夫說哈囉。」

傑夫領我們進屋，他要我們在客廳稍候，他得先去「講完一通打去美國的重要電話」。

「所以我不需要為了巴勒斯坦小朋友吃更多食物囉？」瑪亞堅持延續這個話題。她完全沒有動身去廁所的意思。

39 納薩爾派，泛指各種擁護印度共產黨，主張以武力反抗政府的政黨與組織。

「應該不用吧。」我煩躁地說道。我邊聽瑪亞說話邊觀察客廳，看著牆上那些裱框的一九三○年代耶路撒冷舊城區流浪兒童的黑白照。這些照片彷彿是在回應瑪亞對於貧窮的疑惑，一時之間，我的思緒落到另一個完全不同世界的兒童身上，那個世界街道骯髒狹窄，兩旁林立著以廢棄物蓋成的陋屋，廢棄物通常都是由孩子們撿來的；衣衫襤褸的女人在骯髒的市場裡收集腐爛、蟲蛀的廚餘蔬果，孩子們拿著手持式漁網在一座又一座濫捕的池塘間東奔西跑，只為了想撈到幾隻蝦，或是在踩上去嘎嘎響的泥地中抓到一條孤單的鯰魚，如此一來，他們的母親才有食材好準備當天唯一一頓熱食。在我成長過程中，周遭人們總把窮困視為因果循環。當辛苦掙來的食物靠著許多小手撿來的木柴烹煮完畢，當全家人聚在一起享用這頓等待已久的餐點時，他們甚至還會有一絲絲榮耀感。孩子們帶著半飽的胃，伴著空中飄散的炊煙味在露天下睡去。在那個世界裡，貧窮就在人們的鼻尖眼底，彷彿是天生命定。前世所為卻永恆影響了今世今生，但這些因果論的信徒幾乎沒有半句怨言。有些詩句正是以此為題而作。其中一首很快就浮現在我腦海，這是著名的孟加拉詩人，卡茲・納次魯爾・伊斯蘭（Kazi Nazrul Islam）的作品：

貧窮， Poverty,
你成就我的偉大， *You've endowed me with greatness.*
你使我與基督旗鼓相當。 *You've equaled me to Christ.*

我心想之所以有人能寫下這樣的詩句，或許是因為窮困的孟加拉孩童們沒有背負西方世界大量捐贈垃圾食物的重擔。西岸地區跟耶路撒冷的多數難民營，食物都多到吃不完，這得感謝來自全球各界的捐獻。在此地區常聽到有人認為這些捐贈食物是維持現況的關鍵，因為一來它讓聯合國有事做，二來也讓難民得以表述其論點。因為先有以色列出兵占領，才會產生難民。

傑夫回到客廳，為自己講了那麼久的電話致歉。我把注意力轉到女兒身上，自信滿滿地告訴她在東耶路撒冷的難民營，她將不會看見眼神空洞、腹部凸漲的飢餓孩童。

「那妳現在可以幫我把這些包包放到車上嗎？」我對她說。她向來樂於助人。

從舊城區的大馬士革門（Damascus Gate）駕車往北開上十五分鐘後，我們抵達阿納塔（Anata）路口，右轉之後便發現路面有顯著改變。我們必須非常謹慎地駕駛好繞過深深坑洞與零星石頭路障，這些路障是前陣子以色列軍隊一場突擊進攻之後殘留下來的。從阿納塔路口開上約五十公尺就可以通往難民營，那裡有一個檢查哨。我們被士兵仔細檢查，但他們沒要求我們出示任何文件；只有往回開往耶路撒冷時，他們才會這麼要求。我有些緊張，因為這裡不但路面崎嶇，而且有好多雙好奇的眼睛盯著我們的車子與車裡的乘客看。我開著租來的車，上面有以色列的黃色車牌。瑪亞坐在車後座，而傑夫正對我說起一個惡名昭彰的規定，那就是若無以色列當局批准，巴勒斯坦人在自己的土地上連座山羊棚都不准蓋。他經常來難民營探訪，我們這回要見幾位他的巴勒斯坦和平激進份子同事，還有那位房子被屢次毀壞的男子。這位男子的故事透過傑夫的宣傳而受到國際關注，每回他房子被破壞，就會引來許多國外志工成群結隊到耶路撒冷要協助他重建。

我慢慢把車開往難民營入口，車子被一群年約六歲到十三歲的男孩包圍，他們用阿拉伯語喊叫嘻笑。我不打算屈服於刻板偏見。我不要像西方世界那些對東方心懷恐懼的人那般，來到擠滿陌生人的地方就幽閉恐懼症發作。我不想在市集裡當個格格不入的旁觀者，對身旁每個人疑神疑鬼。畢竟我也來自東方。雖然此刻身在殊爾法特難民營，我心卻有著相反的感受。

「進去之前我可以在營區外的主要道路上幫營區拍個照嗎？」我問我車裡的那位以色列激進左派份子。

「當然。我在這裡跟小瑪亞一起等妳，但動作要快。」傑夫說。

我走到馬路邊緣，身後尾隨著一群男孩。從我所站的位置可以望見底下一片不規則伸展的營區，看來有如在我眼前組裝的一幅立體拼圖。這裡的房子蓋得層層疊疊，而狹窄骯髒的巷弄隔開了這座迷宮。這裡到處都有孩童。孩童們組成一道牆，擋在我跟傑夫與瑪亞坐在其內的汽車之間。他們伸手摸我的相機。我面帶微笑，堅決不讓那種外國人才有的不祥預感擾亂我的心神。再說，就算我現在想打消拍照念頭走回車上也已經太遲了，因為他們已看見相機，知道我們來訪的目的。透過鏡頭望去，一棟棟建築躍入焦點，我一度覺得它們看來像是一個個厚紙箱，而孩子們在紙箱上頭畫了屋頂，至於屋頂的黑色水塔看起來則像是蝨子。看見這擁擠的難民營裡，各個屋頂上竟然散落著為數可觀的水塔，令我有些詫異。我後來很快就得知巴勒斯坦難民營雖不缺食物，但每年特定月份會水源短缺。此外，偶爾發生暴動騷亂時，水、瓦斯以及其他各種便利設施都會被切斷。因此巴勒斯坦人不得不預做準備，在自家屋頂上眾多備用水塔裡盡可能儲水。

殊爾法特難民營。

當我拍到滿意的照片之後開始走回車內，我伸展下巴僵硬地露齒微笑，打從進入營區開始我便維持著這表情。我很緊張，但努力不在臉上洩漏半點痕跡。我掙扎著穿越一群兒童人海，還得高舉相機避免人群觸碰。有些人還要求看看我拍了些什麼相片。

當我終於走近車旁，感覺像是過了幾世紀之久，瑪亞身旁的車窗半開，我看見傑夫對她說了些話，然後遞給她一條手帕。當我推開人群進入駕駛座、努力關上門之後，傑夫說，「妳把鑰匙拿走了，自動車窗關不起來。但妳女兒非常勇敢。」

「什麼意思？發生什麼了？」我的微笑立刻消失無蹤。我轉過身看著瑪亞，一開始沒看見什麼不尋常之處。但當我心悸平復之後，我注意到她一臉非常受傷的表情。她沒收下手帕。她又沒有哭，傑夫為何要給她手帕？我試著仔細觀察，但就在還未能相信我親眼所見之前，她開口了，「他們往我臉上吐口水。」

「誰吐口水在妳臉上？」

「那些男生。」

「那些男生」如今把臉貼在瑪亞身旁的車窗上，我已把車窗關上。他們的臉壓在玻璃上，窗框看起來像是一只裝滿人臉的透明箱。嘲弄的臉、訕笑的臉、伸出舌頭的臉全都壓在玻璃上，簡直像一幅超現實主義畫作。

「妳怎麼不叫我，我可憐的寶貝！」突然間我感覺自己秉持的一切與巴勒斯坦有關的政治正確立場都灰飛煙滅，我發現自己正咒罵著那些男孩，而那些男孩則回以大聲的嘲弄。

「我沒叫妳，因為妳說不能在巴勒斯坦喊妳 Ima。」

「噢，那妳可以直接叫我媽咪啊。妳為什麼不大喊找人幫忙？」

「因為妳說我不能對巴勒斯坦坦人沒禮貌。」我女兒如此說道，此刻她接過傑夫的手帕擦拭她的臉。我一時之間心緒紊亂，不知接下來該如何是好。

我感覺到傑夫溫柔地拍著我的背，要我先離開這裡，離開街上這團我們不小心創造出來的混亂。他幫瑪亞擦臉。我打開一瓶水幫她洗臉，拚命地用手帕擦著她的臉。「快開車！」傑夫再次說道，並且從我手中拿過那瓶水。當我發動引擎駛離，把那些孩子從車窗上甩開時，我聽見他對瑪亞說，「沒事的，妳真的很勇敢。」

「我沒事，媽咪。」現在換這個勇敢的女孩來安慰我。「但是我沒有說希伯來文，他們為什麼還要這樣？」

「他們還是認為我們是以色列人。嗯，我的確是以色列人。」傑夫說。

「但是媽咪說他們有很多食物。他們不窮，那他們為什麼還要生我們的氣？」

「不，他們很窮。」傑夫回答她。「他們說有多窮就有多窮。想像一下，他們是在一個污水流滿地的巷弄內長大，然後每年冬天這些污水又會淹得到處都是。想像一下，以色列坦克車會開進他們家，然後半夜把他們的兄弟、父親或叔叔、伯伯抓走。想像一下，他們不能到處旅遊，這些男孩從來沒有離開過這些街道，因為這些街道被檢查哨或是高聳的安全牆給四面八方封閉。不缺食物不代表他們不窮。」

「是沒錯，但是朝小孩的臉吐口水還是不正當的。」我說。

「弱者總是會跑來欺負更軟弱的人。要是可以，他們會朝我臉上吐。」

08 艾梅克勒方街鬼魂的詛咒

「妳太不負責任了。」當天晚上我們回家後，里歐這麼說道。「帶她去布希大樓的ＢＢＣ國際頻道上班是一回事，但是拉著她去充滿動盪的難民營根本大錯特錯。」

「既然這樣，那你為什麼不幫忙帶孩子？」我說。我懂他的意思，我的確不該帶她去難民營，但我拒絕認錯。

「你說啊，你怎麼不幫忙帶孩子？」我再度質問里歐，還哼了一聲以表不滿。

「我跟妳說過很多次，我們得請個幫手，找個全職保母。我們房子有多的廂房，很簡單就可以把它改成保母房。」

「那你怎麼不去找一個？」

「妳不會喜歡我選的人。上一次我找到了，妳又否決。」

「你上次帶來的巴勒斯坦女人完全不會說英文或希伯來文。我該如何跟她解釋要怎麼照顧瑪亞？如果發生什麼嚴重的事情，她要打電話給我，她又該如何跟我溝通？」

「嗯，如果有什麼急事，妳的阿拉伯文程度也足以溝通了。再不然她可以打給我啊。妳沒發現妳總是想方設法怪罪於我嗎？」

「要是你人在加薩走廊或是利比亞（Libya）或是開羅（Cairo）或是貝魯特（Beirut），而她找不到你呢？我不能找一個不會說英文的阿拉伯保母。」

「我要去唸故事給瑪亞聽了。」他往瑪亞的房間走去，此刻她正在房裡等待她爸比。

「請別問她今天發生了什麼。我想幫她先把這件事埋在心底一陣子，直到她年紀大到能理解**這個國家**的衝突給人們帶來的各種羞辱、痛苦再說。」我喜歡故意說出「**這個國家**」這幾個字，好強調要是我們待在其他地方就不會發生此事。畢竟這該死的以巴衝突可是他家的事。我不知道這股憤怒從何而來，但幾乎無力壓抑或紓解它。我很挫敗，我想挽回錯誤，但一切已經太遲。我這樣一個不負責任的母親，竟為了工作而讓自己的女兒經歷如此可怕而不必要的遭遇。某方面看來，我過去為了照顧孩子而留守家中的種種努力，都因為走錯這一步而前功盡棄。

我坐在窗臺，覺得自己頓時成了千夫所指的罪人，我對著外頭深色長角豆樹哭泣，它的枝幹因長了豆莢所以顯得沉甸甸的。長角豆樹的豆莢煮熟並萃取內容物之後，嚐起來非常像可可。來這裡以前，我從沒嚐過長角豆。我的內心空虛，罪惡感讓我的心蝕出千瘡百孔，但我太驕傲而不願承認。里歐責難的語氣更只是雪上加霜。過了幾分鐘，里歐顯然讀了篇幅甚短的床邊故事給瑪亞聽之後回到客廳。他站在客廳中央的希伯侖地磚上，一臉困惑，不知是否該給我一個擁抱，因為一旦抱了我我就等於這回爭吵他認輸了。他還沒準備好要認輸，我也沒有準備好要讓步。重點是，我並非魯莽地帶著瑪亞去簡陋的難民營工作，而是別無選擇非帶著她不可。我沒開口要他幫忙是因為我知道他不可能答應，他只會說我試圖阻撓他工作。好笑的是，他卻從沒想過他拒絕平均分擔父母職責也會讓我無法工作，最後我們只能像個中世紀家庭，根據性別角色分工。我的工作變得無足輕重，成了某種閒暇之餘的消遣，而他是尊貴的和平使者，一個背負改變中東世界使命的男人。

除此之外，記得我們剛抵達此處時，幾乎每週末我們都會去一些可能對他工作派得上用場的地區旅遊。我們有好幾個週六都在西岸地區納布盧斯（Nablus）附近山丘上，跟以色列極端右翼的警衛隊談論和平共存的可能，或是在希伯侖舊城區市場，一邊跟巴勒斯坦店東喝茶一邊看著占據該地且住在市場頂樓的以色列猶太移民，把用過的衛生棉條跟尿布等垃圾丟到巴勒斯坦人的店舖與住家上頭。那幾趟旅程固然美好且發人深省，但絕非理想的週末放鬆之旅。

當然他會替自己辯護，說他擬定的每趟旅程都很安全，都經過深思熟慮的規劃。事實上，我現在回想我們在耶路撒冷多數的一日「週末[40]」，大多是把時間花在參加導覽行程，好「教育」自己瞭解以巴衝突。我們一家人參加過「尋找綠線（Green Line）[41]」旅行團、「巴勒斯坦廢村」旅行團、「消失的巴勒斯坦故鄉」旅行團，還有其他十幾個類似的行程。甚至就連我們外出露營、

40 以色列政府法定週末時間為週五下午至週日早上共三十六小時。
41 綠線為第一次中東戰爭結束後，以色列與埃及、黎巴嫩、約旦、敘利亞於一九四九年簽訂的停戰協議中所劃分的界線，此線並非國界，僅為停火線。

住民宿，或是開著我們那輛擊敗四輪驅動車的小車穿越猶甸沙漠，這些活動也都是為了繼續探勘這片全球主權爭議性最高的土地的模糊輪廓。我們所做的每件事都是為了更瞭解以巴衝突。我們成為這場衝突的奴隸。在英國那幾年的週末連假，我們去過沼澤區、西北部湖區（Lake District）以及綠草如茵的丘陵漫步，或是在新森林國家公園（New Forest）裡騎腳踏車，然後半路停在村裡酒吧喝杯啤酒，這些日子如今成為遙遠的烏托邦幻影。當前往鄰近阿拉伯國家旅行，我們花了很多時間探問阿拉伯人與以色列和平共存的意願。他們多數是完全不願意！你只要隨意走入開羅任何一個市集就能聽見主流輿情，而埃及還是中東除了約旦以外，唯一願意與以色列和平共處的國家。我並非不享受這一切，但是不知為何，生活成了一場未曾停歇的比賽，時時刻刻追逐著中東當前情勢。

里歐走過來坐在我身旁，一隻手環繞著我，「妳不用一天到晚生我的氣，我沒有要刻意刁難妳。我只是得完成我的工作。」

「我也想工作，什麼工作都好。你當初說我們來這裡以後會過著規律的家庭生活，你將不再出差，就算有也是爾偶。我沒想到我們現在甚至連好好過個週末都辦不到。週日要上班，週五你又因為那一天是歐洲的上班日而拒絕休假。如果我們都還單身且沒有小孩，那這一切都不是問題。我們當中總得有人負責照顧孩子們，但不能永遠都是我。」

「我很抱歉，」他說。「我知道這一切對妳來說很辛苦，但妳得給我一點時間。」

「我們來這裡已經一年了。我給了你很充分的時間，但現況完全沒有改變。」

「等加薩的事情告一段落，我應該就可以盡力陪伴你們。但此刻我無法馬上預測以色列撤兵之後會是什麼狀況。」

他輕聲說著，這本應能軟化我的心，但不知為何我無法壓抑內心一股排山倒海而來的憤怒。我覺得自己被人利用，怒喊著我對他已失去信心，我後悔來這裡看著自己青春凋零，受困在這段不平等的關係裡。

「你扼殺了我的夢想，從現在開始我也要扼殺你的。雖然我不能像你以前那樣打包行李，找個旅館說走就走，但我從此以後會拒絕合作，想辦法讓你過苦日子。我不想浪費一整晚坐在你身旁。我要坐在這裡，坐在這張餐桌前剪接我的帶子，完成我的訪問。你就會知道跟一個冷血工作機器人在一起生活是什麼感覺。」

「這就是為什麼我現在要離開，我要逃離妳的控訴。我這週末本來要待在家的，但現在不會了。我明天一早就走，去加薩。」說完，他便快速上樓進入他的書房。

這是他的典型反應。如果我一派甜美，他就會說他為了工作不得不走。如果我怒目相向，拿他飄忽不定的行蹤借題發揮，他就會說他之所以離開全是因為我對他大吼大叫。近來我們持續陷入爭執之中，我已分不清每一回爭論的頭尾。我們讓自己陷入毀滅循環漩渦裡；我們會不斷重拾上一回爭執的論點，在目視範圍內，這一切既無起點亦無終點。

在這般情況下，最好的處理方式就是保持冷靜，等情緒過後再來處理。但此刻他片面決定離去，令我感到挫折，而挫折影響了我的意志力。我被憤怒掌控而無力阻止，只能眼睜睜看著自己把一切搞砸。

我注意到有神祕的影子在地板上舞動。抬頭一看，只見露臺上仙人掌的剪影被街燈放大，透過天窗填滿了燈光微弱的廚房。憤怒使我盲目，我無法專心剪接我在難民營的採訪錄音帶。我開始在廚房來回踱步，焦慮的雙眼瞥見傳真機與電話。我拿起這兩臺機器猛力往地上一摔。

因為他全靠這兩臺機器與加薩走廊保持聯繫，所以我得毀了它們。這是我的一點報復，規模不大不小。他當然可以逃離這裡，但在他動身之前我也不會坐以待斃，我要砸爛他的通訊世界。

幸運的是基朗當時去上吉他課，我聽見樓上的瑪亞開始哭泣。里歐趕下樓來到廚房，不可置信地看著這一場混亂。他試圖把我推離廚房，但是我死命反抗。我把他往牆上一推，拿起他的眼鏡照樣把它往地上砸。

「妳好大的膽子！眼鏡就是我的眼睛，沒有眼鏡我什麼都看不到。妳太可惡了，妳瘋了。瘋子！」

「哼，沒了眼睛，看你明天怎麼去加薩。」

樓上瑪亞哭得更大聲了。他緊抓著我的手臂把我拉向客廳。我掙扎扭動著想脫身，但他反而抓得更緊。他說，「我要把妳困在這裡，直到妳恢復理智為止。」

「不要，你不可以，你他媽的又不是我的主人。」我手臂很痛。我試圖掙脫卻掙脫不了。我往他腿部猛然一踢。他大喊一聲把我推開，似乎是受傷了。他突如其來的一推，再加上我正試圖抽開我的手，兩股力量相加之下，把我推往客廳遠處另一端，讓我失去平衡倒落在地。我的膝蓋因狠狠撞上咖啡桌而感到劇痛。撞到的是我受過傷的那一腿，我之前在約旦傑拉什（Jerash）的圓形競技場跟基朗玩耍時，從一道羅馬式城牆摔下來跌斷過。痛楚令我暈眩想吐。我應該是昏厥了幾秒鐘，因為當我睜開雙眼，我看見瑪亞站在客廳中央歇斯底里地大哭。

「爸比剛才出去了。他說要去配新眼鏡。媽咪妳還好嗎？妳又摔斷腿了嗎？我去幫妳倒水，媽咪。」

「過來，媽咪抱抱。過來。」我對她輕聲說道。

「對不起，媽咪。妳能修好電話嗎？因為我們要叫救護車。」

「別擔心，親愛的，情況不嚴重。這以前也發生過。我必須找到我的護膝，就放在醫藥櫃某處。」

「我去幫妳拿，我知道在哪裡。」啜泣的瑪亞邊說邊轉身上樓要去浴室。

「我自己來。過來扶我。」我對她說。

但當我試著移動身子，傳來的劇痛令我險些再度昏厥。我只能繼續坐在地上，坐在那張笨重的玻璃咖啡桌旁。這張咖啡桌桌腳跟底座是用我們從約旦買回來的一具貝都因人打穀機，重新設計而成。我很慶幸玻璃沒破。我坐在那裡抱著我的孩子，她迷你的手臂環繞著我，我試著從她小小身體的溫暖與擁抱當中獲得一絲慰藉。這讓我情緒得以平復，暫時拋下羞愧與罪惡感。我褻瀆了為人父母之職。我女兒此刻賦予我安全感，但這本是我該給她的。我不但沒做到，還翻轉了她小小世界裡對父母的信任。

在我以此姿勢睡著之前，我內心將一切怪罪於這間艾梅克勒方街房子裡的鬼魂。它們就是不肯放過我們。我們打擾了它們的存在，因此它們便打算摧毀我們的生活。我們搖搖欲墜的婚姻，本該在耶路撒冷這個新環境下逐漸穩定，但這個環境反倒開始映射出圍繞在我們身邊的種種衝突。從抵達此地之際，運載我們全部家當的貨櫃失蹤開始，我們婚姻本已鬆動的根基就搖晃得更加厲害。耶路撒冷替我們帶來的衝突多於和平，這是我們始料未及的。這棟房子跟這個國家都試圖表明立場：他們不需要局外人過來定居。無論是這間屋子、這座城市，甚至是整個國家全都被鬼魂纏繞，嚇跑了各方好事之徒：這足以解釋為何當地人總持續排斥國際干涉；也解釋了兩千年的大衛營高峰會（2000 Camp David Summit）[42]為何最終誘發了第二次巴勒斯坦大起義。而一九九三年以巴雙方共同簽訂的奧斯陸協定（Oslo I Accord），將西岸地區以色列與巴勒斯坦各自的控制區強硬劃分為A、B、C三區[43]，結果造成了行政管理困難且官僚政治橫行的一團混亂，至今無解。巧合的是，我在同一年年尾懷了我們第一個孩子，從此我們的家庭生活也被分成三區，而此刻這三區想必是極度的悔恨、濃裂的情緒與自艾自憐。

里歐不知何時回來了，我不敢去看時間。此刻去質問他並不是個好主意，畢竟我需要他的協助。他躡手躡腳地把瑪亞從我懷中抱起，帶她回房間。我從餘光看見他配了副新眼鏡，款式更高檔時髦。這副眼鏡讓他看來年紀長了些。我正好奇基朗人在哪裡。他大概意識到我的疑惑，便告訴我說他去音樂班接基朗下課，然後帶他去耶申家借住一晚。這作法很聰明。方才發生的這起不幸爭執，令我現在無顏面對基朗，雖然說這樣的場面在他成長過程中早已屢見不鮮。

「妳需要看醫生嗎？」

「要。我可能弄斷或扭傷了幾條韌帶，得把它們弄回原位才行。」

「妳能等到明天嗎？等送完瑪亞上學之後，我可以帶妳去哈達薩醫院。」

「應該可以，但我需要我的護膝，就放在浴室裡。」我仍坐在原地，我試著用力，即使最輕微的動作都會往我大腦傳送一陣令人暈眩的痛楚，使我眼前一片黑。

「來，我替妳拿了一些強效止痛藥。」

此刻我情緒鎮定多了，每回爭執過後都是如此。極度厭惡被極度親密取代，此時需要的是對方的熱情擁抱與充滿愛意的輕聲低語。我瞭解他的感受也清楚自己的感覺，我們彼此都知道此刻想從對方身上得到些什麼。

他坐到我身旁，我們擁抱彼此。

42 大衛營為美國總統專用度假區，亦為美國總統與他國領袖非正式會面地點。西元兩千年美國總統柯林頓、以色列總理巴拉克與巴勒斯坦解放組織主席阿拉法特在該處舉行高峰會，商討以巴衝突解決之道。該會議最終未能達成任何協議。

43 奧斯陸協定將西岸地區分為A、B、C三區，A區的軍事與民事管轄權均屬巴勒斯坦；B區軍事管轄權歸屬以色列，民事管轄權屬巴勒斯坦；C區之軍事與民事管轄權則均屬以色列。

我們坐在冰冷的石頭地板上，看著舞動的影子我哭了出來。此刻是如此平和。

隔天從醫院回家的路上，拄著暫用拐杖的我請計程車司機停在歐莉家前。當我得獨自從醫院回家，前一晚短暫享有的寧靜與溫暖便已煙消雲散。里歐無法留在醫院陪我並帶我回家。他也沒與我討論我該如何去幼稚園接瑪亞放學。值得慶幸的是基朗搭校車上下學，不用我操心。

「誰幹的好事？」歐莉問道。

「沒有人，這是意外。」

「什麼叫意外？」

「我被咖啡桌絆倒。」

「他沒打妳吧，有嗎？」

「當然沒有。」

「那到底怎麼回事。」

「我剛剛說了！」

「他推妳？」

「沒有，是我推了他。」

「所以他回推了妳一把？男人不能幹這種事情。他們力氣比較大。」歐莉聽來語氣十分嚴肅。

「為什麼妳一開始就認定我的『意外』跟**他**有關？」我問她。

「拜託，別傻了。全都寫在妳臉上。不然妳怎麼會趁著孩子們都在學校的時候過來？那妳的

BBC 報導怎麼辦？妳之前說妳今天要忙這檔事的。」

「我不知道有這麼明顯，妳竟然看得出來我們起了爭執，不過是我起頭的。至少我是這麼認為，是我開始了第一步。」

我內心有股強烈的衝動想告訴歐莉一切經過。我急切地想減輕我胸口的重擔，不想回到那棟寂寞的房子。我不想擔起接瑪亞放學的責任。事實上，我根本不知道該如何拄著拐杖去學校接她，然後又要獨自度過這一晚，獨自面對這場突如其來、令人措手不及的挫敗。像這樣一個夜晚，我必須以重複的答案回答兩個孩子重複的問題：

「爸去哪兒了？」

「他去加薩了。」

「但是他上星期才去過。」

「他得再去一趟。」

「為什麼？」

「因為他工作的智囊團要他寫一份加薩停火後的現況報告。」

不，我應該不會如此詳細解釋，因為我不想引發我女兒連珠炮似地提出一連串問題。「什麼是智囊團？是旅行團嗎？是很有智慧的旅行團嗎？」還有我兒子也會問起，「停火是怎麼回事？耶申說那不過又是猶太復國主義者的花招……」我不想與兩個孩子度過又一個漫漫長夜，回答這些孩子關於此地荒謬政治現況的提問。我會讓他們早早上床，才能坐在客廳面對鬼魂，這些鬼魂如今永久附身在這些舞動的影子中，盤旋在我們的希伯侖地磚上頭。我會質問它們，「你們現在開心了吧？你們贏了吧？你們當然有權去破壞這片和平，但你們為什麼不能去找其他房子？我猜這裡是你們家，你們才有權問**我們**為什麼不找其他房子住。也許我們該搬走。反正現在這屋子裡，沒有任何人過得開心。但也許我該給這間房子一個機會，給我們的關係一個機會。拜託饒了我們，收起你們嘲弄的舌根吧。」

然後我會懇求他們，「要不然，這棟房子合法屋主的列祖列宗們請告訴我，我該怎麼做？我該像六年前在摩洛哥那樣放棄，一個人帶著孩子們回倫敦重建生活。或者我該留下來，看看這一次我們能否成功？家庭生活的喜樂是否本就不屬於我，不屬於我們？我們來自兩個極端不同的環境：他有穩定的家庭背景，所以他想把這一切拋在腦後，而沒有家庭的我只想緊抓住一個家，甚至是半個家也好。是否正因如此我們才無法融洽相處，無法相互理解？」

「這真是太過分了。」我聽見歐莉說道，聲音彷彿是從一座遙遠島嶼傳來。一杯烏龍茶在我眼前冒著煙，我一度有些恍惚，以為自己沒聽見她接下來的言論，但其實我聽得清清楚楚，而且覺得驚訝且困惑。我不否認歐莉所言正是我從醫院回家路上心中所想，我也是因此才決定半路在歐莉家停下來。里歐當時幫我叫了輛計程車，說他無法改變計畫取消加薩行。他已安排好那邊的會議，他不能「讓他們失望」，他無法讓巴勒斯坦人失望。

「這種行為實在無法接受。他臉皮真的很厚，發生這種事情之後還丟下妳一個人跟孩子們，自己跑去加薩……妳說他要去多久？」

我們第一棟屋裡希伯侖地磚上的「舞動暗影」。

「我不知道。」

「不管妳怎麼護著他，妳知道這狀況看起來是什麼樣嗎？這根本是惡意遺棄，讓一個拄著兩根拐杖的女人自己照顧兩個孩子。」

「噢，事情不是這樣的。我幾年前在約旦時摔斷過腿上幾條韌帶，自此之後我的膝蓋就常常移位。我不能騎單車，也不能跑太快。這跟我們吵架無關。我只是很羞愧自己沒能停止這場爭執，竟然讓瑪亞聽見。我不確定我們在她面前爭吵給她帶來多大傷害，還有基朗，他的傷害想必已經很深。」

「那妳還想繼續維持這段關係嗎？拜託，我們活在二十一世紀，妳知道的，現代人會選擇放下，然後重建生活。妳不能繼續這樣過下去。我認識妳一年了，妳口口聲聲說妳愛他，但除此之外，我已經記不得妳什麼時候說過這段關係的好話。妳需要他的時候，他永遠不在妳身邊，但他只要隨口一喊，妳總隨時待命滾進他懷裡。」

「妳太誇張了，歐莉。我愛他是因為我們之間經歷過的種種，我們在一起非常久了。要破壞很容易，要建立很難。」

「但從妳說的話聽起來，妳什麼都沒建立。」

我疲累到無法理解這一切。此刻我只希望有人安慰我而非評判我的婚姻。我想起我倫敦的朋友們，就算他們跟歐莉有著相同想法，但他們絕不會這樣說。歐莉習慣以明確角度看待生活，她會根據自己的價值觀替每個人判定是非。然而對我的倫敦友人而言，生活中有更多灰色地帶。

「我有個律師朋友。」歐莉說，「我應該讓她打電話給妳。就聊聊而已，沒什麼損失。妳應該知道自己有哪些權利。」

烏龍茶溫暖了我，我的肌肉也跟著放鬆。聽見這些話，我沒有自己想像中那般驚訝。我認為這些話是對婚姻最終極的褻瀆。我伸展那紮滿繃帶的膝蓋，對歐莉說道，「我知道自己有哪些權利——至少那些對我來說重要的權利。我知道我有權在這段婚姻中得到對方的同理心，有權要求對方與我一起承擔這個家。我也知道如果這個地方把我的家庭撕裂成碎片，我絕對有權離開這裡。但我不想要用任何世俗的法律條文懲罰我的另一半。」

「從一個無神論者口中聽到這些很有趣！所以妳相信冥冥中自有公道？噢，老天爺會懲罰他！善惡到頭終有報？」

「拜託，不要嘲笑我。我相信這個世界還是會有公理正義。人一定還是會有些良心。對了，烏龍茶很棒。謝謝妳。」

「有些人就是沒良心。有些人只相信自己所謂的良心，我們猶太人就是如此。如果我們會被一些不切實際的道德感給折磨，我們又怎能住在這裡，住在里歐的巴勒斯坦？所有**不**自我痛恨的猶太人都必定先要克服罪惡感的啃蝕。」

「又來了。」我心想。我可不想將這個上午拿來把自己的生活跟猶太人與巴勒斯坦人做比較。我不想討論他們有沒有罪惡感，或是以巴衝突到底正義不正義。難道沒有一種生活是可以超越巴勒斯坦與以色列？超越衝突？我拄起拐杖離開。我家離這裡很近，應該不成問題。

就在當晚，就在我與我們屋裡的鬼魂開完會之後，沒想到我的手機竟接到歐莉朋友來電。我心跳加速但仍試圖保持鎮靜。我很高興瑪亞此刻已上床，至於基朗倒是不用擔心，因為他向來一有空就會帶著耳機大聲聽音樂。

這是歐莉頭一回惹惱我。也是我與里歐之間的危機第一次看似嚴肅了起來。過去我從未覺得我們的婚姻已走到死胡頭，再無挽回的餘地。然而我應當為剛才與律師通話負起責任，歐莉約略向她提及了我們的家庭爭執，我雖試圖否認卻未能掛上電話。她探問了我的財務狀況，諸如家用支出分擔以及名下有多少共同帳戶之類的問題。多數問題我都沒答，只對她表示我們的財務安排沒有問題，就算真的不幸離婚亦不會有影響。但她表示無論如何我都該繼續告知她一切細節，因為倘若真的離婚許多事情會跟著改變。這場對話相當令人煎熬，多數時間都是她在解釋我的「權利」。其中不乏一些女權主義觀點，例如她向我講述男女之間的相處準則，並表示女人該堅守此準則，分毫不得退讓，否則這只會無形間使得其他處境類似的女子跟著受害。我心想，要是一段關係只需聽從某個女權主義份子的建議，或是套用什麼行為模式便得以維繫那就好了！我對那位律師表示，我不認為我為家庭所付出的一切是出於「女性的責任」，她聽了頗不以為然。

最後，我還是試圖認真向她聲明：那天晚上我先生跟我之間發生的一切並非家暴事件，我們沒打算分道揚鑣，至少目前不會。我不想責怪歐莉，因為當她說要請她的律師朋友打電話給我時，我表現得不置可否。我當時沒想太多，因為我認為她會忘了這回事。我知道這藉口聽來毫無說服力，連我自己都說服不了自己；我得承認，當下內心有一部分是充滿恨意，想讓一切順勢發展。

然而律師接下來說的話仍令我措手不及，她說：「我下週會再打電話跟妳確認情況。」

「謝謝，但我應該沒事了。」

「這種事誰都說不準，事情往往都在轉瞬間發生，接著以常人預料之外的速度急轉直下。如果發生任何暴力行為，可以打電話給我，我給妳我的手機號碼。」

我坐在原地，感覺自己被玷污了。根本沒有什麼暴力事件，不是嗎？這場爭執是我起的頭，是我先出手推他的。歐莉的聲音不停在我耳邊響起：「是沒錯，但是他比妳壯，男人不能推一個只有自己體重一半多一點點的女人。」我雙手摀住耳朵，我不想聽見「暴力」這個詞彙。沒有什麼暴力。里歐與我不過就像兩個幼稚的青少年，我們從未真正長大，我們像孩子般不知羞恥地爭吵，毫無節制。沒有任何暴力。我沒準備好接受一位女權主義律師大肆評論我的生活，評論我與里歐之間的關係。歐莉對里歐有意見是一回事，但以我目前生活現況而言，找律師涉入此事只會令我神經更加緊繃。想到我的孩子們，我真的很害怕下週又接到她的電話。她很有可能真的會打來，因為光憑我優柔寡斷的拒絕，恐怕不足以勸退一位律師。

下週電話打來時，我並非毫無心理準備，那柔軟的聲線再度以低沉單調的語氣說我得瞭解自己的權利。我很意外自己竟仍無法明確表示要她別再打來，並且對她說我不需要瞭解什麼權利，就算離婚我們也不會有任何財務問題。這些話我一個字都沒說。我只是默默聽著，彷彿自己是個脆弱的小女人。當她要我順路去她同樣位在艾梅克勒方街的辦公室看看，非正式碰個面時，我甚至也沒有婉拒。

然而出乎我預料的是，數週後一封來自律師事務所的信函從門縫底下塞進來。我以顫抖的手指打開它。我不敢相信我的眼睛，這是一張索價一千美元的電話諮詢帳單。

我不敢相信我跟歐莉的友誼竟會走到想躲開她的階段，我不想接受她的追問，也無意去質問她什麼。而以下發展恐怕也不是巧合——我把律師事務所的帳單隨手放在電話桌上，當里歐安裝新傳真機時便拾起了這封信。

「這就是妳跟妳**最好的朋友**策劃的陰謀！」

「不要對我發飆，我也沒預料到。」

「妳總是喜歡對妳所謂的好朋友成天嚷嚷妳有多苦，講得我好像是個打老婆的傢伙一樣。」

他怒氣沖沖地上樓，把律師信留在邊桌上。盛怒之下他忘了接上傳真機線路。我並無罪惡感，畢竟我無須對律師帳單負責，但我覺得我們的私人戰爭越界了，從臥室轉入公共空間。如今這場戰事被記錄在律師的電話紀錄裡，在這個雲端儲存空間動輒上兆位元的電腦世代，這紀錄會永存直至網路當機為止。一想到這就讓我很不安。

「我們得搬離這間房子。」一週過後里歐這麼說道。

「很好，我們確實不該繼續住在一條到處說英文的街道上，還住在一棟被歷史幽靈纏繞的房子裡。」

「不只如此。我不希望我們繼續住在歐莉附近，這女人處心積慮想往我們的婚姻跟家庭捅上一刀。」

「說得好像這段婚姻在她出現前沒有任何問題一樣！」我說。

「至少沒像現在這麼糟。過去妳從未覺得有必要聽從朋友意見找律師諮詢，想結束這段婚姻。如果我們真要結束，不需要找律師。」

但你永遠不會放我走的，我心想。究竟為什麼每回我們走到險惡的分歧點，當我已決定離去，你就會帶著無比滿盈的愛回頭抓住我？於是我們會和好如初，融洽地度過幾天、幾週，又或者倘若我們幸運，則可長達一至兩個月，接著我們又會落入惡性循環，再度重蹈覆轍。

「還有，」里歐說。「她想搶走我的孩子。我們非得搬家不可，她才不會一直拿著她的鯷魚漢堡，想拐騙他們進她的巢穴。」

每回我說我受夠這段關係了，里歐就會指控我是要試圖奪走他的孩子。背負這般罪名有時令我心生恐懼，使我被困在這段婚姻裡動彈不得。我也不知道為什麼，但我覺得我需要證明自己永遠不會為了報復他而把孩子們帶走。孩子是屬於我們兩人的。

PART TWO

09 一瓶安寧

「我問過爸比都在做些什麼。」瑪亞邊說邊撕了塊吐司沾著蛋吃。基朗則是一如往常陷入前青春期的沉默之中。過去幾個月以來他總不斷嘶吼叫囂，我絕望地看著我的寶貝兒子變得遇事推託、冥頑不靈，我放棄了，不再與他吵架。我自認無法再跟一個即將滿十二歲、已有一百七十二公分高的男孩爭執，他甚至比我還高上一吋。因此在早餐桌上，瑪亞負責說話，而我是唯一的聽眾，因為基朗臉上清楚寫著他已不住在我們的世界裡。

「所以爸比怎麼說？」我問她，一邊往煎鍋裡打了一顆蛋。

「他說他去加薩跟巴勒斯坦坦人說話，這樣他們才可以有『一瓶安寧』。」

「那是什麼？」我試圖裝作一臉正經。

「就是一瓶安寧啊。我爸比說巴勒斯坦坦人跟猶太人需要這個。他說他在幫他們想辦法拿到。」

我看見基朗挑了挑眉。原來我這前青春期的兒子還是三不五時會對某些事情有所反應！特別是可以對她妹妹說教的時刻。

「瑪亞，是和平安寧，不是一瓶安寧。安寧沒有辦法裝在瓶子裡，讓妳跟軍人一起喝著玩。還有，是**巴勒斯坦人**，不是**巴勒斯坦坦人**，妳這白痴！妳把他們說得像是什麼外星人一樣！」

「才不是！爸比明明就說要給巴勒斯坦**坦**人一瓶安寧！」她故意在多出來的「坦」字加重了語氣。

這兩個相差近八歲的孩子吵起架來竟能如此惡言相向，令人嘆為觀止。

「好好好，妳就繼續當我的笨蛋妹妹。」基朗滿臉怒容對著瑪亞。

「媽咪從今天起不會給你錢買午餐，會改給你帶便當，因為你是壞人。」瑪亞說。她就跟她爸一樣，每回吵架都想方設法要爭得最後的發語權。

「如果你們兩個再繼續吵下去，我會罰你們全都關進房裡。」我發出警告，不過我的警告向來被當成耳邊風。

「但人家說的是真的。」這一回她認真說道。「爸比說他去加薩，這樣巴勒斯坦坦人才可以跟以色列人一起分享一瓶安寧。」

「他真的這樣說？那他打算怎麼做？」我問她。我決定轉換話題，免得她跟她哥哥在餐桌上把彼此生吞活剝。

「去加薩就可以了啊。」她一副國際事務權威的口吻。

「原來加薩有個儲存**安寧**的水庫，這我還真不知道。」我端著咖啡坐下。此刻的加薩可說是半點「安寧」不剩。這些被迫「撤退」、心生不滿的以色列移民把加薩走廊搞得遍地石堆，宛如戰後廢墟，就算有國際援助，要重建加薩走廊也得花上好一段時間。里歐總說，比起西岸地區他更喜歡加薩。他認為加薩的巴勒斯坦人比起他們西岸的同族弟兄更有創意，思想也更開放（同族姊妹不在此列，因為除了像曾長期擔任巴勒斯坦官方發言人的阿什拉維（Hanan Ashrawi）這樣的指標性人物之外，巴勒斯坦政壇鮮見女性蹤跡）。

此時校車喇叭響起，我趕忙把基朗送出前門。我對巴勒斯坦人司機哈珊揮了揮手，然後走回廚房坐在餐桌前繼續喝咖啡，而瑪亞回她的房間準備上學。她每天早上出門總得花上許多時間準備。我們總是九點過後才抵達幼稚園，整整遲上一個半小時。這是她最後一年讀幼稚園，所以我不是那麼在意她遲到。我想盡可能享受有她陪在身邊的時光。她的言談仍充滿各種意外驚喜，機智而調皮。我確定那「一瓶安寧」的故事是她捏造的。我依稀記得她好像從她祖母喬依那兒聽過這故事，喬依常不斷講述里歐小時候用過「一瓶安寧」這組詞彙。瑪亞非常聰明，聰明到懂得剽竊這幾個字眼把她哥哥唬得一愣一愣，甚至連我都有幾分相信。她很敏銳，她察覺到我不滿里歐對加薩的偏執，不滿他何以頻頻造訪那片充滿火爆衝突與怨念的狹長土地。

我的和平使者丈夫啊。我嘆了口氣，啜飲著咖啡。過去十年來，我跟著里歐走遍中東世界每個角落：從摩洛哥到巴勒斯坦，從埃及到約旦。我並非有意在他的中東世界裡追逐任何理念、夢想或是抱負。我，過去的女權主義者，早年曾在倫敦地鐵販售托洛斯基（Trotskyite）[1]刊物的女孩，

1 托洛斯基主義，為馬克思主義其中一個流派，該流派自視為正統馬克思主義擁護者。

如今已完全化身為絕望的寶萊塢電影女主角，偏執地愛著一個男子，而這男子又愛上一片永遠無法回報其奉獻的土地。我不斷過著沒有他的日子，獨自帶著孩子們過活，而他持續在他此生至愛的中東地區間遊走。他橫越了整片中東，從黎巴嫩到埃及，約旦到伊拉克。我孤身一人盼著他歸來，我不屈不撓地試著與中東為友，我不斷試探她、取悅她，只求能更瞭解她；我為她學習希伯來文與阿拉伯文；為她罔顧我早年強烈的無神論立場，替我們那不甘不願的兒子舉辦一場宗教成年禮；為她將我們的女兒送至希伯來文與阿拉伯文雙語幼稚園就讀。

自從搬到在耶路撒冷的第二棟房子，我們便少有交流。這棟房子在耶路撒冷西區，位於總統官邸附近一個虔誠的社區裡。以色列由加薩撤兵之後便換成我丈夫進駐，他每個月有好幾天都會在那兒過夜。

我們的新房子過去曾是被一座歷史悠久花園包圍的獨棟平房。以色列建國之後，這座房產曾荒廢一段時間，約莫持續到一九五〇年代左右。其後大批猶太移民從世界各地湧入以色列，醜陋的高樓大廈如雨後春筍般冒出，改寫了聖經所描繪的這片土地的樣貌；遍及各地的住宅區改變了城市的天際線，藏起耶路撒冷的尖塔與圓頂。

在這棟被樹木與芬芳玫瑰花叢圍繞的房屋之上，如今被加蓋了三層樓，每層樓各自擁有獨立出入口。幸運的是我們住的是原屋，因此能夠獨享這片花園。這感覺相當隱密，就連郵差都不會一路走到我們前門口，只會把我們的郵件放在整棟建物的主入口。由於我們這間房子上頭加蓋了樓層，導致客廳幾乎沒有任何日照，頗似住在洞穴裡。這房子每個房間都鋪有美麗的地磚，而且慶幸的是仍都保留原屋的藍、綠、紅三色馬賽克磚。其中一間房的牆上，甚至以馬賽克磚拼了一幅「生命之樹」的圖樣。在不分日夜同樣柔和的光線照耀下，那圖樣看似一幅洞穴壁畫。

我們當初選這間房子是因為它有著茂密自然的花園。但如今我開始覺得有些與世隔絕，甚至想念艾梅克勒方街上說著英語的喧鬧咖啡店。因為現在要出門去咖啡店已不像從前那樣方便，我發現自己時常在這美麗的洞穴裡無精打采地閒晃，等待我的奧德修斯（Odysseus）[2]歸來。

但是加薩是如此重要，就連我們的小女兒都明白這一點。

「爸比什麼時候才會從加薩回來？」每回里歐出門瑪亞就會這麼問，因為他只要出門必定就是去加薩。

「等到中東和平之後就會回來了。」我通常都這麼回答。她會把這答案當真，並未察覺我話裡的諷刺。而我也喜歡一再重複這個答案以宣洩我不斷壓抑的挫敗感，因為我覺得自己被排除在此地益發緊急的政治過程之外。然而接下來幾個月，加薩情勢每況愈下，和平之路似乎從未像此

2 奧德修斯為希臘神話中的英雄人物，其著名事蹟為出征特洛伊長達十年方憑藉木馬之計得勝，而歸途遭遇種種磨難又花了十年之久。故作者以此角色比喻其長年為了中東事物在外奔波的丈夫。

刻如此遙遠。

在我意外遷居中東以後，每逢憤怒與不滿的時刻，我會把內心對國際組織傲慢地自詡為和平使者的這股厭惡更加合理化。這只會令我更加惱火，因為里歐是如此一心一意地投身其中，許多年前在倫敦某個美麗的四月午後，他曾非常清楚地對我表明，絕對沒有任何人、事、物能勝過他對中東的愛，而如今他的確身體力行這份承諾。

要是我也開始愛上中東，開始書寫中東，把我的興趣投入於中東呢？他會作何反應？他會怎麼做呢？

10 菲妲

我們成長於條條通往流亡的十字路口
當歧路交會，童年也自我們手中隕落
一陣狂風吹倒一把傘
這是我對倖存者的敬意
——摘自〈我朝你奔去……與你並肩前行〉（*I Run toward You...I Run with You*），
穆里．巴爾古提（Mourid Barghouti）著

「*Keif halek?*」
「*Ana mabsuta.*」
菲妲問我「妳好嗎？」我按照阿拉伯文教科書上的標準答案回她。她聽了之後發出一陣傻笑。
「每次都用同一句話回答有什麼不對？**我很好**。這答案對我來說滿不錯的啊！」

「妳的阿拉伯文得多下點苦功了。妳也可以回答『*Ana majnune*』，意思是我瘋了。」

「瘋了？有什麼好瘋的？」

「這個世界啊，我就常常被這世界搞到快瘋掉。」

我心想「Majnune」這個字我早就認得了。無論是印度的印地語、巴基斯坦的烏爾都語，一直到孟加拉方言裡都有這個字，意思是瘋狂的愛。這讓我想起某個波斯王子的傳說，他叫做瑪吉奴（Majnu），他神魂顛倒地愛上一位名為蕾里（Layli）的美麗交際花。我想我多數時間都不會介意用這樣一個字眼來回應這世界對我的問候。

如果說歐莉是幫我融入本地的幕後推手，那麼菲妲則助我打破層層回憶，意外發現阿拉伯文與我的母語間的紮實連結。隨著我與她相處時日漸增，聽她說阿拉伯文的機會也變多，兩種語言間的橋樑跟著逐漸成形。她每天從耶路撒冷通勤至拉姆安拉工作，我常去那裡陪她一起共度漫長的傍晚時光。如今我已能用簡單的希伯來文對話，因此也想試著跨越阿拉伯文障礙。感謝老天讓我遇見菲妲，這道障礙現在看來已非如此高不可攀。

某個宜人的六月早晨，我去她位在耶路撒冷西南部艾因喀拉姆（Ein Karem）區的家接她。我的一位朋友推薦她。她也同意擔任我的隨行口譯，所謂隨行口譯其實對記者來說，更像是扮演「地頭蛇」的角色。

這一回她要帶我去北部的巴塔村（Barta'a），那是一個以巴融合的村落，村裡七千位居民全都因通婚而彼此互為親戚關係。這村莊是個特例，不像西岸地區北部其他地方那般，邊界全被以色列築起的安全牆隔離。菲妲安排了來自村裡兩方的村長接受採訪，一位是西岸地區的巴勒斯坦人，一位是以色列阿拉伯人。

我看見她站在露臺上，凝望著下方蒼鬱的山谷。那露臺底下是一條快速道路，道路底下便是急遽下墜、長滿麝香草與鼠尾草的山谷。露臺上有著不可思議的迷人景觀，可一百八十度全景瞭望被艾因喀拉姆舊村落往昔巴勒斯坦居民遺棄的梯田與扁桃樹叢。曬衣繩上的洋裝、床單、牛仔褲、襯衫，隨著微風吹拂而飄動。我停好車走上階梯，看著她身體不同部位逐漸出現在我眼前，當她收起第一件晾起的衣物，展露在我眼前的是她細長的雙臂，接著我看見她蹬著一雙穿著合身低腰牛仔褲的長腿大步向我走來。以巴勒斯坦女性而言，她高得很不尋常。當她的臉龐從一件褪色橙色床單後方出現時，看來竟是如此熟悉。狹長臉型、畫著眼線滿是睡意的雙眼，再配上一抹憂鬱的微笑；我看過這張臉，這五官像極了某張全球知名的臉孔。這張臉屬於某位世人再熟悉不過的偉人，這張臉常出現在昏暗教堂內與細心裝飾的壁龕裡。

菲妲有著耶穌的臉。細長而喪氣，卻有著寬容世人的神情，臉頰旁則散落著柔順的黑色鬈髮。她溫柔地笑著，然後順著我的眼光望向鄰近丘陵與驚人美景，她說，「沒錯，妳眼前看見的一切都曾經屬於我們。我要奪回這一切！」

她這番言論嚇了我一跳，迅速把我拉回現實。

我難以從她輕快的語氣判斷，她何以選用這句話作為我們首次見面的開場白。她是不信任記者嗎？還是故意說些外國人想聽的陳腔濫調？我聽得出她語氣藏著隱晦的諷刺，這令我非常不舒服。這份不舒服源自於我丈夫的猶太身分。我突然可以體會我兒子害怕中間名阿奇瓦被他的巴勒斯坦同學發現的心情。我也再度理解里歐為何振振有詞表明，不願讓巴勒斯坦同事知道他的宗教信仰。我心想我最好別提起自己跟猶太人的關係，我不希望她對我因而改觀。我想要瞭解眼前這位高得驚人、貌似基督的女人，我在心底發誓我們之間的關係一定會從這起ＢＢＣ採訪案的合作繼續延伸為私交。

「放心，我會透過和平協商奪回這片土地跟這村落。」菲妲語畢笑了出來。

我腦海裡不斷重複響起基朗他朋友耶中的話：「等我長大以後我要帶領群眾運動，用和平的手段取回我們的土地。」

此刻我站在這棟位於艾因喀拉姆區舊阿拉伯村的舊阿拉伯屋子裡，面對著這位貌似拿撒勒（Nazareth）[3]先知的修長女子，想著我該如何在不說錯話、不洩漏我那禁忌祕密的情況下，與她建立新關係。

好在此刻我們並無多少時間閒聊就得出發往北。一路上車裡的對話聽來都似乎有著弦外之音，我想這多少是因為她奇特的幽默感之故。特別是當她說，「既然歐洲人調停了半天都不成功，那麼以巴兩國的總統或許都該聽聽**妳的見解**。妳可以教我們一些甘地式（Gandhian）的技巧。我們這裡需要一位甘地。甘地透過和平抗爭把英國趕出印度。我們受夠那些自殺炸彈客了。」

我本打算問她，「妳是認真想把以色列人趕走？」她覺得以色列是像英國之於印度那樣的殖民政權嗎？但我沒把這些在腦海中翻騰的想法說出口，只是看著她以僵直的姿勢與朦朧的眼神，望著車窗外如今被以色列屏障隔離的阿拉伯村落。當車子加速駛過西岸地區平原，我開始數著這些由一片片混凝土構成的「城牆」，這一道道違反國際法規的城牆將巴勒斯坦人圍起，不僅讓他們有如活在牢獄裡，同時也切斷了鄰近村落彼此的日常交流。這道分隔之牆孤立了巴勒斯坦村落，讓他們與世界斷絕聯繫，無法與鄰近的以色列大城進行商業往來或使用城裡的醫院、學校與各種便利設施，也無法使用位在特拉維夫、車程不到一小時的機場。在城牆後方遠處，我看見鄂圖曼風格的叫拜樓（minaret）[4]矗立在稠密的市鎮裡。我突然意識到光是使用這條劃過西岸占領區的道路，就等於是在支持以色列的領土掠奪計畫。我對菲妲表明此想法，她說，「我是可以帶妳走另外一條路線，但我想給妳看看這條連結南北殖民區的主要公路，這條路也叫做六十號種族隔離公路（apartheid road 60），它就這樣硬生生穿過西岸地區中央的城鎮村落，只為了連結散落在山頂的猶太殖民區，妳看，就是那些紅屋頂的房子。」

聲譽卓著的巴勒斯坦作家拉加．薛哈德（Raja Shehadeh）曾經在他某本著作中表示，跟他比起來，這些猶太移民根本沒有資格住在巴勒斯坦丘陵（這些移民全都住在丘陵上堡壘般的宅邸之中）。他還表示這些歐洲猶太人任意破壞這片土地，摧毀了長滿麝香草跟敘利亞奧勒岡的田野。他們有什麼資格主張這片土地的所有權？那些殖民建築打從結構開始，就有一種占地為王的姿

3 拿撒勒位於以色列北區，傳說中為耶穌出生地。
4 叫拜樓又稱光塔或宣禮塔，為清真寺常有的尖塔建築，以召喚信眾進行禮拜。

態。為了在山頂上建造殖民區，他們把這些聖經中曾出現的丘陵地山頂砍個精光，改種上蔓生的白色紅頂混凝土之城，這不但褻瀆了地景也使野生動物流離失所。當地原生的巴勒斯坦村落都建在丘陵坡地上的人造梯田，散落在橄欖樹叢間，座落在仙人掌籬笆圈起、栽滿時令蔬果的花園之內。我曾與里歐多次參觀各地的「巴勒斯坦廢村」，每回參觀都會被告知要注意看老仙人掌與無花果樹，因為那些植物當年便構成了村落邊界。他們的房子大都是暗灰色或赭色，外牆通常爬滿青苔，窗戶樣式頗為簡樸，屋子也不會蓋超過兩層樓。這些房子毫不顯眼，他們以共生姿態融入周遭環境。這些原生居民並未踐踏這片土地，他們以簡樸的方式讓自己過得舒適，打造家園。

「我們等一下就會轉向通往六號公路的路口，六號跟六十號兩條公路是平行的，我們會沿著六號公路，一路穿過圖勒凱爾姆（Tulkarem）城內被城牆圍起的巴勒斯坦村鎮，我母親就是來自那裡。」菲妲開口把我從拉加・薛哈德書中描寫的往昔場景拉回現實。「六號公路是一路沿著綠線走，所以待會妳將看見以色列是如何像個占有慾強烈的情人，蛇行在整片巴勒斯坦大地上。這條蜿蜒曲折的界線橫斷貫穿這片土地，以色列騎在這條界線之上，非要讓它不甘願的情婦意識到它的存在。妳說開在這條穿過占領區的公路會有罪惡感，親愛的，我實在半點都無法體會。妳要怎麼想都可以，就讓妳的良心繼續折磨妳吧！然而對我來說，不管是不是占領區，不管國際怎麼認定，反正這裡就是巴勒斯坦。」

「可是妳走的是一條以色列為了以色列移民建造的公路！妳內心應該多少會跟我一樣過意不去才對。」

「這片土地上的任何設施，只要我能使用我就沒有理由抵制！我穿越的可是自己的國家，沒什麼好抵制的！抵制是留給你們這些外國人的。」菲妲停了一會兒，接續說道，「假設將來以色列人遷離他們占領的西岸地區，妳覺得他們會把六十號公路一起帶走嗎？」她竊笑。「就像他們從加薩撤退時，整個加薩成了一片廢墟，建築全被怪手推倒，溫室全毀，連水道都被下毒那樣？」

我沉默不語。里歐確實提過這些以色列移民在被以色列軍隊強制撤離前有過類似行為。

這趟車程很美好，但卻載滿了歷史，載滿了憤慨與痛苦；一路上，三不五時就會出現一道八公尺高的城牆擋住路邊村落景觀。綠色圓頂清真寺與叫拜樓從城牆後方探出，提醒我們牆後仍住著一群人。我感覺菲妲與我之間也慢慢築起一道牆，一道防止誤會滋生的牆。萬一這趟出差過後，她就不想與我保持聯繫該怎麼辦？萬一她因為我猶太人之妻的身分而不信任我，或者以為我不過又是一個發戰爭財的記者又該如何？會不會這回合作經驗令她不快，等工作結束她就會回到那如今已被以色列強占的阿拉伯棄村，回到她附有露臺的公寓，而我則會回到耶路撒冷，替以巴雙方交流失敗的故事又添一例？

「所以妳怎麼會跑到這地方來？」她邊問邊把目光從圖勒凱爾姆城牆上高聳的瞭望塔移開，稍早菲妲曾提到她以前在那城裡的村落上學。

「我是為了我先生來的。」我本打算對她吐實卻決定改口說道，「嗯，我是來這邊當記者。」

「但妳說妳是ＢＢＣ的特約記者，所以不是他們把妳調到這邊來的？」

「沒錯。我本來是趁著ＢＢＣ留職停薪期間過來這裡，但留停期滿我決定留在這裡，在這裡當記者。」

「選擇來這裡也太奇怪了！這場衝突全世界還看不膩啊？不會媒體疲乏嗎？還有什麼好報導的？不是全都報過了嗎？」

「妳說得對，可能真是這樣沒錯。不過關於這一區的新聞其實讀者還沒膩，所以我才有工作！可是妳不覺得今天要採訪的故事有點不同嗎？」

我試圖轉移她的注意力，這樣她才不會一直拋出讓我難以回答的問題，搞得我頭昏腦脹。

「嗯，是挺有趣的沒錯，但說穿了還不就那一套，就是以色列任意隔離群眾導致有時候會產生一些有趣的狀況，就像我們即將要去看的那樣。」她停了一分鐘。「待會要去的那村裡有個牙醫，他有兩個老婆，一個以色列人、一個巴勒斯坦人！」

當我們抵達村落，我發現這地方讓我想起孟加拉當時硬生生分裂的景況。

喀布哈家族（the Kabhas）是全球最大宗族之一，他們定居於巴塔村，透過世代聯姻而互為親戚關係。但自以色列建國後，村民便活在兩個不同的行政系統底下：巴塔村西部歸屬以色列，東部則歸屬巴勒斯坦自治政府。雖然喀布哈一族仍繼續通婚，但分裂現況嚴重影響該族，他們無不渴望統一。

我們開車經過巴塔村熙攘的市集，穿過成群人海。在這裡，東、西兩村可以更加自由地交流。這裡跟其他充滿活力的中東市集沒什麼不同，顧客與商家忙著進行尋常的市集對話，小販吆喝著當地農產品的價格來吸引顧客上門，架上放著碩大的西瓜、花椰菜與當地特產的長條白茄子。但這市場與眾不同之處，在於國際法用來劃分以色列與巴勒斯坦領土的綠線正從這條市場經過，穿過商家、主幹道，甚至還劃過幾間民宅，胡亂地分割一個個社區與家庭。

「就在這裡，妳可以一腳踏在以色列，一腳踏在巴勒斯坦。」菲妲站在一家位在村裡主幹道轉角的玩具店旁說道。她美麗的雙眼閃爍著些許嘲諷。如今我明白這樣帶點尖酸的俏皮話是她獨特的幽默感，只是我不知該不該笑。畢竟這番言論看似荒謬，卻又無比真實地點出這片土地陷入分裂的處境。

五顏六色的充氣玩具與海灘球垂掛在雨篷下左搖右擺，在以色列與巴勒斯坦間來回擺盪。菲妲站在店門口，同時身處兩個國家，成堆的廉價中國製玩具掩蓋住她站在巴勒斯坦的那條腿。這幅景象帶我回到至少二十五年前，重回我成長的那個處於東、西孟加拉之間的村落。

我記得村裡有條分隔東、西孟加拉的河，應該是培惹河（Bhairab），但我沒那麼確定。我們以前會游泳渡河來去兩國之間：西孟加拉屬於印度，東孟加拉則成了名為孟加拉國的主權國家。我們自在穿越國界的日子在一九七〇年代末期告終，我們被禁止橫渡這條熟悉的河流，因為兩國都在邊界部屬了荷槍部隊，只要有任何活物出現，雙方都會毫不猶疑地扣下扳機。但我記得當我還是個小女孩時，曾越界進入西孟加拉的市場買了些小飾品，還有幾尊常見神祇的陶瓦小神像，當中有些還被我一路帶到英國，至今仍在我身邊。這些神像有如沉默的歷史旁觀者，立在我耶路撒冷的書桌上回望著我，不斷提醒我命運有多諷刺——在將近三十年後，我兒時經歷的政治分裂又再度於我生活中上演，只不過這一回情況棘手得多。此刻我站在中東村落裡，看著這條由漠不關心當地居民的外來勢力伸出隱形魔掌所劃下的荒謬界線，內心感到難以理解。

菲妲與我開車穿越市場來到葛桑・喀布哈（Ghassan Kabha）的家，他是巴塔東村的巴勒斯坦村長。我們開車接他一同前往屬於以色列的西村，因為他無法駕駛他掛著巴勒斯坦綠色車牌的汽車進入以色列。雖然路上並無柵欄或是任何可見的分隔線，但途經市場半路上就會發現放眼望去的車牌都轉為黃色，因為我們已進入以色列。我想同時訪問他與另一位以色列村長，該位村長同時也是他的遠親。

「來到這裡，我等於一隻腳踏進監獄一樣。」當汽車跨越無形邊界進入以色列之後，村長如此說道。「但我的遠親，也就是巴塔村的以色列村長會遵照阿拉真神的旨意，透過關係救我出去！」我想起幾分鐘前菲妲說的雙腳踏在兩個國度那番話，對這位村長來說，這等於一隻腳踏進監獄。我不知道是否該把村長的話當真。但經過一天的相處之後，我們都習慣他那特殊的幽默感，他得靠著幽默來武裝自己才能熬過日常種種荒誕。事實上，我發現巴勒斯坦人很喜歡說些略帶尖酸的俏皮話。否則他們又該如何面對這場滲入他們生活的占領呢？

「以色列人」村長里亞德・喀布哈（Riyad Kabha），從他優雅的黑色書桌後方問候他的遠親。他說葛桑出現在他辦公室在以色列當局看來是違法行為，而且是蓄意違反移民法，若真要細究，那表示許多村民的配偶都會被處以高額罰金，甚至入監服刑。我問巴勒斯坦村長是否聽過娶了兩位老婆的那位牙醫，萬一那牙醫帶錯老婆、跑錯邊過夜會發生什麼狀況？他笑著說道，「我家複雜的程度可不輸給他，對你們外國記者來說，應該也很值得報導！我給妳說個故事：我老婆是以色列阿拉伯人，也就是她有巴勒斯坦血統，但因為她來自北方列屬以色列管轄的阿拉伯區，所以她有以色列護照。這麼一來，我們的孩子們也成了『以色列人』。我不能去接他們放學，因為學校在以色列那一邊。我也不准開著我那輛掛著巴勒斯坦車牌的汽車進入村裡屬於『以色列』的那半邊。」

「這樣說來，妳老婆得每天負責接送小孩囉？」

「沒錯，然後他們會**非法地**回到巴勒斯坦家裡吃晚餐跟過夜！」

村長說，「妳知道如果以色列公民進入巴勒斯坦領土被逮到會怎樣嗎？」

「我不知道。會怎樣？」

「會被罰兩千塊以色列幣，大約是五百美元。」

「你有四個孩子加上一個老婆，所以如果被抓到得罰兩千五百美元？」我問村長。

「沒錯。而且不只如此，我們甚至不能一起旅行。有幾次我們一起出國，我得去約旦首都安曼搭機，只有我老婆跟孩子們才能使用以色列的本—古里安機場。」

葛桑．喀布哈遵循傳統也娶了一位家族遠親為妻，她不但來自以色列那一方，而且也是巴塔村以色列村長的親戚。這個涵蓋以色列與巴勒斯坦領土的巴塔村，雙方村民嚴格來說，都不准探視他們的堂親表戚、姑婆姨媽或是任何一位家族成員。

在我最早的記憶中存有一場婚禮的畫面。來自西孟加拉的新郎叫做尚提，我們以前都叫他尚提卡卡，意思是尚提叔叔；而新娘瑞希米（意為「如絲綢般光滑」）則來自培葱河另一端的孟加

巴塔村兩位村長攝於綠線前。【照片由阿勒邦．畢歐薩（Courtesy Alban Biaussat）提供】

拉國，也就是東孟加拉。這是一場禁忌之戀，因為這不只是兩國通婚，同時也是跨宗教的結合；尚提卡卡信仰印度教，瑞希米則是穆斯林。他們初識於村落裡擺滿陶瓦神像與絲製手鐲的市場之中，當時尚未見國界警察的身影。所有孩子都知道他們兩人會躲在附近開滿芥花的原野上調情，我還記得為了封住我們的嘴，他們會從市場買來*batasha*，那是一種用來供奉寺廟神祇的甜餅，他們會給我們這些不信神的小妖怪一大把甜餅，討好我們，然後才出發前往田野。

巴塔村橫跨一道名為瓦地阿爾米亞（Wadi Elmia）的山谷兩端。一九四九年某天，居民醒來後發現自己再也無權橫越山谷進入村莊彼端。山谷西部歸屬新成立的以色列，東部則屬約旦。所謂的停火線，也就是綠線，是沿著山谷路線劃定；這條線成為以色列與約旦控制的西岸地區之間的新界線。一夜之間，同一家族的成員親友全數被硬生生拆散。某位村民告訴我，他當時年僅六歲卻對此記憶鮮明。

「我還記得有一次，我們想去探望住在以色列那邊的姑姑。我父親試著剪斷邊界的刺網，想給她姊姊送個禮物，但是約旦士兵發現並擋下我們。他無法親自遞送禮物，所以我們站在距離山谷最近的山坡上，我姑姑也站在山谷那端某處高地上，我們瘋狂地朝她揮手，叫喊著『姑姑，姑姑，站近一點，我們想看看妳！』」

一九六七年夏天戰爭結束後，以色列占領了原本被約旦控制的西岸地區，過去立在東、西巴塔村之間的籬笆被拆下，喀布哈一族本期待經過漫長等待後終能團聚。他們也的確享有過一段短暫的統一時光。然而一九八〇年代晚期，發生了第一次巴勒斯坦大起義，促使以色列訂下更為嚴格的規定，不再准許兩村間自由通行。而兩千年發生的第二次巴勒斯坦大起義，導致情勢更為艱困，想獲准探視分隔於邊界兩端的親友幾乎是不可能的事。

那麼對巴塔村的喀布哈一族而言，什麼樣的解決方案最為理想，能讓家族間不受邊界限制自由團聚呢？我問了巴勒斯坦村長葛桑・喀布哈這個問題。

「我希望巴塔村可以統一。」他說道。「至於要屬於巴勒斯坦或是以色列哪一方，對我來說不是問題。不管我身在何處，我永遠是巴勒斯坦人。」

他的以色列分身兼遠親里亞德・喀布哈，則對此問題表達了一個更崇高的理想：「我認為最好的方案是這個村落自成一個聯邦。一個村落，一個議會，最重要的是能自治。比方說，這裡可以成為一個同時屬於兩個國家的『示範區』。也許我們可以成為全國未來發展的典範！」

一九四七年印巴分治導致孟加拉分裂後，孟加拉的知識份子為促進統一，也曾有過同樣的倡議。而在一九七一年孟加拉獨立之時，相同主張也曾被再度提出。但自此之後，東、西孟加拉兩邊人民都與統一夢想漸行漸遠，如今從印度次大陸的國家政治現況看來，孟加拉恐永無統一之日。許多自印巴分治起幾十年來便懷抱統一大夢的那一輩人，他們始終夢想能重回家鄉的番石榴果園、白色宅邸，還有後院那一池水色碧綠的鯉魚池；然而他們要不已經過世，要不已虛弱到無力繼續作夢。

「這位小姐，該走囉。」菲妲說（我很快就愛上她如此稱呼我）。「我們得出發去找那位醫生了。」

「醫生……什麼醫生？」我心不在焉地問道。

「就是山谷兩邊各有一個老婆的超人醫生。」她笑說。

「真有這個人？我以為妳跟村長們是在開玩笑。」

「當然不是！」菲妲說。「不只是老婆會分隔兩地，在山谷裡有個市場，那裡有人家裡臥室在以色列，廚房跟客廳在巴勒斯坦！」

「那還真是一國方案的完美示範！」我戲謔地說道，因為我正努力理解巴塔村裡種種古怪的現況。

菲妲說，「妳真心認為猶太人想跟巴勒斯坦人共享同一個國家嗎？」

「我認為等你們人口超越他們之後，時候到了他們也別無選擇。」

「那會是何年何月呢？他們可是在等著彌賽亞（Messiah）[5]出現，到時候我們全都會變成猶太人，連妳也不例外！」又是典型帶著諷刺的俏皮話。

我開始謹言慎行，避免透露自己其實早已是猶太家庭的一份子。我不想失去她的友誼，她是如此特別，用獨特的諷刺挑戰她國家荒謬的政治現況。我覺得要是她知道我與猶太人的關係，就不會如此大方表達她對猶太人與以色列政策的觀點（不過後來證明我錯了）。

當我們從村長的辦公室沿著山谷走向市場，菲妲說連精明的猶太政客都會誤闖他們自己設下

5 彌賽亞意為上帝指派的救世主。猶太教深信彌賽亞現身之後，猶太人將回到耶路撒冷重建聖殿，重拾以色列往昔律法，使以色列成為世界中心。

的法律陷阱，他們不知該如何處理像巴塔村這樣的地方，因為在這裡法律根本不管用，若強硬執法便等於違反基本人權，得把孩子從父母身邊奪走，就連巴勒斯坦的巴塔村長也不得豁免。她繼續說道，「我成長於以色列北部的烏姆阿法姆（Umm al-Fahm），那裡離巴塔村不遠，待會回程可以順道經過。我拿的是短期可加簽的簽證。因為我父親娶了一名來自巴勒斯坦的圖勒凱爾姆的女子，也就是我母親，當時是一九七〇年代，我母親尚未拿到以色列護照。所以我們在以色列就像異鄉人一樣四處漂流。我跟觀光客一樣得每年更新我的「居留證」，我現在手上這張再四個月就要過期了。我有一位猶太律師朋友塔瑪，她其實是我室友，她突尼西亞籍的父親為了擁抱猶太復國美夢，於一九八〇年代從法國移民到以色列。塔瑪在法庭上擔任我的律師，幫我申請各種文件好讓我能住在**我的**國家。妳聽了作何感想？一位原生居民居然要靠一位移民之女來確保自己與生俱來的權利，以留在這個國家！像這樣的案例總有一天會拖垮以色列國，這個國家完全是建立在謊言跟聖經故事上。就算國際輿論、和平協議等手段都無法改變以色列目前的立場，以色列這樣白紙黑字紀錄在案的種種違反人權的劣行，終將讓以色列垮臺。」

11 菲妲與塔瑪

每一種料理都有自己的故事。猶太料理的故事主題，便是這個四處遷徙的失根民族與他們消失的世界。那個世界活在人們的腦海裡，它不但能喚起人們思緒，且有其象徵意義，因而始終維持活力不衰。我的世界在四十年前消失了，但它仍在我的想像世界占有一席之地。當你斬斷與過去的連結，過去依舊會以一種獨特的方式操控你的情感。

——摘自《猶太食物之書》（*The Book of Jewish Food*），克勞蒂亞・羅登（Claudia Roden）著

我跟菲妲初見面時，本還在擔心她會否不願與我在工作之外相互瞭解，但隨著我們在巴塔村培養出友誼之後，當初的煩惱如今顯得可笑。訪問結束後數週，她邀請我去艾因喀拉姆與她共度週末。

艾因喀拉姆是耶路撒冷西南部的舊阿拉伯村落，近年來此區行情看漲，如今成了耶路撒冷菁英藝術家、律師、政客的落腳處。不過該區邊緣仍有一些一九四八年被巴勒斯坦難民棄置的空屋，

這些未經整修的空屋隨後落入來自阿拉伯國家的猶太難民手裡，至今仍保持原樣。如今這些帶著古意的小房子，專門租給學生與年輕專業人士。菲妲與塔瑪一起合租了一間小公寓，塔瑪是一位左翼以色列律師，積極投身替那些被以色列政府以「安全因素」為由拒發居留文件的巴勒斯坦人爭取權益。

那天是週五下午，菲妲正在做令人垂涎三尺的著名敘利亞奧勒岡麵糰，她從田野摘了些新鮮麝香草加進去。站在屋外迴廊的我就能聞見山谷裡野生香草的氣味。這間公寓有著一公尺厚的外牆跟一座巨大雜亂的花園，花園裡有座架高平臺，可以眺望廣闊蒼翠的山谷與梯田。當我站在那兒傾身向前倚著鐵欄杆，有個一頭金色長髮的女子過來站在我身旁。她抽著菸，穿著一身明亮而迷幻、標準嬉皮風格花色的衣服。我們幾週前便已在一間名為「德溫」（Dewan）的熱門左翼西耶路撒冷酒吧打過照面，當時菲妲邀請她的朋友參加一位巴勒斯坦ＤＪ舉辦的現場音樂活動。然而，這是我頭一次在白天看見她。

「丘陵斜坡上那些梯田是誰建的？幾何構圖也未免太完美了！」我開口問道，並沒有特別針對菲妲或塔瑪發問。

「當然是巴勒斯坦人啊。」塔瑪說，她菸一根接著一根，隔著煙霧她看上去比我還老。但我知道其實她比我還小上幾歲。

「傳統上地主大多是基督徒，他們住在山頂，至於穆斯林農夫則住在山谷間。」塔瑪繼續說道，雙眼仍望著在我們面前展開的壯闊美景，「他們世世代代種植能鎖住水分、繁殖力強、又能適應梯田環境的蔬果，一直到我們這一代出現為止。歐洲猶太人不懂如何耕作梯田，而在房價上漲前住進艾因喀拉姆的阿拉伯猶太人也不是農民。阿拉伯猶太人大多是商人或裁縫，因為他們不准持有土地。他們懂得如何賺錢，知道怎麼處理黃金跟銀行業務，但就是不懂播種。在當代猶太文化裡，農業相對而言是個新玩意兒。」

我定睛一看，看見許多舊石塊，這些過去整齊地一階階排在梯田邊緣作為分界的石塊，如今已四處脫落。扁桃果園的遺跡仍清晰可見，果園邊的石塊倒是仍牢牢固定在地面上。

「沒有人去採收那些扁桃。每一年果實都在樹上腐爛，然後又再度開花。我們跟那些住在丘陵上的猶太移民都不知道該如何採收、曬乾，然後摘取裡頭的扁桃仁。」塔瑪說道，午後陽光照在她臉龐與搖曳的髮絲上。我靜靜地打量她，欣賞著她的古銅膚色與一頭金色長髮，她從我的雙眼中讀出了些什麼。

「我一頭金髮配上一雙藍眼，我不屬於這裡，對吧？妳是在想這件事嗎？」塔瑪以律師銳利的眼神直盯著我看，彷彿正試圖掘出我隱而不揚的質疑。

「這世上沒有人能永遠獨占一片土地。重點在於尊重，只要不去破壞房子、歷史遺跡、清真寺、教堂等種種先人遺產，只要不去褻瀆這些山坡上的回憶，我覺得妳跟我都有權待在這裡。」我邊說邊想起孟加拉國某間廢棄的「印度」房子，院裡種了一株歷史悠久的神羅勒，如今該處住了一個穆斯林家庭，他們依然受益於這株神羅勒的藥性，利用它的葉子來防止風寒。「只要不蓄意抹去歷史，並且在某些方面盡力保存先人記憶跟習俗，那就不需要覺得自己不屬於這裡。」

然而接著我眼前閃過一系列電影般的回憶畫面，我想起猶太建國後各種無意義的破壞行徑。在我與里歐同行的多次富有「教育性」的週末巴勒斯坦歷史之旅中，我看過被拆毀的房屋、被褻瀆的墓地、被損毀的陵墓、被棄置的穆斯林與基督徒歷史遺跡。猶太國是專為猶太人創立的。應許之地是許給猶太人的。我再次看著平臺上的塔瑪，看著她身後種滿橄欖、扁桃、麝香草的蒼翠丘陵。我心頭湧上無比欽佩，因為她勇於質疑自己是否有權活在這片土地之上。

塔瑪擔任菲妲的律師，出庭替她在自己的國家裡爭取公民權。所有巴勒斯坦人處境都很艱難，但菲妲一家狀況格外尷尬。她父親來自以色列北部的烏姆阿法姆村落，但是在一九四八年以色列與中東國家交戰，也就是第一次中東戰爭爆發之際，她父親與父母逃到科威特（Kuwait）避難。直到一九六七第三次中東戰爭結束，以色列併吞了西岸地區，才重回以色列，但由於她父親在戰時逃往「敵區」，以色列拒發護照給他。

我明白菲妲與塔瑪之間的關係伴隨著依賴、責任與歉疚。菲妲需要塔瑪以獲得居留文件，好繼續生活在她的出生地。而塔瑪活在這片被以色列強占的巴勒斯坦大地上，住在阿拉伯棄村一棟荒廢的阿拉伯舊屋裡，她需要靠菲妲來減輕罪惡感。

「因為菲妲，我才有正當理由住在這間被『占領』的阿拉伯房子。」塔瑪證實了我的推測。「要是沒有她，我就不會住在這裡。看看這房子，跟猶太人蓋的新房子比起來既通風又涼爽。巴勒斯坦人懂得如何在耶路撒冷建造冬暖夏涼的房屋。這些厚實的牆壁能避免熱量散出。只要開上幾小時暖氣，熱氣會被困在牆內好幾天。我幹嘛要住在那些猶太移民蓋的脆弱紅頂歐式新房？他們根本沒有在這種氣候下生活的經驗。但我身為猶太人權律師，怎麼可以理直氣壯地住在一棟巴勒斯坦人被掠奪的房產裡？好在有菲妲，她能繼續保存她族人殘留的一切回憶，同時也能減輕我的罪惡感。」

塔瑪的聲音聽來很激動，就我看來，那是因為她不但正試圖理解自己方才所言的一切，更重要的是她也在試圖理解自己。

我們靜默不語好長一段時間，三人就站在那兒試圖爬梳各自對歷史、根源、放逐、權益等種種議題的解讀，藉此構成各自的人生觀。我自己也嚐過無家可歸的痛楚，但自我離開孟加拉後，便將其包裹在我替自己創造的浪漫表象裡。我不願住在孟加拉人群集之處，我想要展翅而飛吸收外來文化。雖然心頭偶爾會泛起一股自憐，但身為少數族群就像是處於一種特殊地位，意味著我無須遵循社會現況，可以盡情表現自己，人們雖會覺得我有些怪異，但只會將其歸咎於我的異國背景。自離開故鄉孟加拉之後，我在許多國家生活過，多數時候我都很享受這樣獨特的地位。

我並不羨慕這兩位對我而言十分重要的新朋友的生活。此刻在這美麗的露臺上，她們分站我兩側。一位從小以難民身分在自己的國家成長，憎恨著占地為王的猶太移民；另一位則是清楚意識到這裡雖名為家鄉，但她其實是個移民。世上多數人總把青春純真視為理所當然，殊不知塔瑪對自我身分的認知已迫使她提前成長。塔瑪才剛滿三十歲，每天日以繼夜地工作，電話響個不停，她不分日夜隨時願與客戶交談。她永遠隨傳隨到。她們兩人都成熟得太快，套一句巴勒斯坦詩人穆里・巴爾古提的話，「還來不及成年，童年便自他們手中隕落。」

過了一會兒，塔瑪說道，「我得去探望我爸了，我通常會跟他一起吃安息日午餐。改天妳一定得過來嚐嚐他拿手的古斯米（couscous）[6]料理，他會加入雞肉跟北非香腸一起煮。他是突尼西亞來的，嗯，不過他是從法國過去的。」我看著塔瑪穿著一身多彩洋裝走下階梯來到車旁，她的車就停在屋子下方那條沿著崖邊開鑿的街道，一路往左蜿蜒往下便可通往種滿麝香草、敘利亞奧勒岡、迷迭香的山谷，往右則會開往上坡，抵達高檔餐廳與精品店林立的艾因喀拉姆鬧區。

菲妲和塔瑪所住的這棟屋子就立於路邊，一旁有條緩坡通往谷底的蜿蜒小徑。每到春季，盛開的羽扇豆花將草地妝點成一片紫色花海。初夏之時，奼紫轉黃；羽扇豆果實呈圓盤狀，在耶路撒冷舊城大門、西岸地區各個路口、公車站、檢查哨，常可見有人一大桶、一大桶地用鹽水煮著羽扇豆。巴勒斯坦人管它叫「*turmus*」，許多人瘋狂愛上這食物。無論是走在街上，或著在以色列檢查哨度過漫漫等待之際，人們會不停把 *turmus* 往嘴裡塞。水煮羽扇豆莢應該是中東蔬菜球——一種將炸過的鷹嘴豆泥丸子夾在中東口袋餅裡食用的小吃——之後排名第二的街頭小吃。

菲妲與我穿過長滿羽扇豆的田野，走向谷底中心，她說那裡長滿敘利亞奧勒岡，而她現在得採一些來做烤餅。

「這裡是我唯一認定的家。所以照以色列政府判定，我是個沒有家的人。」菲妲平靜地說著，然後她沉思了一陣，想著這片祖傳之地遭逢的劫難，然後繼續說道，「還有對我來說，這片大地所種出的農產品便等於這片土地。對我而言，敘利亞奧勒岡、香芹、鼠尾草、扁桃與橄欖便是巴勒斯坦的同義詞。巴勒斯坦人就像橄欖樹一樣，不管你怎麼修剪、連根拔起，或甚至放火燒毀，到了下一季仍會冒出新芽，冬雨過後，新樹根會在柔軟的土壤底下盤根錯節展開。」

當菲妲與我抵達敘利亞奧勒岡叢，她用顫抖的聲音說道，「每當他們為了建造安全牆而連根拔起一棵棵橄欖樹，然後再把樹移植到他們的分隔島與圓環上作為裝飾，反而會加深我們與這片土地的連結。這些被拔起的樹會在新環境重新生長，往這片土地注入難民的歷史。就算國際社會、和平組織以及以色列政府都選擇遺忘巴勒斯坦難民的回歸權，這些古老的植物也會在巴勒斯坦土壤裡，重新寫下這些難民營居民以及放逐於中東與世界各地的流浪者的故事。」

我覺得這說法極度浪漫。她聲音聽來心滿意足。這說法帶有一股濃濃的懷鄉之情，失去家園的劇痛，令流離失所的人們心生一股朦朧的希望，盼望能重回政治實權已不復存在的家園。

「妳住在艾因喀拉姆，但房東卻是個猶太人。妳作何感想？」我問菲妲。我知道此刻氣氛已變得陰鬱且話題政治味愈來愈濃，我本不該提起這問題，甚至該轉移話題才對。

菲妲抬起頭，把憂鬱悲傷的目光移向梯田，然後開口說道，「其實這裡應該叫做**阿因**喀拉姆，是阿拉伯文裡帶著喉音的 *Ain*。歐洲阿什肯納茲猶太人在他們的語言裡也攙雜了 *Ain* 這個發音，而且古希伯來文字母裡也有這個字。如今現代阿什肯納茲希伯來文把 *Ain* **阿因**讀成 *Ein* 艾因。」

「這很重要嗎？」我說。

「什麼意思？」

6 古斯米狀似小米，但其實為粗麥粉製成的食品，是北非一帶的傳統主食。

「地名啊?」

「重要啊。」菲妲說。「為什麼**阿因**喀拉姆要變成**艾因**喀拉姆?只為了讓這些歐洲舌頭方便發音嗎?」

她在樹叢裡邁開大步前進,我看著她伸出纖細修長的雙臂摘取野生香草的嫩芽;她敏捷地摘下最頂端的新鮮葉片。她的黑色塑膠袋如今滿溢著山谷的味道。

「Yallah!」菲妲用阿拉伯文說道,意思是來吧。「我們可以回去做菜了。」她滿臉微笑地抬起頭。她紮起塑膠袋,雙臂往左右兩邊伸展,彷彿是要全面擁抱眼前的丘陵與山谷。

接下來整個下午我們都避免談起政治,專心做著敘利亞奧勒岡烤餅。她不斷強調她用的可是流傳已有一世紀之久的食譜,她邊說邊洗著葉子,然後攪碎葉片,拌入大蒜、海鹽與橄欖油。她手腳俐落地備好麵糰,以手指優雅地用力按壓,然後在上頭撒上鹽巴與水,接著繼續揉捏麵糰,直到它變得柔軟而有彈性為止。她揉捏麵糰的手法看來帶著一絲急促與緊張,麵糰揉好之後便可將其切開,然後在每一小份麵糰之中,包入方才拌好的鹽、敘利亞奧勒岡以及大蒜。這動作看來幾乎像是種儀式,彷彿她是把曾住在這片山谷的巴勒斯坦先民的回憶包入麵糰裡。她替麵糰抹上橄欖油與蛋黃液,接著便把它們送入烤箱。

「我母親就是這樣對折把餡料包進去。」菲妲說。

「妳母親想必是跟妳外婆學來的吧。」我說。

「一定是啊。」菲妲走到烤箱邊,替第一批烤餅翻面。橄欖油與墨角蘭(marjoram)經過烘烤後，令小小的廚房香氣四溢。

「食物到底有什麼魔力？為什麼人們無論走到世界各地都會把烹飪傳統一代代傳下去？為什麼食物會成為記憶的重要媒介？為什麼食物會讓人想起自己的根、自己的傳統，還有自己的家鄉？」我喃喃自語著，並未期待誰來回答這個問題。

「嗯，因為對離鄉背井的人來說，食物的記憶是他們僅有的。要記住一個消失的世界，最好的方式就是重現家傳的晚餐菜餚。這些敘利亞奧勒岡烤餅裡頭就包了一些屬於這座山谷的歷史。來吧，吃一個看看，閉上雙眼告訴我妳看見些什麼畫面。」

菲妲拿了一個剛出爐熱騰騰的烤餅給我。我沒有閉上雙眼，但卻能輕易看見近代鬼魂在她阿拉伯屋子裡的壁龕中，對著我們微笑。我可以看見剛打理完扁桃園與橄欖樹叢的農夫回到家中，坐在廚房爐火旁與家人共享這溫熱的點心。此時黃昏夕照將菲妲與塔瑪舒適的露臺照個通亮，我的思緒飄向世界各地離鄉在外的人們，他們是如何透過食物追憶被他們拋下的過往。

「我可以向妳介紹一個有名的英國猶太食譜作家嗎？」我對菲妲說。「她叫做克勞蒂亞．羅登。她全家來自埃及。她寫過幾本以埃及與中東的猶太食物為主題的書，因為她說這是她移民到歐洲的祖先唯一留給她的回憶。這跟妳剛剛的說法很像。」

此刻氣氛控制了我的情緒。我對菲妲坦承我有個猶太家庭，而我的猶太丈夫畢生志業是要實現一個理想，那就是：**所有被放逐的巴勒斯坦人**都必須回歸此地，然而此地的猶太人也應當有權留下。

12 合法異鄉人

我們在這個國家住了近兩年，拿的一直是每三個月要加簽一次的觀光簽證，就連里歐也不例外，因為這是所有選項中最簡便的方式。根據以色列的返鄉法規定，身為猶太人的里歐當然有權返回以色列，不只他，連他的兒女與配偶，也就是我，都有資格無限期居於此地。然而他拒絕了這項權利。「除非以色列開放讓巴勒斯坦人共享平等的權利，否則我不能成為這個國家的一份子。」此番言論始終是他不變的立場，因此我們並未選擇最顯而易見的方案：入籍成為以色列公民。第二個方案是申請工作簽證，我們當時也考慮過此法。然而對要前往以色列短期居留並參與非政府組織計畫的西歐與北美民眾來說，最熱門的選項還是每三個月離境一次方能再度入境。但不能搭客運前往埃及的西奈半島（Sinai）或是走艾倫比橋（Allenby Bridge）入境約旦，因為一旦走陸路，邊境海關將只會發給為期一個月的簽證。必須要從本—古里安國際機場飛離這個國家然後再度入境，才能獲發三個月簽證。過去兩年來，我們飛去開羅與安曼（這是以色列於中東唯一兩個和平夥伴），還飛去印度西孟加拉的加爾各答與孟加拉國首都達卡（Dhaka）（如此一來，孩子們才不會忘記自己有一半孟加拉血統），當然，假日時我們會飛回倫敦。每一回出入境都要伴隨令人挫敗的安檢程序，雖然有猶太親屬會讓過程較為輕鬆，但仍時常令我心生憤怒與無力感。

通過機場安檢最簡單的方式，是一開始就先提出自己與猶太人的親屬關係，當然前提是你確實有。當時以色列安檢單位會以不同顏色的貼紙作為暗號替乘客分類，但每隔幾個月各顏色所代表的類別會更換，如此人們便猜不到自己在以色列的機密檔案裡被歸屬於那一類。然而在以色列的第一年期間，我旅行了幾次之後便摸索出這些顏色的意義，我想至少在那一年裡，各個顏色所代表的意義如下：

粉紅色：猶太人或是有猶太親屬，例如我們一家人。

綠色：支持猶太人的正當異教徒。

白色：其他不構成安全威脅的外國人。

紫色：在巴勒斯坦領土工作，有潛在安全威脅的外國人。

橙色：姓名帶有阿拉伯文或是聽起來像阿拉伯文，可能會造成安全威脅的外國人，當中可能包括阿拉伯基督徒。或是護照上蓋有「敵國」的戳章，例如敘利亞、伊拉克、黎巴嫩、蘇丹。（有一回孩子們跟我拿到最安全的粉紅貼紙，但里歐不但只拿到橙色，而且還被盤問了好幾個小時，因為他的護照上有黎巴嫩的出入境章。當時他還沒去辦另一本出入以色列專用的護照。）

紅色：巴勒斯坦人。所有巴勒斯坦人都被認為是以色列國家安全的主要威脅。

這意味著即使是娶了英國妻子的巴勒斯坦參謀總長，每回要經由本—古里安國際機場去英國探視妻兒，都得被脫衣搜身。

「既然我跟你們歐麥特總理（Ehud Olmert）[7]進行和平協商會議時，都可以不用脫衣搜身就進入他的官邸，那我確定你大可不必讓我經歷這番折騰才讓我上機吧？」時任巴勒斯坦參謀總長的拉斐克·阿爾—胡賽尼（Rafiq al-Husseini）每回僅著內衣褲站在隔間裡時，總會如此告知負責質詢他的海關人員。他說他時常從安曼飛往倫敦，這樣一來便能免去這些羞辱。

每當輪到我們通過機場安檢時，通常由瑪亞負責多數談話，如此一來安檢會在幾分鐘內就結束。但有時候，我就是忍不住挑釁這個國家有如卡夫卡小說劇情一般荒謬的安檢流程。好比說，有一回我們要飛回英國過猶太新年那次就是一例。

那位年輕海關官員有著明亮雙眼與一副職業笑容。我們是人龍隊伍裡最後一組旅客，而我們的班機再過四十分鐘就要起飛了。為了加快流程，他走到我們身邊問了一句，「*Ivrit ou Anglit?*」

他是在問我們，他該說希伯來文還是英文？

我女兒用她完美的腔調回答道，「*Ivrit.*」

這位年輕官員臉上專業嚴肅的表情頓時轉為一抹溫暖的笑容。

「*Bemet?* 真的嗎？」他說。「妳的希伯來文是在哪裡學的？」

「在我學校。我們要去倫敦看我的 *saba ve safta*。」

7 此處指的是艾胡德·歐麥特，他曾於二〇〇六年至二〇〇九年期間擔任以色列總理。

「妳爺爺、奶奶住在哪裡？」

「在修伊緒（Huish）。」

「那是在哪裡？」

「在倫敦。」

對瑪亞來說，倫敦等於英國的同義詞。我跟這位官員解釋修伊緒是位在威爾特郡（Wiltshire）的一個寂靜村落。他轉向我並開始專心問起更具體、更標準的「安全」問題。

「所以妳的家人住在英國？」

「是的。」

「他們叫什麼名字？」

在本—古里安機場出入多次之後，像這樣針對家庭背景進行侵略性提問已不再令我意外，因為我知道這位官員想知道些什麼。我躊躇了一會兒，猶豫著是否該拖慢整個安檢過程，故意不告訴他想要的資訊，稍微逗弄他一下？最後我對他說了家人的名字卻故意省略姓氏，如此一來，說了等於沒說。

「*Shem Mishpakha?*」他們的姓是？

我故意說了他們戰後的姓氏，從這姓氏完全看不出猶太血緣。

我欣賞著他的表情變化。他嚴肅了起來，先前放鬆的臉部肌肉再度緊繃，好找出以色列安檢單位一心想查出的「真相」。每一位質詢官都得問出盤查對象的種族與宗教背景。我已經知道下一個問題會是什麼，我不但沒有說出他想聽的答案，還準備了更言不及義的回答。我知道這麼做會拖慢進度，但我無法剝奪自己進行這個小遊戲的機會。

「妳的公公、婆婆或是妳和妳先生有屬於哪個社區嗎？」

「我們當然都屬於我們住的社區。」

「不是，我的意思是他們有參加什麼集會嗎？」

「我不懂你的意思。」

但其實我完全明白他在問什麼。他想知道我們是否為某間猶太教堂、基督教堂或是清真寺的教徒。

「他們住在英國時，有參加村裡的集會嗎？」

「他們住的那個村莊很偏僻，那裡沒什麼集會。不過每年夏天倒是會舉辦全村慶典。此外，不時會有農夫市集。偶爾還會有一些婚禮，但多數年輕人都搬到大城市去了，所以婚禮不但次數不多，地點還很遠。」

我們還剩二十分鐘可以趕飛機。我本是一時興起想逗逗這位海關官員，現在卻好像有些過火了。我覺得現在要挽救似乎已嫌太遲。我剛才大可直接對他說，「我先生一家是北倫敦一間自由派猶太教堂的信眾。那間猶太教堂我去過很多次，都是在贖罪日、猶太新年跟逾越節的時候去的。」

我環顧四周，巴勒斯坦旅客們看著我蓄意與這個種族歧視的系統作對，臉上幾乎藏不住笑意。要是我向海關官員說出我們「恰如其分」地虔誠信奉猶太教，他會立刻心滿意足地停止盤問。但我不能讓這位有著銳利明亮雙眼的以色列海關安檢人員打擊我的自尊。我身邊圍觀的這些臉孔，讓我無法說出他想聽見的答案，這些已排隊等上數小時的旅客大多是阿拉伯人，有些則是來自菲律賓與斯里蘭卡的家庭幫傭。要是我此刻直接答出真相，他們會認為我是投機份子，縱使那麼一來，我便可以順利通過安檢。

「妳聽過什麼是妥拉（Torah）[8]讀經團嗎？」

「沒聽過。」

「妳跟妳先生是在那裡認識的？」

「英國。」

「英國哪裡？」

「倫敦。」

「倫敦哪裡？」

「羅素廣場（Russell Square）附近。」

「是在什麼特定的聚會裡嗎？」

「是，大學酒吧裡確實是人擠人。」

「所以你們是在酒吧裡認識的？」

「沒錯。」

「哪間大學？」

「倫敦大學。」

「妳什麼時候搬來以色列的？」

「兩年前。」

「妳在以色列有參加任何集會嗎？」

「你是在暗示什麼？」

「試著回答我的問題。」（他們不會用「請」這個字。）

「你為什麼就不能直接問你想問的問題？」我語氣堅定低聲說道。

「妳倒是說說我真正想問的是什麼。」他語氣也很鎮靜，但我聽得出來他努力壓抑聲音中的一絲顫抖。

「你想知道我跟我家人是不是猶太人。你不敢明說是因為以色列最近被迫簽了某份國際協議，裡頭的『民主』憲章不准許你那樣直接發問。但是……」我把未完的句子硬是吞了下去。「總之你的行為很仇外，你拿著一個黃色星星等著我說出令你滿意的答案，然後你就可以把星星貼在我手臂上……[9]」

這位海關官員臉色一沉，但仍堅決保持鎮定。反倒是我，聲音開始變厚且微微顫抖，因為我對眼前這位年輕人竟握有操縱上千名通關旅客命運的大權感到憤怒與挫敗。我可以感受到那些被扣

8 妥拉，意指猶太教義核心，也可代表《希伯來聖經》的前五部，也就是俗稱的《摩西五經》。

9 納粹德國期間，凡猶太人皆被迫戴上黃色星星徽章作為識別標記。

留盤問數小時的旅客內心有多無力，他們被盤問可能只是因為有個像是莫罕默德（Mohammed）、阿哈麥德（Ahmed）、哈桑（Hasan）、薩爾瑪（Salma）之類的標準阿拉伯名字，或是因為護照上記載的出生地是幼發拉底河與地中海之間任何一個「阿拉伯」國家。至於巴勒斯坦人則一律獲發紅色貼紙，照例會被脫衣搜身盤查。但我還想到其他姓名聽起來像阿拉伯文的旅客，這當中不但包括了阿拉伯基督徒，甚至有許多人是生於中東的塞法迪猶太人（Sephardic Jews）[10]。

此刻我跟我一口流利希伯來文的半猶太女兒站在這裡，享受著我們不想要的特權，我們無須被羞辱就能通過安檢。我們不用脫衣檢查也不必排上好幾小時的隊。我跟我女兒都很幸運，我們的名字不會讓我們被列入「危險份子」名單。

「妳或是妳先生的家人在英國有參加任何宗教集會嗎？比如上猶太教堂或基督教教堂？」

總算！我心想，他終於讓步了，終於卸下官腔開口問出他一直想問的問題。我感覺平靜許多。我贏了。

「在耶路撒冷，安息日的時候爸比有帶我跟哥哥去猶太教堂。」我女兒插嘴說道，而我正直視眼前這位海關官員，他活在這個偏執地要記錄旅客種族的政權底下，卻仍想追求民主。

「親愛的，你們去的那間猶太教堂叫什麼名字？」海關官員用較為柔和的語氣問著瑪亞。他的臉部肌肉放鬆，睜大雙眼露出微笑。

「我不知道叫什麼名字，但是我在那邊替猶太新年做了一個蜂蜜罐。我們在裡面放了真的蜂蜜。我爸比會切蘋果去沾蜂蜜[11]。」

由於我女兒的猶太血統純正得無懈可擊，這位海關官員突然停止詢問。我們對以色列顯然不構成威脅。這位「猶太民主」舵手陪我們走向安檢第二關。此刻我們已剩下不到十五分鐘可以去趕飛機了，但我內心知道一定來得及，因為現在我們已被證實為偉大猶太家族的一份子，然而我並未因此面露滿足或感激之情。接著他對瑪亞說道，「小朋友，妳是自己打包行李的嗎？」

「我睡覺的時候媽咪幫我打包的。」

「那就好。」然後他轉頭直視著我。我看見他銳利的阿什肯納茲眼神，他兇猛地盯著我彷彿是在訓誡我方才惡意搗亂。

「妳明白我為什麼要問你這些問題嗎？我是要確認沒有人在妳包包裡亂放東西，因為有可能會是炸彈。妳有沒有自己打包？有沒有人託妳帶什麼禮物給別人？」

「你是在問我媽咪包包裡有沒有炸彈嗎？怎麼會有人要在她包包放炸彈？」瑪亞問道，她看來一臉震驚。我可以感覺我身後的基朗正努力壓抑自己別踹他的寶貝小妹妹一腳。他被海關官員要求摘下耳機，他很生氣自己竟然得聽瑪亞廢話連篇。

「是，我是自己打包。然後，沒有，我沒替誰帶禮物。」我如此回答，然後等著他的反應。但他顯然已調查完畢，沒再繼續追問下去。

10 塞法迪猶太人為猶太教正統派分支，意指祖籍伊比利半島的猶太人，由於十五世紀前伊比利半島受阿拉伯政權統治，該分支亦深受伊斯蘭文化影響。十五世紀末西班牙人奪回政權，將猶太人與穆斯林驅逐出境。

11 食用沾蜂蜜的蘋果為猶太新年習俗之一，象徵來年甜蜜順利。

「帶著你們的行李直接去快速託運櫃檯。你們的班機過沒多久就要起飛了。」海關官員邊說邊往我們的行李與護照貼上白色貼紙（**我們的黃色星星！**），貼紙上頭還有一組號碼，這組密碼表示我們不具任何威脅。然而身為猶太親屬的我們本該拿到粉紅貼紙，但這一回這位海關官員給了我白色貼紙，意思是：其他不構成安全威脅的外國人。我在想他是否要藉此表達立場，給我一個輕微警告，誰叫我故意為難他質詢，浪費他的時間。他喊了一位機場工作人員，要他替我們的行李繫上「檢查通過」的標籤。接著他轉往盤問隊伍裡下一位旅客並且打開一本貼滿各色貼紙的小冊子，每一種顏色都代表不同的種族分類。

「我們的行李不用通過X光檢查嗎？」我困惑地問道。眼看這麼多人在X光機前排隊，直接前往行李託運櫃檯令我有些罪惡感。成排「可疑」行李被挑出放在長椅上，正等著被打開由安檢人員親自檢查，檢查完畢後行李的主人才能獲准登機。

「不用，你們直接去快速登機櫃檯拿登機證。」原先那位海關官員說道。他與瑪亞握握手並對她說，「親愛的，拜拜，很高興認識妳。好好照顧妳媽咪。」

隊伍裡的群眾——其中某些人想必叫做莫罕默德或阿哈麥德——雙眼無神地看著我與孩子們展示著顏色正確的貼紙，拖著行李與雙腿走向櫃檯。我再無勇氣拒絕這個國家贈予我們的特殊待遇。我短暫的叛逆已經被自私的煩惱取代，此刻我只是一個擔心錯過班機的投機旅客。

就這樣，我身為一位來自南亞的異鄉人，卻無須通過標準安檢程序就能從本—古里安國際機場離境。這全得感謝我手上的王牌，也就是我那胡言亂語的半猶太女兒。

13 猶太軍營大街

我們在耶路撒冷的第二棟房子位在哈格度哈維里街（Ha-Gdud ha-Ivri），猶太志願軍的軍營也在同一條街上。隨著時節入冬耶路撒冷也開始降雨，我在這洞穴般房子裡的生活也跟著陰鬱了起來。我決定每週至多只做一則BBC專題，這樣才有足夠的自由寫作時間。我同時也請了希伯來文家教，還報名了東耶路撒冷聖城大學的密集阿拉伯文班。

我發現自己留在家中的時間愈來愈多，隨著氣候日漸濕冷家中濕氣也跟著加重。耶路撒冷的冬天詭譎多變，這裡的房子構造無法抵抗寒風大雨，這兒甚至偶爾還會下雪——我們初抵此地時地上便有三吋厚的積雪。但當時我們在艾梅克勒方街的房子有中央暖氣，住起來舒服又氣派。如今這間位在艾梅克勒方街南方半公里處的哈格度哈維里街的房子，相較之下顯得簡樸老舊。里歐想搬到一個更多「當地」人從小生長聚集之處。我們現在住的這個社區對宗教頗為虔誠。我跟里歐每逢安息日開車上街便會有罪惡感，因為街上到處都是穿出家中最好的那件白色上衣準備要去猶太教堂的一家老小。最初我們覺得那間房子十分迷人，並且夏天常在花園舉辦派對。八月氣候炎熱之際，那個牆壁貼著馬賽克磚、地板鋪著花朵圖樣地磚的洞穴依然涼爽，儼然是個避暑勝地。

無論我是在寫作、製作ＢＢＣ每週一回的專題、替孩子洗澡並哄他們上床睡覺，里歐永遠把自己關在位於屋內角落的書房裡，忙著寫哈馬斯（Hamas）贏得巴勒斯坦政權的報告[12]。我們倆幾乎沒有任何私人互動。某方面來說這也是好事，因為我們都想忘記律師那回事，想平息與歐莉鬧翻過後掀起的餘波。只要里歐在家，我們便不准提起歐莉這個名字，就連孩子們都意識到這一點。雖然我透過工作與菲妲之故認識了一些新朋友，但面對朋友開始變得更為謹慎，仔細衡量該向他們透露多少家裡的情況。我會與這些新朋友保持距離。

平日基朗會搭七點半的校車上學，我跟瑪亞則會晚一點出門。生活似乎很平靜，無風無浪。這個「洞穴」二十四小時都需要開燈，這讓我覺得自己活在一個不知時日的空間裡。我得依靠時鐘過活，因為坐在我的「書房」裡完全看不出天色變化；而我所謂的書房，其實不過是臥室的一個小角落罷了。

比起我那間位在屋子前方的臥室兼書房，廚房與客廳更是缺乏日照。我開始不吃午餐，因為要走進更暗的空間會令我沮喪，在裡頭我甚至會被自己的腳步聲給嚇著。整間房子都充滿回音，電暖器又不夠熱。我工作時都得在大腿放上女兒的熱水壺取暖，書桌兩旁再各放一臺電暖器，然後房門緊閉才行。

我會工作直到下午三點。此時我便該去搭公車前往基督教青年會接瑪亞放學。那是我一天之中最精采的時光，我可以與她坐在公車上，在半個小時的車程裡聽她說故事。在這城市待了近二十個月之後，她仍一如以往活潑，對這座城市充滿各種疑問與相互矛盾的看法，這座城市不僅是我們此刻安身立命之處，同時也決定了我們這個小家庭的命運，某方面來說，甚至會影響全世界的命運。

里歐的表甥阿默思不時會過來當保母。他已服完兵役，而且也過完了他的「正常化」假期——他去南美洲旅行了三個月。他正在找工作，不過暫時沒著落，也或許是他不知道自己想做什麼。他做過各種嘗試。他曾透過駐守加薩走廊的以色列士兵牽線，做起一門創新的生意。他雇用巴勒斯坦女子編織無邊猶太禮帽，然後帶到耶路撒冷市場以高於成本約十倍的價錢售出。但後來以色列人遷離加薩，緊接著軍隊也在夏天撤守，他的生意就沒戲唱了。到了十一月，就在住棚節（Sukkot）[13]開始之前，他又開始了一項短期生意：從約旦進口椰棗葉（palm fronds，此為住棚節期間宗教儀式所需用品之一），然後以近乎敲詐的高價在以色列販售。他靠這門生意賺了不少錢，但他所有生意要不短命要不就是期間限定：他的無邊猶太禮帽生意因政局變動而告終，而進口椰棗葉也只能在住棚節這一週內販售。

因此他把保母當成找到新事業前的過渡工作。我喜歡阿默思，他有一股坦率大方的特質。儘

12 巴勒斯坦主要政治團體有二，一為主張透過與以色列和平談判達成建國目標的巴勒斯坦解放組織，另一則為主張以武力消滅以色列的哈馬斯。二〇〇六年哈馬斯於國會選舉大勝，但雙方隨後於二〇〇七年決裂，巴勒斯坦解放組織控制約旦河西岸地區，哈馬斯控制加薩走廊。國際普遍承認巴勒斯坦解放組織組成的巴勒斯坦政府，並將哈馬斯視為恐怖份子。二〇一四年雙方曾協議組成共同政府，但後續破局，目前仍維持分裂狀態。

13 住棚節為希伯來聖經中明定的猶太教三大節期之一，從希伯來曆提斯利月十五日開始為期七天，約為西曆九至十月間。此處寫十一月應為筆誤。

管他熱愛他的國家且願意為其犧牲生命，但他對軍隊並無暇想。他公開承認他服役時奉命執行過一些違反人權的命令。他不否認曾迫害巴勒斯坦平民的基本隱私權，他半夜突襲民宅恐嚇孩童，然後把他們聚集起來盤問，而他的同袍則負責搜尋「恐怖份子」。他確實偶爾會質疑自己的行為，但他沒有膽量違背長官命令。國家使命的召喚終究還是比他內心對迫害巴勒斯坦人的質疑來得偉大。對他而言國家使命才是他的優先考量，儘管有道德上的顧慮，他依然相信這片土地是上帝賜予猶太人的。他很喜歡談論在部隊出任務的種種。他說入侵敵方領土時，比方說西岸地區的納布盧斯，他絕對不會碰平民的財產。他說他視線所及有收音機、個人電腦、珠寶，但他跟他的同袍絕對不會下手。他還說某次長期圍城任務中，他甚至跟某家人分享食物，儘管他們可能正是那行蹤成謎的恐怖份子的父兄子弟。

然而，我卻從被圍困的巴勒斯坦男女口中聽過不同的故事。我不斷聽見他們抱怨軍隊不只會奪走易於攜帶的小型財物，甚至還會蓄意破壞，把東西扔得到處都是，摔破鍋碗瓢盆，把院子裡的蔬菜連根拔起。阿默思把自己形容為一個嚴守紀律的士兵，他說自己只會執行交辦任務，而當中並不包括損毀恐怖份子嫌疑犯的住家。他對我說，某回他奉命搜查一只五斗櫃好找出能追查嫌疑犯下落的相關線索，當他搜查完畢，他動手折疊嫌疑犯的衣物，把他的文件跟物品放回抽屜裡，此舉引來同袍一陣訕笑。我喜歡把阿默思想像成捷克作家雅洛斯拉夫・哈謝克（Jaroslav Hašek）的小說《好兵帥克歷險記》（*The Good Soldier Švejk*）裡那個少根筋卻正直的士兵。

會請阿默思幫忙帶孩子有一部分也是因為我想跟丈夫的親戚保持往來。畢竟他們是我們在耶路撒冷唯一的親人，有必要讓孩子們與他們熟識。基朗很喜歡阿默思，因為他是個紙牌高手，他說他是在軍隊站夜哨時學會的。「得要有練瑜伽的那種自制能力才能在漫漫長夜裡維持警戒。不過還好我身上有紙牌！」他說。

晚上有阿默思在房裡，我就能偶爾逃離這間位在卡塔蒙區（Katamon）、跟猶太軍營同一條街的房子。一九四八年第一次中東戰爭時，這裡爆發過後來被稱為「卡塔蒙之役」的激烈戰事。巴勒斯坦鬥士們以周遭民宅為基地（我們家可能也是其中之一），向猶太志願軍發動血腥反抗。以色列戰勝不久後，此區街道全部改以猶太恐怖份子首領組織為名，這些組織戰時蓄意破壞火車、在旅館放炸彈（包括耶路撒冷最著名的大衛王飯店），並且殺害所有他們認為反對創建全世界第一個猶太國家之份子，當中包括聯合國的和平調停者。

有了阿默思之後，我在孩子們的課後時間也能享有一些自由。我每週可以去一趟拉姆安拉找菲妲，她已不再兩地通勤，因為她與塔瑪鬧翻了，雖然這很不幸卻本是無可避免。如今她都在她新男友馬哈穆德家過夜，他在巴勒斯坦總統馬哈茂德·阿巴斯（Mahmoud Abbas）政府任職。

由於我洞穴般的居所到了冬天是如此陰鬱，菲妲也離開了耶路撒冷，里歐又因為忙亂的工作時常缺席，再加上我內心突然湧上一股令我心生倦怠的茫然，種種因素導致近來我對ＢＢＣ特約採訪的工作不若初時那般起勁。我覺得自己很可悲，我試圖重振事業，但其實我的職業生涯早已被我撕裂成絕望的碎片。我一點都不開心。

因此當某天晚上菲妲致電邀我去拉姆安拉最有名的餐廳之一——達爾娜（Darna）共進晚餐，

我立刻抓住這個可以逃離陰鬱住所的機會。我在拉姆安拉感到格外自由，在那裡我無須面對道德兩難，無須反覆思考自己是否作出正確選擇，更不必整天自問為何我仍住在耶路撒冷、守著一段虛幻的婚姻。既然它令我陷入如此可悲的憂鬱，我何不直接打包走人呢？從我家開車走上短短二十分鐘就能抵達檢查哨，接著就能進入一個完全不同的世界。光是開往拉姆安拉這趟車程本身就是一種獨特而令人挫折的體驗，得以見證以色列人與巴勒斯坦人之間有多麼缺乏溝通。

在耶路撒冷東北邊境的阿爾拉姆（Al Ram）檢查哨，以色列邊界警衛問我，「妳要上哪兒去？」

「拉姆安拉。」

「為什麼？」

「去吃晚餐。」

「晚餐？」

「是啊！有什麼問題嗎？」

「很古怪！」年輕的士兵說道。他喚了他一位眼神銳利的女性同袍（相較之下女性士兵更容易令我心生膽怯），接著他說道，「妳看，這位女士說她要去拉姆安拉**吃晚餐**！為什麼？我們這邊沒有好餐廳嗎？」

「這裡吃不到中東烤鴿飯，也抽不到中東亞力酒（Arak）水煙啊。」我故意這麼說逗他們笑。

「這位女士，祝妳有個美好的一天。」

這位士兵揮手送我離去。我偷偷看了那位女兵一眼，面無表情的她令我有些緊張，她的表情有如隕石般剛毅，恐怕得出動液壓鑽才能在上頭鑿出些火花。

有一回我要去拉姆安拉，正當準備出門之際，阿默思對於我要去巴勒斯坦城市探望朋友、進行社交活動，甚至在那邊用餐感到好奇與不可置信。

「他們那邊有什麼樂趣嗎？」

「什麼意思？」

「我是說，他們有可以喝酒的餐廳或酒吧嗎？」

「當然啦，他們有酒吧、餐廳跟咖啡店，街頭上不分日夜隨時都人潮洶湧。那邊的街道比耶路撒冷市中心還熱鬧，人們生活也比較正常。而且他們不會穿著軍服、肩上掛著一把 AK-47 步槍上餐廳。那邊的狂熱份子不像這裡這麼多，拉姆拉安的巴勒斯坦人很懂得享受生活。」

「好奇怪。」阿默思說。「巴勒斯坦人在我想像裡，就是檢查哨看到的那個樣子。我跟他們唯一的接觸都是透過槍桿。」

拉姆安拉，如此靠近卻又如此遙遠，阿默思常說除非是以軍人身分去作戰，否則他不會去那座城市。幾年前有兩名以色列軍人在拉姆安拉慘遭私刑處死後，以色列人就被禁止前往西岸地區。

「其實你也沒得選擇，因為你們全都被禁止過去。就算你想跟牆外的巴勒斯坦人說說話也沒辦法。」我跟阿默思說。「當然你可以試著闖闖看，但就要冒著被處以高額罰金的風險。如果你們可以自由跟巴勒斯坦人往來，以色列政府的種族隔離政策就會顯得多餘。因為一旦以色列人體驗過巴勒斯坦的夜生活，他們絕對不會想再拿槍指著巴勒斯坦人。以色列年輕人會拆掉檢查哨，

拉姆安拉的獅子廣場（Lion Square）。

然後自由穿越邊界兩頭狂歡。」

然而我知道我對阿默思說的這番話，不過是我一廂情願的想法。事情沒那麼簡單。過去六十年累積的憤怒與仇恨，不會如此輕鬆就煙消雲散。雙方都需要一段療傷期，我不知道雙方要經過多長的時間才能原諒並忘卻過往，重新開始。

「我認為如果不把阿拉伯人隔離開來，他們不可能會讓我們繼續待在這個國家。」阿默思說道，我想他是真心相信這個說法，「但如果某天有機會去拉姆安拉拜訪妳朋友菲妲也滿不賴的。也許妳可以夾帶我過去。」

「不然你可以試試異族聯姻啊。要我當媒人嗎？」我對阿默思說道。「你爸會說阿拉伯語，跟你的巴勒斯坦新娘溝通不成問題。」

「妳瘋了。我爸絕對不可能接受我娶一個巴勒斯坦女孩。還有，你們這些局外人怎麼老愛幫我們想辦法？你們憑什麼覺得我們會想聽你們的？我幹嘛相信跟這片土地毫無瓜葛的人會有辦法解決我們的問題？這世界幹嘛不讓我們順其自然就好？我們才不需要什麼媒人！」

「因為你們長久以來實施各種剝奪當地居民權利的政策，把這裡變成另外一個南非，他們甚至連住在祖傳家園、住在從小生長的這片土地上的基本權利都沒有。都已經二十世紀了，竟然還有這種事情發生！而且還發生在這個號稱民主的國家。現在已經不是殖民時代，過去白人新移民把原住民、毛利人、美洲原住民從地球上抹去這種事情不該再發生。」

「但我們又不是新移民！我們本來就屬於這裡。我們比巴勒斯坦人還早來。這裡是我們的土地！幾千年來我們一直祈禱能回到這裡。我們不是新移民。」

「某方面來說你的確是。雅利安人在四、五千年前吠陀時代（The Hindus of the Vedas）從中亞遷徙到印度開墾定居成為印度人，難道這表示他們現在有權聲稱中亞是他們祖傳的家園嗎？」

「但是我們一直以來都渴望回到這裡，三千年來我們不斷祈禱，重複說著禱文裡面那句**明年在耶路撒冷**。阿拉伯人為什麼就不能分一塊地給我們？我們沒有地方可以去。他們有了整個阿拉伯世界，從摩洛哥到利比亞，可是我們只有以色列。」

「阿默思，整個阿拉伯世界有二十二個國家。每個國家都有各自的口音跟方言，膚色跟文化傳統也不同。想像一下如果巴勒斯坦人跑去蘇丹共和國，難道他們會有回到家鄉的感覺嗎？」

「妳不懂。」阿默思看來有些心煩意亂地說道。「猶太人跟這片土地的淵源之深不是妳能想像的。我們是世界上唯一一個始終想回到當初被放逐之地的民族。妳不會理解的。外人不會懂我們的痛苦。」

阿默思的說法便是典型的猶太例外論，不管怎麼討論最終總會繞回這個論述，以色列政府透過學校教育把此論點灌輸到每個孩子的腦海中，要他們相信猶太問題的狀況與眾不同，是特例，因為猶太人曾遭遇無可比擬的磨難，因此便能合法將巴勒斯坦人的一切據為己有。

Eretz Israel Sheli　我的以色列大地，

Ve yesh lanu etz, ve yesh lanu kvish, yesh lanu gesher...　我們有一棵樹、一條路、一座橋……

瑪亞仍會把這首流行的愛國歌曲掛在嘴邊，只不過她現在是為了要惹怒她哥哥才會唱。

菲妲與我在達爾娜餐廳優美的環境之下，伴著現場演奏的烏德琴（oud）樂聲享用了一頓晚餐。餐後她說要隨我回耶路撒冷好回去艾因喀拉姆拿些衣服與雜物。她現在幾乎都住在拉姆安拉，而且正準備永遠搬離耶路撒冷。

位於耶路撒冷與拉姆安拉之間的卡蘭迪亞村（Qalandiya）檢查哨的士兵表示，菲妲並無以色列居留權，而且內政部還在審核她的申請，所以她根本就不該跑去西岸地區。她不該在身分釐清前跑到以色列境外，也不能住在艾因喀拉姆區那個地址以外的地方。此刻又在下雨，讓這棟混凝土與金屬建成的檢查哨，以及擋住以色列入口的這道高牆看來陰森冷峻，活像某部災難電影的場景。菲妲用希伯來文對著那位士兵大喊著，「請讓我過去。我住在那裡。我是以色列人。我比你還更以色列！以色列是我的家。」

我不確定她是又在說俏皮話，還是真的在向士兵們懇求。她語氣帶著一絲嚴肅，但也可能只是在嘲弄這荒謬的情景。士兵把我的護照遞還給我，對我說道，「**妳**可以通關，但**她**不行。」士兵指著菲妲說，「她不准進入以色列。」

「但她的家在檢查哨另一頭。她在那裡出生，她一輩子都在那裡度過。她的衣服、她的書、她的盥洗用品、她的狗……她整個人生都在那裡。你怎麼可以不讓她回家？」

「不好意思。」士兵說道。「她不能通過檢查哨。這裡是國境，根據入境規定，她沒有護照也沒有任何獲准進入耶路撒冷的文件，所以我們不能放行。」

「但是她大可以走殖民公路順利進入耶路撒冷。」我說。菲姐與我之前從那幾條殖民公路多次進入耶路撒冷，從沒遇過什麼狀況。

「我們今天走這條路不過是因為比較近。你現在這種行為真的很荒謬。我可以跟你主管說話嗎？」我對那位士兵說道。我察覺到我的音量漸強，語氣也變得急躁。

面對這古怪的場面，菲姐反倒出奇平靜。她拍拍我的肩膀說道，「別跟他們爭，妳可能會被扣留好幾個小時。妳這樣跟他們還嘴，有些愚蠢的士兵可能會想公報私仇。他們跟被設定好的機器人沒兩樣，說來說去就那幾句話。沒必要跟他們爭。早知道我就帶妳走另一條猶太移民專用道路。我沒戴面紗又會說希伯來文，每次都被當成附近猶太社區的移民，輕輕鬆鬆就可以過關。」

接著她說她累了，無力再千里迢迢繞回那條路。時間確實晚了，當下已近凌晨一點，下個不停的雨令人抑鬱。她今晚想留在拉姆安拉，於是我掉頭把她載回距離檢查哨不遠的馬哈穆德家。馬哈穆德的父親是一位著名的巴勒斯坦解放組織（PLO）領袖，一九八〇年代他在當時巴解的根據地，突尼西亞首都突尼斯（Tunis），被以色列情報特務局暗殺。我送菲姐過去時，馬哈穆德正站在陽臺上。他毫不驚訝地走到門外，彷彿早就在等著菲姐回來。菲姐沒與我道別，便匆忙跑向他身邊跟著他進屋。我知道她奔跑並非為了躲雨。我在車裡靜坐了幾分鐘，羞愧地想著自己竟有權把車開回卡蘭迪亞檢查哨順利通關，而且不會有青少年士兵揮舞著裝了刺刀的步槍把我攔下。在我發動引擎之前，我看見菲妲走到陽臺上。她對我硬擠出一抹微笑，但我知道這抹微笑底下藏著的是羞恥、憤怒與無力的挫敗，這些情緒調成了一杯悲慘的雞尾酒；我知道這抹微笑意味著待我一離開她的視線，她便會崩潰放聲大哭。她不會在我面前表達她的羞愧，因為我是外國人，我是個冒牌居民，我不過是這個國家的過客。

像這樣周而復始的公開羞辱，最終讓這位善良女子決定遠走他鄉。菲妲後來不出兩年就移民加拿大。塔瑪言猶在耳：「這就是以色列的目的，日復一日的威嚇與羞辱，直到占領區的人們自行逃離。」

就在我開車離去前，我搖下車窗揮手道別。向來健談的菲妲勉強舉起右手，然後轉身消失在落地玻璃門後。我看見馬哈穆德溫柔地以雙臂環繞她，接著雙雙進屋。此景令我稍感欣慰。至少在菲妲的憤怒與羞愧消散前，在她哭泣之際會有一雙臂膀擁著她。

我一如預期地順利通過檢查哨回到家中。當阿默思開門，我看見他的無邊禮帽滑落到頭側，用來固定的夾子鬆脫了。他想必是睡著了。

「有人打電話來。」他說。

「誰？」我的心跳加速，想著可能會是里歐。

「大概一點半的時候，有個叫做馬卡穆德的傢伙打來，想知道妳有沒有安全到家。」

「那你說了什麼？」

「我說我是妳先生的表甥。」

「真的假的？」我驚恐地問他。

阿默思笑了。「鬧妳的啦！我知道這位馬卡穆德來自拉姆安拉。我不想給妳製造不必要的麻煩，所以我只說我是保母。」

「謝謝你，阿默思！正常情況下我不介意跟我的巴勒斯坦朋友透露你的身分。但今晚不適合。還有，你剛剛是叫他『馬卡穆德』嗎？」

「改不了，以色列口音就是這樣。」

「你當然改得了。你爸可是葉門來的，在家也還會說阿拉伯話。你可以試著讀出正確發音，『馬哈穆德』。」

「但我從小就被教導『h』要讀成『kh』，這是道地的阿什肯納茲猶太腔。」阿默思說道。他整理好猶太禮帽，穿上外套準備離去。出門前他在門口躊躇了幾秒，然後若有所思地說道，「我很開心能跟妳朋友馬卡穆德說到話。雖然短暫，但卻是一場正常的交談。妳知道，我過去跟叫做馬卡穆德的人說的話都會是『*Jibne hawiyye*（給我你的身分證）！』這一類的。這是我第一次以對等的方式跟日常生活中的馬**哈**穆德交談。感覺很奇怪，但又挺不錯的。」

我注意到這一回阿默思讀對了他的名字。畢竟他可是說阿拉伯文的葉門人之子。阿默思有一顆寬容的心。他是我的好兵帥克。我多麼慶幸能有他陪在身邊。

14 撤退

「我們該結婚嗎？」

「我們已經結婚了啊。」

「我是說我們是不是該正式結婚？」

「我們是正式結婚了啊。」

「我的意思除了登記結婚之外，我們可以好好辦一場婚禮、一個盛大的派對，就像我們剛認識時規劃的那樣。」

「聽起來很不錯。」

「我也這麼覺得，不是嗎?不過該辦在哪兒？」

「我們可以在集體農場社區租一間農舍。妳可以穿紗麗（sari）。然後我們找一位印度教祭司跟夠開明的猶太祭司來替我們主持儀式。」

「然後你會按照猶太習俗在彩棚下踩碎一只酒杯。」我邊說邊給里歐一個擁抱。

「妳則會像個孟加拉新娘一樣，穿著一身紅色紗麗，在額頭點上一顆硃砂痣。」

整個晚上我都在幻想自己穿著一身飄逸紅色紗麗，長髮飄散在充滿農作物甜香與糞肥味的農場空氣中。

他有時會說些令我感動無言的好話，這會讓我徹底淪陷，縱使這些年來我們始終衝突不斷，我心頭仍會湧上一股洶湧愛意。

我說，「下週末我們是不是該空出兩天去集體農場過夜？我們可以去那邊找婚禮場地。孩子們也可以在農場盡情奔跑。我們可以趁週五下午放學後就出發，然後週日下午回來。」

「週五、週六、週日，這樣就三天了，我不能請三天假！」他反對我的提議。自從來耶路撒冷之後，週末始終是我們的一大困擾。以色列人週日上班。基朗的學校則遵循歐洲基督徒慣例在週六與週日放假。瑪亞讀的是以色列幼稚園，她的週末是週五半天加上週六全天。

「好吧，那不然至少你可以按照以色列規定休週五、週六吧？」

「可是我週五常有會議？」

「那就休週日啊。這樣你至少不用忙著回覆你布魯塞爾（Brussels）跟華盛頓（Washington）的主管。」

「妳知道我這樣很難做事。因為週日是以色列每週第一個上班日。」

「所以意思是我們永遠不可能週末度假囉？」

「我已經很常在家了，我的辦公室就在家裡。」

「沒錯。你每天在辦公室電腦前待上十二到十四個小時，我唯一能見到的就是你的背影。我還寧願你辦公室不在家，這樣至少你回家之後還能陪陪我們。」

「妳本來就知道我的工作不輕鬆。可以體諒我一下嗎？」

「那你說吧，什麼時候才可以跟我們好好過個長週末？假設我們運氣好，真的決定要在集體農場舉辦婚禮，難道我們不需要至少空出兩天嗎？」我失望地說，試圖化解我們之間逐漸緊繃的情緒。

就這樣，最美麗的片刻頓時蒙上污點，像這樣毫無預警的爭吵，每個月會上演好幾回。如今不再有歐莉介入我們之間，但我們仍爭執不休。事實上，自從搬來這間房子之後爭執愈演愈烈。每回吵架過後他會帶著筆電離家，指控我把家裡變成戰場。我也確實愈來愈難以控制我的惱怒，儘管事出有因，但我卻無法理性表達。他會打包他的小小行李箱，躲去全世界他最愛的地方——加薩。坐在屋裡，在我們全天候點著的那盞落地燈的昏黃光暈之下，我自問，「我是不是變成了野心勃勃的男子背後那種心生挫敗、刻薄陰沉的妻子？」

我並非無法在耶路撒冷擁有屬於自我的繁忙生活，這座城市與這整片土地是如此豐富，只要我有意，多數夜晚我大可以外出社交，或是與塔瑪以及她的友人在德溫酒吧熱舞，我可以趁著週末與各國友人在派對狂歡，還可以去黑門山（Mount Hermon）健行；或著我可以約較有冒險精神的舊識，一同去位在以色列南方沙漠的米茨佩拉蒙鎮（Mitzpe Ramon）的峽谷探險。但我無心於此，至少我現階段的人生是如此。我想念里歐。況且我得在孩子的父親行蹤成謎的狀況下，獨自背負起教養孩子的重責大任。我時常覺得自己已面臨崩潰邊緣。甚至不敢深呼吸，就怕自己一放鬆就會有所閃失。我知道自己不夠理性，但開始偏執得擔心起倘若我太常外出享樂，就會有可怕的事情降臨在孩子們身上，一旦如此我將無法在場保護他們。

關於在集體農場請猶太祭司與印度教祭司替我們主持婚禮一事，被擱置了好一陣子。以色列從加薩走廊撤離，之後哈馬斯又接管該地，這些事情也讓里歐開始逐漸從家庭撤退而出。他變得更執著於加薩走廊，甚至連黎巴嫩與以色列二度開戰他也漠不關心。他要不待在加薩撰寫報告，要不就是人在耶路撒冷卻開口閉口全是加薩。他始終覺得那片過度擁擠的狹長地帶，對外人總是無比好客。他總說自己在加薩感到更輕鬆，他說加薩人比起他們西岸地區的同胞來得更加友善。他說加薩藏有能化解和平談判僵局的解藥。

「最令人驚喜的是只要走個一百五十公尺的路，就能走進阿拉伯世界。」

「什麼一百五十公尺？」

「就是在加薩跟以色列之間，有一片無人居住的土地。只要穿越它就能來到更棒的阿拉伯世界。」

「為什麼光憑這一點就說加薩比西岸來得棒？」

「西岸地區已經變得一場糊塗了，它已經徹底**以色列化**。整個社會運作系統全照著以色列走。大多時候根本很難分得清以色列跟西岸地區的交界點在哪裡。」

「所以加薩比較偉大。」

「沒錯，妳一定得親自去一趟才能感受到現場的氣勢。自從以色列撤離後，一整片加薩走廊全屬於阿拉伯世界。那裡不像西岸地區一樣被以色列鯨吞蠶食。那裡也不像西岸地區那樣被奧斯陸協定劃分為A、B、C三區。」

「等走完那一百五十公尺之後又會怎樣？」

「等妳通過艾瑞茲過境站（Erez crossing），再走一小段路就能抵達沒有以色列檢查哨的阿拉伯世界，沒有城牆、大門與路障。可憐的西岸人，他們沒嚐過自由來去的滋味。」

我本想試圖爭辯，但我知道他說的沒錯：拉姆安拉的巴勒斯坦人若要前往伯利恆或傑里科（Jericho），勢必會經過好幾道以色列檢查哨，反之亦然；而且他們一定得翻山越嶺，因為他們不准使用以色列移民專用的直達公路。這些「殖民公路」是以色列政府出資建造，好讓西岸地區各個以色列殖民區能相互直通並與耶路撒冷串連，這些公路大多途經甚至穿越巴勒斯坦村鎮。我明白里歐何以說加薩是「一個完整的阿拉伯世界」。

「他們不需要擔心在*machsom*，也就是檢查哨，面對士兵盤問時聽不懂或不會說希伯來文。」里歐總這麼說。「他們沒那麼緊張，也不用一天到晚擔心受怕。他們不像西岸地區的兄弟那樣短視。」

「還有姊妹。」

「是，還有姊妹。」

然而在以色列撤離加薩之初帶來的欣喜與光明消散之後，里歐開始質疑以色列真正的動機。

雖然他樂見以色列自加薩退出，但如今他不確定以色列為何會「單方面」宣布撤退。他時常對此表達懷疑。然而我覺得以色列做得很棒，甚至連某些狂熱以色列移民都被撤出，徹底將加薩交還給巴勒斯坦人（根據媒體報導，現場情況相當戲劇化而誇張：虔誠移民激烈反抗，士兵被迫以蠻力鎮壓）。我把以色列撤退視為希望的象徵，我期待以色列也能在西岸地區比照辦理，在不遠的將來撤除非法前哨站與殖民區。我相信以色列這樣「單方面」的舉動替和平增添了幾分可能性。

但里歐說他另有想法。

「以色列這麼做反倒比較有可能把和平的契機愈推愈遠。我很不滿意這種**單方面**的行為。妳覺得面對以色列這種『破天荒』的舉動，為何巴勒斯坦人反應只是普普通通？他們為何沒有欣喜若狂？為何沒有舉國歡騰、徹夜狂歡？」

里歐說巴勒斯坦人當然會對以色列的一舉一動小心翼翼。因為在經過四十年的占領之後，很難相信以色列會釋出任何善意。加薩是反抗的溫床，儘管該區貧窮、識字率又低，倉庫卻堆著滿滿的簡陋卡桑火箭（Qassam rocket）[14]……只要該區沒有以色列人，以色列對付加薩簡直易如反掌，只要全面封鎖邊界不許任何人進出即可。因為加薩人往以色列發射了幾枚自製火箭，於是以色列決定要集體懲罰加薩人，把那裡變成一座監獄。如今加薩走廊上各地方勢力相互衝突，情況也沒好到哪裡去，而卡桑火箭依然會持續射向以色列。只不過以色列現在可以對火箭發射者採取實際作為。以色列會大力反撲，切斷電源、水源、瓦斯，若猶太人**還在**便不可能採取這些手段。如今各地方領袖權力在握，加薩很可能會脫離西岸地區自行獨立，淪為一個缺乏國際援助的流氓國家。

儘管當時他的預測聽來杞人憂天，但不出幾個月卻都被不幸言中。以色列封鎖加薩，使這塊法外之境與世隔絕；我過去在倫敦前東家合作的編輯艾倫・約翰斯頓（Alan Johnston）也被某地方勢力綁架；在加薩取得壓倒性勝利的哈馬斯為了確保艾倫能被平安釋放，向敵對勢力採取浴血攻擊。國際組織也停止向這一小片住有上百萬貧民的土地提供當地急需的援助與資源，而今這片土地的人民對以色列、對全世界，甚至對彼此都燃起熊熊怒火與仇恨。

「你會把這些預測都寫進你的報告裡嗎？我很好奇國際會作何反應……」我對里歐說。

「我們組織的立場是要支持這次撤退。我只是不喜歡以色列的處理方式，他們應該透過協商，而不是強硬撤離移民。」

「如果不靠武力把極端份子撤出，以色列又該如何從一九六七年占領的土地撤離呢？[15]」

「就把不願搬離的猶太移民留在那裡，這樣以色列跟巴勒斯坦反而可以加速和平進程。」

「什麼意思？你是說套用阿爾及利亞模式嗎？」我說。塔瑪老是說可以套用阿爾及利亞模式來解決以色列殖民區爭端。當初法國與阿爾及利亞打了八年殺戮戰爭後簽下一紙和平協定，法國

14 卡桑火箭為哈馬斯開發製造的簡易鋼管固態火箭。

15 一九六七年發生第三次中東戰爭，戰後以色列占領了加薩走廊、西奈半島、約旦河西岸、耶路撒冷舊城以及戈蘭高地。同年底聯合國安理會通過決議，要求以色列撤出戰後所占領之領土。以色列於一九八二年將西奈半島歸還埃及，換取埃及承認以色列，但以色列始終拒絕撤出西岸地區與加薩走廊。直至二〇〇五年以色列主動提議撤出加薩走廊，此即為文中對話所指之事。

分階段逐步撤出阿爾及利亞。當地法國人獲得三年緩衝期，並且可以自由選擇成為法國或阿爾及利亞公民。既然法國並未強迫撤出當地移民，因此也就無須負責賠償那些自願回歸法國的移民。多數法國移民都選擇回歸，不過仍有約兩萬位法國移民選擇以雙重國籍身分續留阿爾及利亞。

「這樣一來以色列就可以不用像加薩的固斯卡提夫（Gush Katif）殖民區那樣，對強制撤離的移民付出鉅額賠償。」我對里歐說。「不過你何以見得巴勒斯坦人會想跟那些極端份子一起生活？那些人可是堅持西岸地區，也就是聖經記載的猶太與撒馬利亞（Judea and Samaria）區是上帝許給猶太人的。你能保證巴勒斯坦人在經歷那些移民幾十年來的劣行之後，不會出手報復嗎？」

「如果那些移民不願或是無法搬離加薩，他們就非得改用巴勒斯坦護照不可。至於要阻止雙方互相殘殺，就必須先簽一份和平協定，提供巴勒斯坦難民實質補償。」里歐用清澈的聲音說道，語氣聽來充滿決心。

「如果以色列是真心想要和平，」我說，「它就不會繼續築起一道道混凝土牆，把西岸地區許多大範圍殖民區團團圍起。」

又一次，我覺得自己隨他來到中東是個正確決定，因為我得以親自見證這場古老衝突的種種迂迴轉折。里歐充滿幹勁，他對這世界地圖上問題重重的一小點懷有崇高使命，我欣賞他相信自己至少能**試圖**改變現況，而我們許多人卻是早已背棄曾有過的遠大理想，不再執著想改善這個世界。

他所屬的組織堅信兩國方案，但里歐期盼的是猶太與巴勒斯坦雙方能共組一國。里歐認為粗糙地分割只會製造永恆的衝突。如今加薩被國際組織與以色列杯葛，但他深信唯有將加薩納入和平議程裡，並且將哈馬斯視為對等政權與之對話才是正道。

國際社會主張哈馬斯應先承認以色列，否則將繼續忽視該組織。哈馬斯在二〇〇六年橫掃巴勒斯坦國會選舉之後遭到國際杯葛，里歐許多任職於民主團體的友人對此都未置一詞。

里歐總說國際社會不該對哈馬斯拒絕「承認」以色列感到大驚小怪，因為那不過是反抗策略的一環，事實上許多哈馬斯成員很樂意參與和平協商。

我對於哈馬斯與其在巴勒斯坦政壇採取的曖昧立場持保留態度，但還算樂見哈馬斯最後全面占領加薩。因為起初各方似乎都很歡迎此組織打擊各個地方勢力，使該地不再陷入分裂。再加上艾倫．約翰斯頓被號稱「伊斯蘭軍」的組織挾持近四個月之後，哈馬斯也成功促成他平安獲釋。那幾個月裡我們想到此事便會悄然落淚，特別是有一天某組織聲稱他們已將其殺害。哈馬斯透過政治斡旋使其獲釋，令我先前對這個伊斯蘭組織搖搖欲墜的信心再度恢復。可惜好景不常。就在哈馬斯於選舉大勝不久後，該組織開始在加薩破壞並屠殺與其對立的法塔赫組織（Fatah）[16]。

儘管里歐對於這片土地的政治前途有著各種美好想法，但他卻困在一個觀念與他並非完全契合的組織裡。我毫不同情他的處境，特別是在他一連數週拋妻棄子專心寫他的「近況報告」之際。我會滔滔不絕地說他不過是在編寫成堆的謊言罷了，連他自己都不相信自己的報告。我會出言抨

16 法塔赫為巴勒斯坦解放組織中最大的分支。法塔赫起初主張以武力解決以巴衝突，而後隨著情勢變化其主張，改為傾向以談判解決紛爭，因此與主張武力解決的哈馬斯形成對立。

擊，說他不該屈就於此。我相信他來中東不是為了寫一些討好國際人士的中東報告，而是要來做一些當地人民真心期盼的事情才對。

現在回想，我其實該多體諒他一些，發言不該如此直接；應該要更圓滑、更替他著想。但由於我逐漸被排除在里歐忙亂的生活之外，導致對他心生不滿，再加上此地的政治困局令我成為一個滿懷憤恨、鐵石心腸之人。此地的種種紛擾介入我們之間如此之深，令我們再也無處可逃。我不想為了他的「理想」、為了中東地區的衝突管理而犧牲我的家庭。

15 分居伴侶

我不想繼續在無法好好休息放鬆的情況下，與他同住一個屋簷。我無法繼續住在這昏暗的屋子裡，日以繼夜像是奧德修斯的妻子佩涅羅珀（Penelope）一樣癡等著丈夫歸來。

在與里歐當了兩年「同居陌生人」之後，我開始考慮試著跟他當一對「分居伴侶」。但此時卻發生了某件事，或者該說是一連串令情況逐漸惡化的事件，間接將我們往分手之路推了一把。起頭是某一回歐斯底里的口角之後，他打包好行李箱前往海法（Haifa）的旅館投宿。

我自然以為這不過是暫時的，就像過去那樣。只是這一次，我心中某個聲音說著我再也無法忍受這樣的分離。只要情況不順他意，他就會離家出走，為期任憑他決定。然後等風暴平緩，他就會帶著一束紅色玫瑰花歸來，或是寄來如羽輕柔的美麗槲寄生長梗以表達他對我的思念。我總是逆來順受，多年來始終不離不棄。無論他何時結束冒險返家，我總是在那裡等著他。甚至就連伊拉克戰爭之際，他沒有先與我商議就逕自決定要去戰地採訪，我依然扮演賢妻的角色，與孩子們守在家中等他回來。當我與孩子們從約旦被撤回倫敦，我只能懷著消極的憤恨接受分離的事實，等著戰爭特派員里歐返家。

這一次，就在他前往海法之後，我也打包了行李帶著孩子們去伯利恆度過長週末好釐清思緒。我們住在聖方濟僧院（Franciscan monastery），瑪亞因此與院裡的塞爾維諾神父結為好友。這位波蘭神父幾乎一輩子都住在伯利恆。塞爾維諾神父整個週末都幫我照顧孩子們，他在瑪亞提前準備的聖誕襪裡塞滿巧克力棒，然後替基朗準備了幾部他最喜歡的電影DVD。就這樣，在這間距離聖誕教堂（Church of the Nativity）不遠的僧院之中，我待在房裡，終於真正感受到自己心中那股與生俱來的意志力。在當了這麼多年的賢妻良母之後，我終於堅強到足以打散這個家庭。我想要追尋新生活，不再受偏執的愛意與情感的依賴所操弄。我毫無罪惡感地準備踏出分離的第一步。

在伯利恆過完長週末之後，我帶著全新而堅定的決心回到耶路撒冷。我們週日回到家中時間已晚，因為孩子們想在僧院的餐廳吃晚餐，好再度品嚐塞爾維諾神父拿手的蕃茄義大利麵。我抱著很快就睡著的小瑪亞下車，走上階梯進入我們黑漆漆的花園裡，基朗則拖著小行李箱跟在我身後。我單手抱著沉睡的女兒，在黑暗中從我的包包裡撈出鑰匙；我打開門，我們走進我們的洞穴裡。

他還沒回家。我內心有一小部分仍任性地默默期盼他已回到家中。

基朗開燈後，映入我眼簾的第一樣東西便是架上一件他洗好的衣物，那是我出發去伯利恆前掛在客廳晾乾的。如今室內聞起來，滿是潮濕衣物與洗衣粉的氣味。我看見他的襯衫、長褲與西裝褲，再度感到絕望，甚至一時之間有些站不穩。雖然我知道自己該抵抗這騷動的情緒，但我的決心開始瓦解。儘管我已發誓要跟過去告別，不再抱怨他的缺席，然而此刻站在客廳裡，心裡想著要是在我們回家之際他已到家，我一定會再給彼此一次機會。

我一個人處在這陰暗的洞穴裡，缺席愛人的潮濕衣物陪伴著我；孩子們都已就寢，他們的鼾聲填滿整間屋子，將我的孤寂襯得更為鮮明。我迅速回復理智，決心遵從我在距聖誕教堂不遠處的聖方濟僧院所立下的誓言；當年單身的瑪利亞（Mary）在石穴中產下一位先知，該遺址就位在聖誕教堂內。

我開始折疊他的衣物。他的條紋襯衫、他的藍底白星長褲，還有那件他拒絕在以色列撤退加薩期間公開穿著的橘色西裝褲，因為橘色是反對以色列撤出的加薩猶太移民與其支持者的代表色。我們在他去海法前所發生的激烈爭執片段此時湧現我心頭。那些一再重複的爭論內容是如此瑣碎，想來令我覺得自己好可恥，這讓我再度認清現實的殘酷，逼得我再次重振本已被腐蝕的決心。我疊好他的襯衫、西裝褲與長褲，並放回他的衣櫃內。我闔上衣櫃門，彷彿也闔上生命中一個章節。

但事情沒這麼簡單。

我們把一些裱框相片堆在客廳沙發後方已經好幾個月了，始終動都沒動過。我看膩了光禿禿的牆，於是某天我出門買了一架馬椅梯，打算將照片掛上牆。而就在那趟伯利恆之旅不久後，某天里歐從海法回來了。我對他說了我在僧院暗自立下的誓言，他對我說，「給我們，也給這個家再一次機會。」

我要的本就不多。我的決心早已鬆動，想到要帶著孩子搬家就令我卻步。我覺得自己像是被毀滅之神丟入一艘在狂濤駭浪中即將沉沒的船，強烈的暈船令我頭暈目眩，因此不過幾天前做出的決定如今已顯模糊。

再一次機會，我想給我們再一次機會。但我不知道其實我們所剩機會無多。我其實當時就該趁著這段苟延殘喘的婚姻尚存幾絲火花之際離去，但卻選擇繼續硬撐，直到最後一擊徹底打垮了我們。

「我們明天來去特拉維夫海邊。」他說道。孩子們聽了開始興奮地跳上跳下。內心被融化的我默許了這項提議，恣意地讓這股暖意流遍全身。

「可是天氣很冷！」瑪亞說。

「耶路撒冷會冷，但是特拉維夫不會。」基朗向她保證。其實這個季節特拉維夫的海水還沒暖，但我們至少可以泡泡腳、拍拍水，赤足走在海灘上。太陽會高掛天空，而特拉維夫的氣溫至少會比耶路撒冷高上十度。

入夜後，由於受到這突如其來的幸福轉折鼓舞，我站在馬椅梯上，開始將相片一幅接著一幅掛在牆上。我想將一幅照片掛在門上，但那位置稍高，即便我站在梯子最高階還是搆不著。我踮起腳尖試著將釘子槌入牆面，結果梯子重心不穩，我也跟著倒了下來。我摔著了我患有舊疾的那條腿，而那幾條幾乎從未真正癒合的韌帶又再次斷開。

幸運的是我的舊拐杖還在，我用上回摔傷剩下的繃帶包紮我的膝蓋。由於我包得還不賴，再加上吃了幾顆強效止痛藥，於是隔天傷勢減緩到用一根拐杖就可以行動。到了下午我表示我可以參加這趟計畫好的行程，於是我們便開車前往海邊，只不過我們改去雅法（Jaffa），因為那裡的海灘比起毗連且過度擁擠的特拉維夫海灘來得寬暢、乾淨、隱密許多。

海灘一片空蕩，只有一個阿拉伯家庭在野餐，那家人的奶奶與媽媽穿著連帽長袍從頭到腳把自己包起來，她們坐在海灘上，身邊放了沾醬與麵包、橄欖，還有好幾瓶可口可樂。至於男人與男孩們則身著T恤與短褲，在平靜的海中游泳，這讓孩子們看了格外開心。我們把車停在海灘停車場。那裡有一道可攀越的矮牆，越過去便可快速直達海邊，否則就得走沿著停車場周圍鋪設的一條小徑。里歐跟孩子們理所當然翻牆而過，我則拄著一根拐杖沿著小徑單腳跳動前行。當我抵達海灘外圍，我意識到不可能在濕軟的沙灘上拄著拐杖行走。我單腳呆站在那兒不知該如何是好，其他人此刻早已奔進冰冷的潮水裡，他們疑惑地看著我，不解何以我站在原地不動。我指了指沙灘與我的拐杖，但他們正忙著尋歡作樂，沒注意到我的肢體語言。我努力保持微笑，但發現自己愈來愈難以維持高昂的情緒。止痛藥藥效開始減退，我得坐下來才有辦法從包包裡拿出藥丸，但我準備的水卻裝在孩子們帶走的海灘包裡。

里歐一度注意到我為何倚著拐杖站在原地，他過來扶我走到海灘上的遮陽傘下。我扶著他的肩膀一跳一跳地前進。我帶著一隻膝蓋無法彎曲的腿坐在沙灘上，實在很不舒服。我看著他們濺起水花嬉戲；我躺在沙灘上，透過竹片織成的遮陽傘縫隙看著無雲的天空。雖是十二月但陽光依然強烈，只不過海風卻是刺骨。我讀了一會兒書。時候晚了，又濕又餓的孩子們瑟縮著回到岸上。里歐提議去海灘上找個賣魚的地方吃晚餐。

「但我沒辦法在沙灘上走路。」我說。

「我們會幫妳。」

「用跳的真得很難移動，而且很不舒服。我們可以開車去其他地方吃嗎？」

「妳可以的啦。」

「我真的沒辦法，我很痛。」

最後我們走回車上，在一間又一間餐廳之間繞了半個小時，因為沒一間里歐看得上眼。「我們去雅法舊城好了。」他如此提議。雅法舊城是徒步區，待車子停好後，我低頭垂肩坐在副駕駛座上，覺得疲累不堪。膝蓋附近傳來一陣令人心神不寧的刺痛。我雖強忍痛楚，但自認實在無法在堅硬石階上跳動。飢餓的基朗與瑪亞此刻又在後座開始爭吵。我哭了出來，不知道是因為無人理解我難以在一條腿受傷的狀況下參與這趟遠足而哭，還是因為我覺得里歐對我毫不體諒而哭。他向來不喜歡看見他人生病無力，還會避免探視生病的親戚。每當我暗示自己體力不堪負荷、虛弱，或是無力面對某些特定情況時，他總是不知該如何應對。我哭泣有一部分也是出於困窘與罪惡感，因為我的身體狀況掃了全家人的興致。但我真的無法下車，我告訴孩子們，會在車上等他們在舊城區用完晚餐。

里歐堅持要我下車，他說他會扶我走路。我明確告訴他我辦不到，我不可能走得到餐廳。他說我小題大作，說我至少該試試看再說。

此情此景令我想起過去身處絕境卻無人聽見自己呼救的種種經歷。

我們開始歇斯底里地爭吵。極度煩躁的里歐把車開離雅法，往路線沿著特拉維夫邊界延伸的二十號公路開去。「我很痛。」我淚眼婆娑地說道。

「也許妳該去看個醫生。」里歐緩下車速，把車停在特拉維夫南邊一處陰暗破爛的社區旁。街上滿是垃圾。「我要叫救護車。」他說。但我無法等他把話說完，密閉的車內空間令我喘不過氣，醜惡的爭執污染了我們之間的空氣。我打開副駕駛座車門踉蹌而出。「別出去。」里歐說，「妳身體不舒服。」

我靠著街燈站在街道上，我感覺附近亮著燈的破爛多層樓建築裡，有許多雙眼睛正盯著我看。瑪亞與基朗也下車陪我站在昏暗街燈下。幾分鐘後救護車抵達現場，醫生親切地詢問我的狀況，問我哪裡不舒服。最後他們評估我的狀況還不需要上醫院。

接著某件難以想像的事發生了。

一輛警車突然閃著藍燈出現。幾位本來在路邊住宅陽臺上看著這悲傷場景的好事衣索比亞女孩，看見警察出現便快速奔下樓。我不知道她們對警察說了什麼，但總之她們的證詞讓情勢惡化。我們被要求開車跟在警車後頭，前往附近的警察局。

如此古怪的情節轉折令我困惑不已。我向警察懇求，表示我們不希望在警局度過這個晚上，我們不過是吵了一架之後，情況有點失控罷了。但警察說他們得問里歐幾個問題，我被禁止與丈夫共同返家。

最後我在午夜時分帶著基朗與瑪亞離開特拉維夫，在警方要送我們離開警局回到車上之前，我本想與里歐說幾句話，但他看都不看我一眼。我的淚眼模糊了視線，幾乎無法開車。我們在車裡坐了幾分鐘等止痛藥藥效發作。我的心情無比沉重，自覺羞愧且毫無資格為人父母。

還好我們開的是輛自排車，我用健康的那條腿緩慢地把車開回耶路撒冷，到家時已是凌晨兩點，這才意識到我沒有家裡鑰匙。出門時我把我的鑰匙放在餐桌上，殿後的里歐負責鎖門。當時我心想既然會一起回家，便無須帶著鑰匙。我把熟睡的女兒放在花園桌上，要我昏昏欲睡的兒子暫時幫忙看顧，我則去打電話到阿默思家。謝天謝地，住在附近的他們剛好有一副備份鑰匙。

隔天里歐打電話來，要基朗去某個地方跟他會面。他指示我們的兒子用他的小行李箱裝上幾件衣服、牙刷與筆記型電腦帶去給他。他對基朗解釋他必須離家一段時間。他不願跟我說話，只跟兒子說會安排在週末與他及瑪亞見面。

當他回來收拾東西時，我心裡明白我們回不去了，他一定也心知肚明，因此才不願意面對我。

我們都越過了一道堅實難以穿越的藩籬，接下來這段時間——極有可能是很長的一段時間，我們只能繞著藩籬而行，直到我們的路線再度交會為止。

我重拾被遺忘的決心，這一回我緊緊握著並開始找起房子。我找到一間非常漂亮的房子，就位在西耶路撒冷綠線旁。當我走入房子所在的那條街的街尾，金黃色的圓頂清真寺便映入眼簾，讓我看得出神。當週我就搬家，帶著孩子們住進每一角都日照充足，並且有著十公尺挑高天花板的房子裡，在裡頭我得以自在呼吸。如今我站在更高的位置回首我們令人羞愧的瑣碎爭執與無足輕重的抱怨，領悟到人生應將眼光放寬。我終於解脫了，不再受困於永無止盡的爭吵與錯誤的期待之中，不用面對青春、希望與自尊緩慢地凋零。我內心沉著，知道我們終於打破了這段惡性循環。

如今每天傍晚我與瑪亞走在新家前的這條街上，好看一眼宏偉的圓頂清真寺。我的新家給了我亟需的思考空間，也讓我得以擺脫里歐盤旋的陰影，以及我對他那可悲、得不到回報，且令我羞愧的依賴。

PART THREE

16 穆斯惹拉的棕櫚樹

我們並非自另外一個國度來到這個國度
我們自石榴而來，自記憶之膠而出
憑著破碎的概念我們置身泡沫之中
莫問我們會在你們之間停留多久，莫問
關於這趟探訪的隻字片語

——摘自〈海上賓客〉（*Guests on the Sea*），馬哈茂德．達爾維什（Mahmoud Darwish）詩作

說也奇怪，我竟還想繼續住在耶路撒冷這座本該讓我們一家團圓的城市。我們來這裡的目的是為了團聚而非分離。但是在我跟里歐分道揚鑣、家庭破碎之後，這座城市產生了一些奇妙的作用，它莫名使我心頭放下對這個家庭各種未能實現的期待。在新家裡，我覺得自己像是刮去了一

身青苔，重新注入了新希望。我在身邊築起一道石牆，成功把通常會伴隨分手而來的負面能量、惡意與偏執阻絕於生活之外。躲在牆內令我倍感安全，我不會讓里歐或任何人入侵這個空間，在這裡我不再被過往傷痛所擾，開始記錄在耶路撒冷這段期間的經歷。

我不再為了滿足與里歐共組家庭的渴望而委屈自己，生活中再無絕望與悔恨的干擾。我關上過去那個充滿掙扎與期盼的世界，用尊嚴與創意打造了一個自給自足的平行世界。我的過去，我們共同的過去，其中充滿了各種荒謬的爭執與自我貶抑，現在看來宛如一場鬧劇。此刻的我就像新家院子裡那棵樹齡已久的高大棕櫚樹，自在而充滿智慧。

兩個月以來，里歐與我只會為了跟孩子們有關的事情而聯絡。

令人訝異的是他竟能夠固定每週五去接他們下課，然後共度週末，通常直到週日下午。我手上一下子多出許多自由時間，一開始我不知道該做些什麼才好。每週日晚餐時，我會聽孩子們說起他們做了哪些刺激的事，例如在阿喀茲夫國家公園（Achziv）的生態海灘過夜、在提比哩亞湖畔露營、在貝特謝梅什（Bet Shemesh）的森林漫步，然而最重要的是，里歐竟然為了孩子們下廚，他顯然是喚起了心中深藏的廚師魂。

「你們安息日晚餐吃了些什麼？」我會這樣問孩子們，他們在結束週末旅行後總顯得興奮而疲累。

「爸比煮了魚湯，裡面放了扁豆跟蕃茄。基朗跟爸比還做了一個蛋糕，一個巧克力蛋糕。」瑪亞得意地說道。

跟過去一樣，就在我搬進這間屋子不久之後，我聽見它在對我說話。也或許是我自己先把屋子擬人化了，在耶路撒冷生活已邁入第三年，這是頭一次我的房子成了我的避難所，成了我的朋友。它使我恢復活力，讓我覺得自己受到保護。這間房子也是一棟一九四八年後被棄置的巴勒斯坦房屋，這裡的鬼魂很友善，但或許友善只是暫時的，說不定是因為我再次搬到另一棟阿拉伯房屋，讓鬼魂決定放過我，因為他們開始對我感到好奇，想知道我何以堅持不懈要留在這裡。這一回我負責說，他們負責聽。我告訴他們，我寧願跟一九四八年前的鬼魂同居，也不想住在一九四八年後建造的那些缺乏神祕感且沒有靈魂的房子裡。這房子的牆壁足足有一公尺厚，牆內洋溢著一股友善的氛圍，使我得以擺脫過去纏繞在生活中的各種瑣碎控訴。

有一天我跟瑪亞在圓頂清真寺附近的大馬士革門散步，看著午後陽光照耀在宏偉的圓頂上，照耀了蘇萊曼一世（Sultan Suleiman）[1]打造的城牆與鄰近區域，彷彿也照亮了好幾千年的歷史。此情此景令我感到歷史之浩瀚，回到家中後，便開始數起院子裡那棵棕櫚樹上有幾道溝槽。

這棵棕櫚樹是這個名為穆斯惹拉（Musrara）社區的地標。「當你經過鄂圖曼式宅邸旁的高牆與行人徒步區之後，沿著通往那棵高大棕櫚樹的小徑一直走，直到抵達一道藍色大門前……」我都用這樣奇特的複合句指引他人來我家。

我聽說可以透過棕櫚樹幹上的溝槽來計算那棵樹的年紀，每道溝槽便代表一歲。

1 蘇萊曼一世為鄂圖曼帝國在位時間最長的蘇丹，大馬士革門即為其任內所建造。

那棵樹上共有一百二十一道。

房裡的天花板很高，我一直找不到夠高的梯子來換臥室裡的燈泡。那燈泡在前任房客承租時便壞了，那位房客叫做克里斯・麥克葛瑞爾（Chris McGreal），他是英國《衛報》（*The Guardian*）的特派員。

在克里斯之前的房客則叫做蘇珊・高登柏格（Suzanne Goldenberg），也任職於《衛報》。在她之前則是《洛杉磯時報》（*The Los Angeles Times*）的特派員芭芭拉・德米克（Barbara Demick），她是一位單親媽媽，她的孩子就在這棟房子裡出生。過去十五年來，報導以巴衝突的這些作者、孜孜不倦的記者、觀測員、記錄者，他們的精神令我深受啟發。每當我熬夜記錄我在這個中東衝突最烈地區的旅程經歷之際，就能輕易感覺到他們就在身邊陪伴著我。

在我搬到穆斯惹拉這棟房子不久之後，我的事業出現了有趣的轉折。我當時在替ＢＢＣ電臺第四頻道做一則圖文報導，主題是發生在以色列中部位在特拉維夫附近一座城市的名譽殺人（honor killing）[2]案件的受害者與倖存者。我認識了一位母親，不久前才在以色列法庭指證她其中一位兒子，以維護家族名譽為由殺死了她十八歲的女兒，而這位兇手只比受害人大兩歲。透過這位母親，我才得知在貝都因阿拉伯社區有這麼一段黑暗的歷史，那就是女孩與女人會被自己的兄弟與親戚謀殺。由於社區民眾害怕遭到兇手報復，所以此般罪行多年來始終被蓄意掩蓋，直到這位母親挺身而出，她公開的證詞掀起了一陣波瀾。在我眼裡這則故事不僅重要，更具有視覺震撼力。我覺得短短一則ＢＢＣ專題報導實在不夠，我想要拍一部紀錄長片。我非常篤定要執行這個計畫，幾個月之內便面試募集了我的團隊，成員包括一位住在舊城區維亞多勒羅沙街（Via Dolorosa）的巴勒斯坦攝影師，還有一位左翼以色列剪接師，她來自尚未各自獨立前的捷克斯洛伐克（Czechoslovakia），但如今已入籍以色列。她成長於天鵝絨革命（Velvet Revolution）[3]時期，但是革命運動未能阻止她祖國無可避免的分裂，因而她也對此運動的幻想宣告破滅。我募集了這兩位來自對立雙方的組員一起參與我的計畫，這也算是我的小小和平實驗。後來我的團隊擴編，又加入了一位巴勒斯坦基督徒翻譯、一位巴勒斯坦穆斯林旁白員，還有一位美國猶太音效剪輯師，大夥兒一同參與這部探討以色列都市化過後的貝都因社區中，所發生的名譽殺人案件的紀錄片。

我與里歐的關係同樣也發生有趣且出乎意料成熟的轉折。儘管在經歷了包括分手等種種遭遇之後，我當初想要深入中東生活的決心並未動搖，於是我盡可能地讓自己成為中東世界的一份子，不但遵照丈夫的期望，以猶太或半猶太的方式養育孩子，我自己也學習當地語言，並且鼓勵孩子們跟進。里歐與我雖已分居，但我對此事的立場並未改變。

在過了兩、三個月之後，我們終於可以像朋友一樣面對面而不會有算舊帳的衝動，於是我們同意一起進行安息日儀式，包括點蠟燭、讀禱文，並且一起在里歐位於馬哈耐・耶胡達市場附近的那赫羅（Nachlaot）社區的房子共進安息日晚餐。那赫羅正是里歐所謂政治正確的社區，因為

2 名譽殺人是指女性被家族男性成員以維護名聲為由殺害。

3 天鵝絨革命是指捷克斯洛伐克於一九八九年十一月發生的革命運動，訴求為反共產黨統治並要求民主化。該運動成功促進捷克斯洛伐克民主化，但民主化之後斯洛伐克獨立聲浪日漸高漲，最終於一九九三年宣布獨立，此聯邦宣告瓦解。

此區一直都是猶太人的地盤，據聞該地不曾屬於巴勒斯坦人（里歐說，這麼一來當地居民就無須承受許多持有「阿拉伯」房屋的猶太屋主曾經或理應心生的那股罪惡感）。自從里歐搬過去之後，有一段時間我都不再前往我深愛的馬哈耐．耶胡達市場。但那股因分離之痛所衍生的苦楚並未維持太久，我接受里歐的邀請，每個安息日都與他跟孩子們一起在他家共同度過。

話說回來，像這樣同時往來於兩方之間，還是會令人有些迷惘。我們有兩個家：一個是位在穆斯慈拉，鄰近舊城區大馬士革門的鄂圖曼式宅邸裡的一戶公寓；另外一個家則是位在猶太那赫羅社區，那裡是來自伊拉克、敘利亞、土耳其、庫德斯坦等中東地區的窮困猶太移民最早落腳處之一。如今當初這些移民的第三或第四代子孫住在髒亂、擁擠、天花板低矮，一戶戶有如牢房的公寓中，八個家庭擠在一棟簡樸的兩層樓建築裡是常有的事。那裡距離我的住處不過二十分鐘路程，但卻是另外一個世界。

身處耶路撒冷本就會令人對忠誠、愧疚、身分認同等議題陷入兩極思考，宛如精神分裂一般，如今在兩個家之間來回跑只會令病情加重。我不想讓我或孩子們活在這樣奇怪的環境之下。我逐漸意識到里歐、孩子們與我的關係就像耶路撒冷著名的石牆，在石塊縫隙之間藏了許多緊繃的張力。我切換於不同身分間，而孩子們只得努力適應這一切。

我覺得自己就像一團成分不明的物質，沒有自己的形狀，卻有任意塑形的彈性。於是平日我會從一位住在西耶路撒冷猶太社區的兩個半猶太孩子的母親，搖身一變成為一位憤怒的巴勒斯坦支持者，前往加薩邊界抗議以色列決議要切斷該區電力。以色列人的短視近利令我氣得七竅生煙，他們只為了逼出幾個發射卡桑火箭的伊斯蘭激進份子，就決定要連坐懲罰加薩走廊全體人口。不過回到耶路撒冷之後，我與孩子們會去雅可夫與米哈爾家參與漫長而複雜的安息日儀式，而他們家中牆上掛了一幅畫面裡沒有圓頂清真寺的聖殿山（Temple Mount）[4]畫作。

4 聖殿山為猶太教聖地。猶太人認為傳說中的耶路撒冷聖殿就建於毗連的圓頂清真寺和阿克薩清真寺現址，而第二聖殿遺跡哭牆亦位於聖殿山山腳西側。然而阿拉伯人認為此說法並無證據。由於雙方皆將此處視為聖地，故此處主權爭議也成為以巴衝突的一大因素。

17　耶路撒冷的移居者

「基朗為什麼要丟煙幕彈？」

「他只是鬧著玩。」

「他說他是對著移民扔。」

「他不該那樣做的。」

「什麼是移民？」

「就是那些搬來巴勒斯坦住的人。」

「妳是說那些拿走巴勒斯坦人房子的人嗎？就像我們這一間一樣。爸比說妳、我跟基朗都住在偷來的巴勒斯坦人房子。」

「他這樣說？」我對瑪亞說，但並不意外里歐會跟年僅五歲的女兒討論如此複雜的房地產議題。我們兩人都一樣，時常在兒女面前討論以巴衝突的政治觀點。孩子們在這裡都成長得太快了。

「妳可以說我們是移民，但我們的房子不是搶來的。我們房子所在地是合法的以色列領土。」

我對女兒說，腦海中一邊搜尋適當的字眼，想對她解釋我們住的地方並未跨過綠線，我們沒有違反法定的以巴邊界。但我該如何向一個五歲的女孩解釋這條沿著一號公路劃過、距離我們房子僅只一百公尺的綠線是什麼？我想針對此議題我已說得夠多了，況且光是「合法的以色列領土」這幾個字所傳達的概念，對瑪亞而言恐怕就已夠複雜了。

這段如謎語般的對話令我開始深思誰才是這片土地上「正當」的移民。我們的孩子，特別是瑪亞，仍持續對移民問題倍感關心，而從我與里歐近來的對話片段聽來，他也正忙著寫一份關於西岸地區猶太移民身分認同的報告。里歐認為若巴勒斯坦建國，應該讓西岸地區的猶太移民留在當地自行決定是否要成為巴勒斯坦公民，我認為此觀點非常有趣，讓我忍不住不斷思索。我滿腦子都在想著「合法」與「非法」移民之間微妙的界線。菲妲認為所有帶著猶太復國美夢而來的猶太人都算移民。而塔瑪甚至說所有歐洲猶太人不分左、右翼全是移民，她改編了美國總統林肯著名的《蓋茲堡演說》（Gettysburg Address）中提出的民有、民治、民享，她說以色列是「移民有、移民治、移民享」。但我聽過比塔瑪這番說法更為激進的觀點，一位有著猶太血統的左翼匈牙利友人曾對我說，這國家所有歐洲猶太人都是非法入侵，以色列是二十世紀最成功的殖民事業。相比之下，像我這樣非自願移民的特殊身分似乎也就顯得無足輕重。

「重點在於這個人是如何決定要定居於此。」某天我與我的攝影師哈穆迪徒步走過舊城區時，他如此對我說。

「什麼意思？」我問他。

「妳知道，耶路撒冷向來很歡迎遊客。定居在這裡沒什麼問題，重要的是過程與方式。說到底，每個人都是從外地移居而來的啊。」

哈穆迪跟他十個手足出生成長於維亞多勒羅沙街上一戶兩房的屋子。他熟悉街上每一條巷弄跟死巷，他知道哪條巷子可以通往阿克薩清真寺（Al-Aqsa Mosque），也知道哪個屋頂最適合觀賞圓頂清真寺。他想帶我去看通往阿克薩清真寺與圓頂清真寺的莫哈拉比亞門（Mughrabi Gate）。莫哈拉比亞區，也被稱為北非區，在一九六七年之前本緊挨著哭牆，一九六七年之後整個舊城區連同東耶路撒冷都落入以色列控制，以色列為了拓寬哭牆前的廣場便將莫哈拉比亞區大部分予以拆除。哈穆迪想帶我去看看他祖父二十世紀初從突尼西亞遷來耶路撒冷時最早的落腳處。

「所以我不該對自己住在這裡心懷愧疚囉？」我問哈穆迪。自從得知他的家族起源之後，我從他狹長黝黑的臉上也看出了一絲北非人的特徵，畢竟我九年前也曾在北非待過一年。

「妳當然不用愧疚，妳跟我一樣有權住在這裡。雖然我不過是從我父親那方傳下來的第三代巴勒斯坦人，但我覺得自己已經是這裡的一份子。我是住在這裡，不是占領這裡。」

「但我可能是占領者！」我對哈穆迪說。「我住在一間房東是猶太人的阿拉伯房子，原來的巴勒斯坦屋主可能在某個難民營裡老死或是被強制放逐出境。我問過房東，他說他不知道一九四八年前的屋主是誰。」

「嗯，難道我祖父有賠償我們維亞多勒羅沙街上，那戶房子的巴勒斯坦『原』屋主嗎？」哈穆迪的回覆讓我不禁笑了出來。

維亞多勒羅沙街上一戶典型民宅的入口。

「拜託，你明明知道我在說什麼。我想你們家的原屋主可不是在武力逼迫或遭受恐嚇的情況下撤出吧？所以你們家當然不用賠償。」

「但我還是覺得人們有權住在自己想住的地方。」

「那你們家當初怎麼過來的？」

「就跟幾世紀以來的旅人一樣，我的突尼西亞祖父有一天突然有個想法，覺得自己應該去Al-Quds——那是耶路撒冷的阿拉伯文名字。所以他就來了，然後他在阿克薩清真寺建築群裡某棵橄欖樹底下攤開他的禮拜毯，然後就坐在那裡。我等一下帶你去看那地方，他生前每天都會去坐在那裡。後來他落腳在清真寺旁的莫哈拉比亞區，就在哭牆附近。一九六七年以色列占領東耶路撒冷跟舊城區之後，他們的房子就被拆毀了。」

我們從大馬士革門下了樓梯之後，往左邊岔路走去。走了幾百公尺後又碰上一個路口，再度往左便會進入位於穆斯林區的維亞多勒羅沙街。當時是週五正午，我右手邊鬧哄哄的。這條街是穆斯林們前往阿克薩清真寺的主要道路，同時也是通往哭牆最快的路線。在許多匆忙趕赴週五禮拜的穆斯林教徒之中夾雜了一些猶太移民，他們身旁有重裝戒備的以色列士兵守衛著。這些猶太人之中不乏孩童：兩鬢留著鬈曲髮束的男孩與穿著黑裙、黑絲襪的女孩。我試著與他們眼神交流，但是他們目光全都直視前頭下方，盯著負責保護他們的士兵身上的步槍槍托看。就連孩子們也不會被路邊成排的玩具店與店頭一堆堆色彩鮮豔的甜食吸引。這些孩子們到底是被灌輸了什麼樣的教養，才能有如此強的自制力？是什麼樣狂熱的信仰才能把這些男孩女孩的心智打造得如此偽善?他們認為自己不該盯著巴勒斯坦玩具看，不該看著這市場裡任何一抹巴勒斯坦色彩，從蔬菜小販、小首飾，一直到前往哭牆途中路過的彩虹般的各式甜食。

當我從販賣切・格瓦拉（Che Guevara）T恤、聖母木雕、充氣蜘蛛人的攤位穿越人群而出時，忍不住想著這些男孩女孩有多麼不幸。這些可憐的孩子穿著全黑的十九世紀波蘭服裝，他們以最快的速度在士兵護送下匆匆穿過喧鬧的舊城區，彷彿來自另外一個時空。他們活在過去以取悅父母，封閉的猶太神學院將虔誠的猶太復國教育與猶太復國美夢強加在他們身上（我從沒想過猶太教與伊斯蘭教的神學院在灌輸下一代偏激思想這方面倒是有志一同），他們最精華的青春時光全都在神學院裡度過。

哈穆迪與我在莫哈拉比亞門附近逗留了一會兒。此刻想進入清真寺區是不可能的，因為今天是週五，是穆斯林集體禮拜的日子，這一天只有穆斯林才有權進入清真寺。我感受到身旁人群的忙亂，他們全是極度虔誠的教徒，男士們大多穿著輕鬆，女士們則穿著包裹住全身的袍子、配上頭巾，進入清真寺時會有以色列士兵檢查他們的包包。

「我們從來沒有要求猶太人**不要**來巴勒斯坦。我們只是不希望他們把巴勒斯坦從我們手中奪走。雖然他們覺得這裡是他們的，但我們也認為這裡是我們的國家。」哈穆迪若有所思地說道。

我依稀記得跟菲妲聊過同樣的話題，她說她永遠不會接受猶太人提出的兩國方案。「他們憑什麼分割我的國家?歷史上向來只有一個巴勒斯坦，未來也不會改變。妳一定是在說笑。」菲妲向我強調。「妳當真覺得有巴勒斯坦人會想看見自己的國家被一分為二，而且猶太人還分走比較

漫步於穆斯林區的極端正統猶太教徒。

好的那一半嗎？只要我們一接受兩國方案，我們就永遠失去巴勒斯坦了。」

「如果每個巴勒斯坦人都是那樣想，那你們領導人為何還要去坐在談判桌前？那不是在浪費時間嗎？」

「他們是在爭取時間。這個西方世界提出的，要在巴勒斯坦上創造兩個國家的方案，我們花愈長時間考慮，這方案就會顯得愈難以理解，最後這個兩國理論會失去熱度。」

「親愛的菲妲，妳說的都很有道理。」我回覆道。「但妳有沒有想過以色列領導人也是採取相同策略？關於領土他們也是分毫不讓，以免你們得寸進尺！」

「或許吧，但時間是站在我們這邊的。他們的主張是根據宗教典籍，我們的可是根據近代歷史而來。近代史上這片土地一直都是屬於我們的，總有一天全世界都會認清現在這樣的以色列是不可行的。以色列唯有成為一個謙虛的**非**猶太、非宗教民主政體才有可能長久。」

「妳怎麼有辦法帶著這麼多恨意生活？」

「我只能說仇恨會餵養出更多仇恨。」菲妲如此回覆我。

「聖人都去哪兒了？這片土地曾經出過這麼多聖人，還有許多無私且富有同情心的先知啊。」我對著自己嘀咕說道。

哈穆迪的立場同樣是不肯對猶太人退讓半分。

菲妲不想住在猶太國裡。

塔瑪則是不願與哈馬斯領導的巴勒斯坦和平共存，就算是對方舉行民主選舉也一樣。

以上這些還只是以巴雙方溫和派代表的想法。雙邊的極端份子又會持什麼樣的觀點呢？我覺得疲累而迷惑，不知道雙邊究竟該如何才能相互讓步達成妥協。

我背靠著莫哈拉比亞門站立，看見幾個街區之外有棟碉堡般的住宅，屋頂上有武裝士兵來回走動。我看見屋頂上架起一盞巨大的光明節燈臺（menorah）[5]，旗桿上的以色列國旗在空中飄揚。我看見留著長長鬢角的以色列孩童在附近的屋頂玩耍，而武裝警衛站在一旁戒備。這架巨大的光明節燈臺不顧他人感受地矗立在屋頂上，無論從哪個角度望去都清晰可見。我好奇那些在阿克薩清真寺與圓頂清真寺裡頭一天五次跪地禮拜的穆斯林們是否也能看見。

「那一間立著猶太燭臺的房子，妳知道屋主是誰嗎？」哈穆迪問道。

「不知道。」我說。

「那是夏隆的房子。」

「你是說艾里爾·夏隆（Ariel Sharon）[6]？」

「只有一個夏隆，那個貝魯特難民營大屠殺（Sabra and Shatila massacre）[7]的幕後首腦。他現

5 光明節燈臺上必須有九盞燈火，傳統造型為燈臺上對稱立著九根分支以點蠟燭或油燈。光明節為猶太教節日，根據習俗必須將光明節燈臺置於窗臺，使他人看見火光以散布神蹟。

6 艾里爾·夏隆曾為戰功顯赫的以色列將領，自二〇〇一年起擔任以色列總理，二〇〇五年末因中風入院，二〇〇六年四月因昏迷不醒正式喪失總理職位。

7 貝魯特難民營大屠殺發生於一九八二年九月十六日至十八日間，罹難人數約為八百至三千五百人之間，其中多數為巴勒斯坦人。行兇者雖為黎巴嫩長槍黨與基督教民兵，但以色列軍方知情且給予協助，故以色列對此事負有直接責任，時任以色列國防部長的艾里爾·夏隆引咎辭職。

在躺在醫院昏迷不醒，但在這舊城區的穆斯林區內，勢力依然不減。」哈穆迪說。我們注意到人群稍稍疏散了一些，因為多數虔誠教徒已前去進行禮拜。我可以透過清真寺的擴音器聽見眾人齊聲念著禱詞：*Allahu Akbar*（崇高的真神）。

我想像著那些信徒跪倒在地的模樣，每當他們整齊劃一地抬起身子，那座光明節燈臺就會映入眼簾。我想起上千名朝著圓頂清真寺祈禱的人們，穆斯林祈禱時有一個動作是要信徒先後轉頭看向左肩與右肩，向隱形的天使致意。如果他們轉向右肩時，我想某些人的眼睛，特別是那些在兩座清真寺之間寬闊庭院裡祈禱的信徒們，他們會看見夏隆的光明節燈臺，他們會看見這位前總理私人堡壘的城牆。這會在他們心中掀起什麼樣的情緒？他們在心中會如何抱怨這不受歡迎的光明節燈臺街景，又會對逕自改變舊城區天際線景觀與城市能量的猶太移民興起何種報復的念頭？諷刺的是，根據耶路撒冷市政規定，無人可以私自在市內大動土木，特別是舊城區內更是嚴格禁止興建任何破壞古蹟整體景觀的建物。當然，倘若屋主恰巧是此刻陷入昏迷的以色列前任領導人艾里爾・夏隆，自然又是另當別論。

穆斯林區內夏隆住宅屋頂的光明節燈臺。

18 拍攝紀錄片

我與里歐的關係緊繃了好一陣子仍難以挽回後，我們決定各自搬到新居，此後沒多久我便開始製作以名譽殺人為主題的第一部紀錄片。即使我們都清楚這場分離是段觀察期，我們不該談論此事，也不該繼續見面或是一起參加孩子們學校的會議等等，但在分居初期真要做到實在不容易。對我來說尤其痛苦，雖然週末孩子們不在身邊時我都忙著編寫紀錄片腳本，或是規劃我的BBC專題報導，但當我獨坐在陽臺望著漆黑花園與那顆孤單的棕櫚樹時，不免還是感到一陣空虛。

當時的我整個人變得神經兮兮，所有心思都離不開我悲慘的私人生活，約莫就在此時，哈穆迪與我開始共事。我們一起去以色列中部的拉姆拉（Ramla）出差，七年來那裡有九位女性被她們的兄長與親戚殺害。哈穆迪一開始不願參與任何以負面觀點描繪貝都因穆斯林社會的計畫，但我要他先來試著拍拍看再決定是否願意繼續。

當天早上八點半，我先去東耶路撒冷接他，我們開車經過所謂的種族歧視紅綠燈，會這麼說是因為自巴勒斯坦城市方向而來的車輛，據說會比從西耶路撒冷前往西岸地區最大猶太殖民區馬阿勒阿杜明（Ma'ale Adumim）的車輛，在紅燈前多等上三倍長的時間。

我們花了二十幾分鐘才通過那些紅綠燈，我一度開始相信種族歧視紅綠燈這個說法或許有幾分可信。我對著這些燈號不停咒罵，直到終於右轉開入通往特拉維夫的一號公路為止。這些駭人聽聞慘案的事發地——拉姆拉，距離特拉維夫這個擁有摩天大樓與擁擠海灘的現代化以色列地中海城市並不遠，特拉維夫替厭倦衝突的自由派年輕人與許多不信教的學者、分析師、社運人士提供了一個得以喘息之處。從特拉維夫開車只需十五分鐘即可抵達拉姆拉，那裡顯然是歷史最悠久的阿拉伯區，第八世紀初時該地是阿拉伯帝國巴勒斯坦省的首府。一九四八年以色列建國後，原來的巴勒斯坦居民逃離該城，原本居住在沙漠的民族或是來自南方沙漠的貝都因族遷入該地。由於內蓋夫（Negev）沙漠被各種以色列研究機構，比如說太陽能研究等單位接管，因此原本在該沙漠游牧的貝都因人被往北驅散，一路遷徙，最終定居在各個市鎮中心。許多貝都因人起先都曾遷入特拉維夫的沙丘區，而拉姆拉是距離沙丘區較近的幾個規模較大的城市之一。

從公民權與效忠部落這兩個觀點來看，住在以色列占領區的貝都因人頗為有趣。他們一方面是以色列公民，必須於以色列軍隊服役；但他們同時也是穆斯林，因此當他們派駐以色列檢查哨時會覺得身分格外尷尬，在那裡他們的穆斯林同胞會把他們視為通敵者。再者，巴勒斯坦人對貝都因人也有很深的偏見，貝都因人總被認為無知（猶甸沙漠某個貝都因部落的名字就叫做「*jabalin*」，字面上的意思就是「無知」），並且保留了許多早在伊斯蘭教創立前就已流傳的陰暗習俗。當我與我的巴勒斯坦友人們討論發生在貝都因部落間的名譽殺人案件，他們幾乎異口同聲地表示「那些人」仍活在 *Ayame Jabalia*——意思是伊斯蘭教創立前的黑暗時代。

這回我採訪的家庭本是來自內蓋夫沙漠旁最大的城市——貝爾謝巴（Be’er Sheva）。如今他們住在拉姆拉一處名為加利許（Juarish）的貧民區，那裡是一片猶如法外之境的荒漠，但當地居民卻很自滿。漫天飛舞的垃圾與露天流淌的污水，是此區令低調訪客驚恐不安的諸多第一印象之一。區內有幾戶裝潢豪奢的屋子，人人都知道那是用販毒所得蓋成的。加利許的貝都因年輕人不再去沙漠放牧山羊後改遁入地下世界，據說他們掌控了以色列中部一帶的販毒圈。此外，他們也重拾殺害有損家族「名譽」的女性之習俗。他們就在以色列警方眼皮子底下，從事販毒與殺人的勾當。有關當局告訴我，就算是救護車有時也不太敢開進加利許區，聽見警方如此自承敗於拉姆拉毒梟手下挺令人意外。在加利許區甚至連計程車都叫不到，此區街道顯得荒涼而詭譎。

加利許區平均每年發生三起以維護家族名譽為由的女性謀殺案，在最近一位受害人的母親出面指證後，此區變得惡名昭彰。這位受害人名為哈姆達，年僅十七歲（她滿是彈孔的屍體倒在床上被人發現，而她哥哥被人目擊在事發幾分鐘後離開現場），她的母親向警方與媒體指控她的家人，表示過去七年來，他們已殺害了九名女性。在她出面指證之後，許多過往案件也浮出水面，強烈衝擊以色列社會。

當哈穆迪與我抵達當地準備展開第一天拍攝時，當地街道一如往常荒涼。我們選擇把車停在一間清真寺外頭，因為哈穆迪認為若被當地男性發現我們來採訪當地女子而惹出什麼麻煩的話，停在那邊是最安全的選擇。

抵達加利許區之後，本來因為抽了大麻而顯得放鬆的哈穆迪，神情變得嚴肅且警戒。他走入清真寺內，我們排定要在寺內與部落長老會面，他同意接受訪問談論這些謀殺案，並藉此澄清這些習俗早已廢棄，此區所發生的慘案與伊斯蘭教並無關聯。但當我隨著哈穆迪進入清真寺時，裡頭不見長老身影，也不見任何信徒。此時民眾開始聚集在我們停車處，我趕忙回到車上，緊張地坐在車內等待。幾分鐘後哈穆迪回來了，他建議我們先去拜訪哈姆達的母親，因為那位譴責謀殺案的貝都因長老尚未抵達。

我們把車留在清真寺外頭。他帶了他的攝影包，但我們認為帶著腳架走動恐怕不是個好主意，所以便將其放在車上。通往哈姆達家的路上，栽種了成排鳳凰木老樹，盛開的鳳凰花令天空看似灑上鮮紅顏料。這畫面讓我想起哈姆達浸在血泊中的屍體，彷彿她死後靈魂便附身在這些深紅的花朵上。

稍後，哈姆達悲痛欲絕的母親雅瑪瑪，帶我們去看哈姆達床邊的那道牆，她說當時牆上濺滿了她女兒的鮮血。哈姆達一共被開了九槍。

「是我兒子幹的。對我來說，從我兒子射殺他妹妹那天開始，他就死了。他是我的兒子，我親自生下他，還餵了三年母奶，他怎麼會幹下這麼可恥的勾當，只因為他妹妹跟一個男人講電話就殺了她？」

「她是跟誰講電話？」哈穆迪問道。

雅瑪瑪在這位慘遭謀殺的拉姆拉女孩墓前禱告。

「她根本沒跟任何人通話。」雅瑪瑪駁斥剛才自己的說詞。「那全是她哥哥捏造的謊言，她哥哥殺她是因為她拒絕嫁給一名想娶她的親戚。她還沒到結婚的年紀。我美麗的女兒，我最小的孩子，他們就這樣奪走她的生命。」

哈姆達生前最後一晚的睡床旁的那道牆上彈痕累累，雅瑪瑪拒絕讓人補平牆面。那起慘案距今已有一年，但她仍未能走出傷痛。她白天多數時候都待在哈姆達的墳墓旁。

「這裡是哈姆達長眠之地，也是我的新地址。」她女兒的墓地位於拉姆拉穆斯林墓園，她坐在墓碑旁對著鏡頭如此說道。此情此景令哈穆迪情緒翻騰。

我深陷於此故事之中，而整個社區與以色列警方對一連串年輕女性慘遭家族近親殺害的駭人懸案，擺出一副漠不關心的態度令我作噁。拉姆拉的警長對我說，根據記載，「這種事對阿拉伯人來說稀鬆平常，這是他們的習俗！我們無能為力，我們無法改變他們！每當我們抵達兇案現場時，每個人總是保持沉默，甚至連受害者的母親也是，而且所有呈堂證物——好比說血跡之類的——全被清得一乾二淨。」以色列中部有其他幾位警察，也是以此說法替自己辯護為何未能將「名譽殺手」繩之以法。然而口出此言的同一批警力，卻有能力攔截以色列國內最精密的犯罪計畫。

有時候為了緩解一整天令人不安的拍攝工作，我會放縱自己採用哈穆迪的特殊療法。為了舒緩緊繃的神經，我會在開車回耶路撒冷途中與他一起抽大麻。我邊開車他會邊把菸捲得相當完美，當我緩下車速準備通過途經西岸地區往來於特拉維夫與耶路撒冷間的四百四十三號「殖民公路」檢查哨時，他會把捲好的菸緊握在掌中。士兵們察覺不到異狀便不會攔下我們，會揮手示意我們直接通過。每回經過重重武裝的以色列士兵所守衛的路障時，只要哈穆迪掌中藏有大麻，我便會忍不住感到緊張。但他總會以手肘輕推我，要我記得保持通過檢查哨時的標準微笑。

「你幹嘛每次都要冒這種不必要的風險？」

「什麼風險？」

「萬一他們聞到怎麼辦？」

「那我會邀他們一起抽！這種事我碰過一、兩次。不過問題不在大麻，他們面不改色就接過去抽了，只是當他們發現我是巴勒斯坦人的時候會變得非常不安。他們認為我是想趁他們藥效發作之際，偷偷把卡桑火箭運進去！所以他們打開後車廂檢查，結果卻發現我的攝影機，因此又以為我是前來調查的記者，想偷拍士兵們吸食大麻的畫面。他們偏執到把整捲帶子從攝影機抽出，然後當場摧毀。那群混蛋！」

「我絕對不會冒險去問檢查哨的士兵要不要抽大麻。」

「身為巴勒斯坦人，我的自由永遠都有風險，我一舉一動都被以色列政府監控。某方面來說，在通過檢查哨時抽大麻，我是想藉著這種傻氣的反抗來說一聲，『**去你媽的以色列**』。」

因此哈穆迪繼續在即將抵達或甚至正通過檢查哨之際悠哉地捲著大麻菸，而我則全程徒勞地擔心著我們會被逮個正著。但說來慚愧，我心裡悄悄想著倘若當真被抓，我可以動用我與猶太人的「關係」脫身。我在心中默念早已排練多次的臺詞，「我丈夫的表姐住在耶路撒冷的卡塔蒙區

（Katamon）。她叫做米哈爾，她先生叫雅可夫。」他們就是阿默思的父母，我跟里歐常使用這兩個名字，因為只要一說出這兩個名字便如有神助，能讓我們在檢查哨、機場、艾倫比橋順利通關。過去兩年半我在以色列期間進出過無數次本—古里安國際機場與其他國界邊關。每當訊問者態度過於強硬時，我只要搬出這兩個名字，便會立刻在護照與行李上獲貼一枚顏色正確的貼紙。有時候我會偷偷望向他們審問「恐怖份子」嫌疑犯的隔間，諸如留著長鬚、穿著阿拉伯長袍或是頭戴阿拉伯頭巾的男子，還有頭戴面紗的女人、名為拉斐克或阿哈麥德的外國人，或是像哈穆迪身上的長髮、大麻味、護照上姓名為莫罕默德，以上這些全都是可疑的特徵；這些疑犯會被審訊好幾個小時。因此符合上述條件的出境旅客得要提前好幾個小時抵達機場以便通過安檢。哈穆迪說他必須在班機起飛前四至五小時就到機場，這樣在經過脫衣搜身與審問後，他才不至錯過班機。在以色列安檢人員眼裡，他是個麻煩份子。他把長髮紮成一束馬尾；他身上確實有大麻味（但還好在機場安檢時，他沒冒險帶在身上）；他住在耶路撒冷舊城區；他語氣溫和，而且會主動脫光身上衣物，僅著內褲順從地在隔間等候訊問官前來審問。有一回一位女性海關官員看到這位長髮半裸的「阿拉伯恐怖份子」感到相當不悅，於是便啟動了機場警報系統。當他被問到為何穿著內褲坐在裡頭，他說過去十年來他每年至少進出這個機場三次以上（因為他要去德國協助兄弟處理生意），他記不起有那一趟旅程他可以不用脫衣搜身就通過安檢。他對安檢人員說，「既然你們勢必會要求我脫衣，那我乾脆就主動先脫了，這樣我們彼此的日子都會輕鬆一些。」

這趟前往拉姆拉搜尋名譽殺手的探險，我還看見哈穆迪以行為向以色列當局進行無言抗議，再加上他與我分享了來自黎巴嫩的大麻，以上種種創造出一片暫時的薄霧，令我在最需要的時候得以隱身其中，躲避近來生活中的劇變。當然薄霧常有散開之時，我的生活會赤裸裸地展示在我面前，我得同時應付兩個南轅北轍的孩子，他們的需求、語言、政治意識全都不同，這一切令我感到無助。但是看見他們帶著充沛活力以美好的步調快速成長，使我能在這個中東最教人迷惘的城市中調整好生活的腳步。

儘管哈穆迪已是我極為親近的好友與同事，但他從不過問我的私事。在當時，分離的痛楚全寫在我臉上，而我三不五時會中途插入意見，一方面是在宣洩壓力，一方面也是想讓他理解我緊繃而焦慮的行為。有一、兩回我跟他約了八點半碰面，結果我在他家外頭坐在車內苦等他，灼熱的陽光照在我臉上，我氣得對他大吼。他非常善於處理這樣的情況，那趟旅程他不發一語，只是抽著菸，看著一道道影子劃過擋風玻璃。為了打破僵局，我在以色列中部的貝特謝梅什路邊一處加油站停下來，買了兩杯雙倍濃縮咖啡跟甜乳酪捲餅在路上吃。他會說聲謝謝，但依然不會與我口頭對質，說我不該對他生氣。他也不會告訴我，他是因為熬夜所以才稍微睡過頭。我們整趟路上都沒有交談。他身為巴勒斯坦人卻採取這樣甘地式的和平反抗，令我對他心生敬佩，因為他超越了像是自殺炸彈客或是投擲卡桑火箭那種巴勒斯坦式反抗的刻板印象。

哈穆迪從未過問我的家庭狀況。他見過我兩個孩子，瑪亞特別喜歡他，還跟他一起練習阿拉伯文，喊他作*hamar*（驢子），還有*batikh*（西瓜）。他甚至在東耶路撒冷一間他常去、名為阿斯卡迪尼雅（Askadinya）的熱門餐廳見過里歐幾次。但是他從沒在我家見過里歐，也從未問我他人在何處。我很好奇他為何對我的私生活毫不感興趣，某天從拉姆拉開車回來的路上，我告訴哈穆迪我跟我先生分居了。他既沒有抬頭，也沒什麼激烈的反應。他沉默了許久，久到足以令我喪氣之後，才開口說道，「我知道有什麼不對勁。妳看起來老是一臉悲傷，而且妳為了要努力隱藏情緒，老是對一些平淡無奇的東西表現得過度興奮。就像有一次我們停在四百四十三號公路旁一處老舊水泉要把水壺裝滿，順便買點新鮮的無花果，結果妳馬上開始興奮地尖叫。我那時嚇了一跳，因為那些無花果根本都還沒成熟！」

就這樣，哈穆迪再也沒追問我更多問題。

19 瑪亞上學去

二〇〇八年九月，瑪亞開始上學了。某個週一早晨，我跟里歐一大早就分別從各自住處趕往耶路撒冷法國學校（Lycée Français de Jérusalem）替我們的小女兒登記就讀一年級。我們猶豫了好長一段時間，拿不定主義該讓她繼續順著以色列教育系統讀以色列小學，還是該尋找其他替代方案。一開始我們慎重考慮讓她就讀以色列學校，因為光是在家庭分裂的情況下搬家就已帶給她夠多創傷了，我們不想再讓她經歷太大變動。她應該跟她在幼稚園結識的朋友一起上同一間小學才對。然而我們又考慮到她的將來，如果我們回到倫敦、回到歐洲，甚至回到印度，那她的希伯來文或是阿拉伯文教育便派不上用場。

儘管我與里歐對養育孩子常會意見相左，但這一回我們都同意把瑪亞送去法國學校。聖公會學校向來以其歡樂激昂的傳教風格聞名，這所學校有系統地把這套模式灌輸給小學部的孩童，幾乎每個人臉上隨時都掛著一副得意洋洋的表情，活像一個個小耶穌。還好基朗讀的是中學部，學校當局較不會如此積極對年紀較長、較多疑的學童洗腦。再者，該校中學部多數教師是已歸化為以色列公民的美籍或英籍猶太人，他們拿的全是當地人的薪資，因為學校負擔不起從英國或美國聘請「基督徒」教師的費用，要勸說這些猶太教師對學生傳福音也並非那麼容易。

這間法國學校是一所學風嚴謹、聲譽卓著的辦學機構。該校收費比照當地以色列學校，不像聖公會學校收的是私校費用。

但最重要的是，法國學校採用的是跟法國以及世界上其他法語區一樣的非宗教教學系統。在這片宗教狂熱的土地上，萬事皆由原始教義決定，這裡的人們如儀式般虔誠奉行這些充滿意識形態、泛政治化的教義。我們希望孩子們至少在校時能遠離宗教的影響，而法國學校便提供了這樣一處庇護所。這裡的學生不用像聖公會學校那樣在集會時齊唱聖歌。基朗的巴勒斯坦朋友耶申跟我說，對他與他的巴勒斯坦穆斯林同學而言，那半小時的集會是小學時期最不舒服的半小時。他們只能安靜呆站在那兒，因為該校並未提供非基督徒學童其他宗教禮拜的選擇。

另外一個促使我們替小女兒選擇這間學校的原因是，這所法國學校有百分之七十的學生是巴勒斯坦人。這所學校鄰近阿拉伯人聚集的東耶路撒冷，且學費負擔不高，許多巴勒斯坦父母為了給孩子更好的教育與更有指望的未來，而把孩子送來這間學校；他們期待有一天孩子們能有機會去巴黎留學，把那腐爛的衝突拋在腦後。

儘管法國學校是一間國際學校，但實際上它的功能更像是一間「本地、公立」學校。半數以上的學生都來自東耶路撒冷、拉姆安拉以及伯利恆。他們是巴勒斯坦平民的子女，不像聖公會學校的學生父母多是外交官、巴勒斯坦富豪或是政治人物（巴勒斯坦前總理薩拉姆・法耶茲（Salam

Fayyad）的孩子們就是該校的明星學生之一）。

但如今不斷困擾我的小問題在於，我為何會以此角度審視學校？為什麼當我觀察這幾所學校時，我會注意有多少孩子是巴勒斯坦人，有多少是「國際學生」，又有多少是猶太人（猶太人不多就是了，因為以色列政府不鼓勵以色列人把孩子送到不教授基本猶太教義的非猶太或是非宗教學校）。當我在倫敦時，我不會走進一間學校數著有多少學童是黑人，有多少白人，有多少穆斯林、基督徒、錫克教徒（Sikh）或是印度教徒。如果去孟加拉國參訪一間學校，我也不會估算有多少學童是穆斯林，又有多少是印度教徒或佛教徒。無論去到世界任何一個角落，我都不會這麼做。但在這片互相爭論誰信仰的真神比較偉大的土地之上，一切都不同了。伊斯蘭教的真神很偉大，*Allahu Akbar*；但猶太教的上帝更勝一籌，因為**上帝將這片土地許給猶太人，猶太人是上帝選民**；即使偉大的上帝**祂將自己的兒子耶穌基督賜予人類**，以代表世上基督徒尋求寬恕，此舉亦不減損其在猶太人心中的地位。

我們所信仰的開放價值在這片對宗教極度虔誠的土地之上，全都瓦解成徒勞之舉。在這裡，舉凡每件事、每個舉動，人們都會根據自己私人或政治上的宗教立場來衡量評斷。無論走到何處，當你看著一張臉，你會在心底揣想對方是基督徒、穆斯林、猶太人、亞美尼亞人、希臘正教徒、天主教徒、阿什肯納茲猶太人、塞法迪猶太人、什葉派穆斯林（Shia）或是遜尼派穆斯林（Sunni）。

就連在法國學校這樣一個與宗教無關的場所，我還是會擔心該在女兒的午餐盒中裝些什麼。如果我在她的三明治夾入德國莎樂美腸（這可能會冒犯她的穆斯林與猶太朋友），或是在她的義大利麵拌入幾隻蝦子（這讓她恪守猶太飲食規範的猶太老師看見了恐怕會不悅），這樣的舉動是否在政治與宗教層面上都考量得不夠周詳？在這片土地上，一個人若無目視可辨的宗教信仰或習俗就會活得格外辛苦。

當我們參訪法國學校時，看見巴勒斯坦的孩子們以完美的腔調唱著法國國歌〈馬賽進行曲〉（*La Marseillaise*）令我們深受感動。在教室時他們不准使用母語，但在遊樂場上他們說的是標準的巴勒斯坦阿拉伯語，這讓里歐欣喜若狂。她的女兒未來將能說四種流利的語言，當中包括希伯來文與阿拉伯語，這兩種語言正是里歐進入職場後學習並應用的語言。光憑這一點就讓里歐下定決心，而我也早已拿定主意：我不想讓我的女兒繼續就讀以色列學校，因為他們會告訴她，這個國家只屬於猶太人。我們的女兒將不會學到關於這片土地上半數人口的任何資訊，更別說學習他們的語言與文化。耶路撒冷的法國學校可能是我們女兒的唯一選擇，因此里歐與我便暫時開心地定下此事。

瑪亞去新學校讀了幾週後，她學會用完美的巴勒斯坦腔說阿拉伯髒話，例如 *tahaltizi* 意思是舔我屁股，*kusummek* 意思是你媽的陰道，但還好她不懂這些話是什麼意思。在她放學後與我共處的時光之中，這些她從遊樂場上學來的阿拉伯語多數都令我莞爾。我偶爾會自問：那我從小開始說的孟加拉語呢？該讓瑪亞學習那個全球超過兩億人口使用的語言嗎？我很早就不對瑪亞說孟加拉語了，因為我不想讓她混淆。她已經得同時應付兩種中東語言，如今又再加上法語；雖然孟加拉語對我來說格外貼心，但我不想增加她的負擔。因此我只有在睡前才會用孟加拉語唱一些詩歌給她聽，不然就是我生氣時才會用一些「惡毒」的孟加拉字眼（好比說 *shaitaner bachha*，意思是惡魔之子）對著她跟她哥哥（還有她爸，當我們還住在一起的時候）怒吼，除此之外她幾乎沒什麼機會接觸孟加拉語。雖然她幾乎天天都纏著我要我跟她說孟加拉語跟印地語，因為她想知道泰戈爾（Tagore）的歌曲跟寶萊塢（Bollywood）的電影都在說些什麼，不過我沒什麼耐心。如今我們沉浸在其他語言之中，孟加拉語在我們耳裡聽來很快就會變成熟悉卻遙遠的音律。她的法文作業愈來愈繁重，她需要我的幫忙，而這占據了我們本來預留用來學習孟加拉語的時間。

有天我們從學校返家之後，瑪亞在屋裡東奔西跑，蒐羅了各種印度男神、女神雕像，然後她把這些神像擺在一張低矮的咖啡桌上，搖身一變成了一個神龕，她在上頭放上鮮花，然後雙手合十、低頭鞠躬。因為她看了根據印度史詩《羅摩衍那》改編的電影，所以才模仿故事裡男女主角羅摩（Rama）與悉多（Sita）的舉動。不難理解她做這些全是為了取悅她的母親，因為她覺得她母親夾在閃族信仰之間顯得孤立無援。

我看見她的行為之後，決定讓她在學校專心學法文與希伯來文，在遊樂場上學阿拉伯文，然後在家學英文，這對她可憐的小靈魂而言已經有得受了。我不再一天到晚播放泰戈爾的歌曲。身在耶路撒冷沒有必要學孟加拉語。

但我仍期待將來她會重拾孟加拉文。我期待當她年紀漸長之後，她會探訪孟加拉尋根，追尋她身上流淌的一半孟加拉血液。

20 百年孤寂

瑪亞與基朗的學校位於 *Rehov Hanevi'im*，字面直譯為先知街，街上有許多教堂跟其他基督教機構。那條街很長，下坡段盡頭可通往一號公路，上坡段盡頭則與雅法路以及馬哈耐・耶胡達市場交會。分界未明的東西向綠線沿著一號公路展開，更遠處則是大馬士革門。之所以被稱為大馬士革門，是因為昔日來自耶路撒冷的貿易商與朝聖者都要通過這位在耶路撒冷舊城北邊的城門，才能踏上前往敘利亞的旅程[8]。我的新房位在先知街的街尾，就在綠線西側邊緣。那一區也被稱為俄羅斯區。

有著壯麗尖塔與宏偉建築的優雅教堂散落在此區。聖公會學校本是十九世紀末一間傳教醫院，後來傳教士們在該處興學好向猶太人宣揚基督教。身處此區，會讓人忘記此刻穆斯林與猶太人正在爭奪耶路撒冷。在這裡，人們會面對一段不同的歷史：九世紀前歐洲天主教派出了一支殘

8 大馬士革為敘利亞首都。

暴的軍隊攻打穆斯林、猶太人與異教徒，而耶路撒冷便是這支軍隊的據點。雖然先知街上的教堂是幾世紀後才興建的，但它們卻能提醒訪客，耶路撒冷曾是個十足的基督教城市。這些教堂訴說著另外一個故事，在不算太久遠的過去，妝點市容的曾是十字架而非六芒星。塔瑪與我另一位左翼以色列友人時常拿這段耶路撒冷被基督教占領的歷史開玩笑。他們說當初是十字軍率先把這裡打造成一座要塞城市，他們躲在這要塞裡統治耶路撒冷長達百年之久。於是我的朋友們發明了這個理論：以色列追隨十字軍的腳步建起一道道安全牆，替猶太人打造了一個新家園，他們隱居在城牆之內。因此以色列很可能會重演十字軍的命運；它可能會一如當年的十字軍，在百年之後敗給自己的傲慢與短視。

「好吧，那這樣我們距離世界末日只剩四十年了。」塔瑪會邊說邊暗自竊笑。

由於我之前仍處於分居療傷期，加上又忙著一個人在耶路撒冷尋找新住處，因此我與塔瑪已數月未見。事實上我連菲妲都不常見，不過是出於其他原因就是了。當我的住處與工作都安頓妥當，覺得自己已準備好走出分居之痛後，我便去了一趟艾因喀拉姆探望塔瑪。她正準備下半年要前往美國進行博士後研究，主題是以色列如何以行政手段遂行殖民之實。她的目標是有一天能參與祖國的政策制定，以避免她口中的玩笑成真；她不希望以色列因故步自封而崩裂，她想阻止猶太人步上十字軍的後塵。「這裡是我唯一的家。」幾乎每回見到塔瑪，她都會如此向我強調，「我也想把這個家與當地的巴勒斯坦人共享，此外還有這裡的國際人士、衣索比亞人、越南船民（Vietnamese boat people）[9]的孩子們。相信我，這裡有足夠的空間容納所有人。要是這個國家能吞下仇外的自尊會有多美好。我不想住在法國或是突尼西亞，我屬於這裡！」

自從菲妲搬走後，塔瑪便一個人住在艾因喀拉姆，我當時還不知道她們為何突然間就鬧翻了。從過去與菲妲談話的片段中，我已嗅到這兩個女人之間有一絲不和。顯然是發生了什麼可怕的事情，觸犯了菲妲的底線，才讓她決心與塔瑪決裂。她甚至連談都不願談，只對我說光是想到那件事就令她渾身不舒服。看得出她傷得很重。

「如果妳離開了，誰來阻止？」我對塔瑪說道。我坐在她家的露臺上，聞著底下山谷傳來的麝香草與敘利亞奧勒岡的香氣。我想念菲妲，少了她，艾因喀拉姆便不再是記憶中芬芳的所在。

「阻止什麼？」

「阻止四十年後的世界末日。」

「我會回來的！我只去四年。不過我最近對於該如何阻止以色列集體沉淪有了新的想法，要不要聽聽看？方法就是通婚。只要命令哈馬斯成員跟極端正統猶太教徒一起參加雜交派對，讓他們釋放壓抑的憤怒與挫折就好了。」塔瑪說完便笑了，但我知道她不是在說笑。她是真心相信各個不同種族、宗教、人種、膚色的人們應當通婚，直到這世界不再以膚色為依據劃分成區。有時候為了某個棘手的案子忙了好幾晚、沒睡又抽了太多菸之後，她會對著我大喊，「世界一家是屬

9 越南船民指的是七〇年代末期乘船逃離共產政權的越南難民。一九七七年，一艘以色列貨船在海上救起一艘載有六十六位越南難民的船隻。以色列政府同意收留該批難民，後續數年間共有約三百多位越南難民遷往以色列。

於你們的！」她會指著我的孩子說道，「他們就是未來。屬於這世界的混血未來。」

菲妲對此事的看法與塔瑪相同：「要是伊斯蘭教的神學專家可以公布一條新教令，告訴信眾隨時隨地做愛是神聖的行為，要人們不用為了 *houris*，也就是美麗的天堂之神守身[10]，這會是一個多麼放鬆的世界！」

我向塔瑪轉述了這番話，但她聽完之後並未露出笑容，只點了根香菸說道，「妳知道菲妲現在住在伯利恆嗎？」

我對她說，「如果法官決定要剝奪她的身分，那她的案子就得在幾個月內開庭再審，可是菲妲現在已經不在意法院怎麼判了。」

「像她這種特殊案例，她必須住在耶路撒冷才行。」塔瑪以律師的口吻說道，「但是她人幾乎不在這。」

塔瑪看來一臉疲累。我對她說我近來不常與菲妲碰面，而今後與塔瑪見面的機會也不多了。因為再過幾個月，她便要前往美國普林斯頓大學（Princeton University）。

「四年好長啊。」我對她說。

「是啊，我知道，但我希望普林斯頓能讓我的生活稍微回歸正常。它能讓我過著年輕博士生該過的生活，而不是當個過度早熟的律師，一心一意想挑戰修正以色列充滿種族歧視的法律制度。我畢竟不是聖人。」塔瑪說。

「但是被人需要的感覺一定很棒吧。」我說。

「是啊，但有時候我覺得，好比說，我對菲妲付出太多，反而讓她窒息。」塔瑪說道，「我嚇跑她了。身為一個社運人士，我根本不可能有正常的人際關係。我已經厭倦這片我生長的土地，也許五年之內我會有不同的感覺，但我現在真的需要好好休息。耶路撒冷實在太殘酷了。」

「妳讓我想起奧茲。」

「妳是說阿摩斯・奧茲[11]？」

「是啊，他在他的回憶錄《愛與黑暗的故事》裡也提到同樣的殘酷。」

「妳是指他寫到母親自殺那一段？」

「沒錯。」

「妳看耶路撒冷都幹了什麼好事？它只會『不斷把一個個情人逼上絕路』，」塔瑪引用了奧茲書中的話。「不要愛上耶路撒冷。這裡只是一個中繼站，但我就是有辦法在這裡度過一生。這個城市也曾經在百年之後把十字軍逼走，記得嗎？」

而我心想，這裡不只會把愛人逼上絕路，也會讓愛情壽終正寢。自從搬來這裡之後，我深愛十六年的男子就成了陌生人。過去即使在伊拉克戰爭期間，兩地分隔都未能拆散我們。

但我沒把這話說給塔瑪聽。此刻她正準備投身她遠大的新未來，一個遠離耶路撒冷的無憂未

---

10 伊斯蘭教相信若虔誠信奉真主，死後在天堂便可獲得天堂之神 houris 相伴。神話中多半將 houris 描繪為女子造型，但古蘭經內並未言明 houris 性別，且不分男女死後均可獲得 houris 相伴。

11 阿摩斯・奧茲為當代以色列文壇最傑出也最富國際聲譽的希伯來文作家。

來，我卻想著自己微不足道的私人悲劇，這實在令我感到羞愧。她坐在露臺上，食指與拇指始終夾著一根點燃的菸，而她的手機每三分鐘就會響一次。她有時會接聽，有時置之不理。「都是我的客戶，」她說道，「他們都想知道我離開之後誰會接手他們的案子。有些人還不知道我要走，所以打來要跟我談新案子。妳這樣可以明白為什麼我要暫時逃離了嗎？我實在迫切需要些寧靜。去哪都好，我只想逃離這種電話從早上六點響到午夜的生活。我好幾次半夜被電話吵醒，我的客戶哭哭啼啼地打來，因為他們的丈夫或兒子或姪甥或任何一個他們所愛的人，在半夜被突襲的以色列軍隊帶走。他們打來是因為他們不知道自己的親人被帶到哪裡，不知道被帶到哪座監獄或是國內哪個地區。這些恐怖份子嫌疑犯就這樣遭到監禁。沒有紀錄，沒有權利可言。正常而言，我的一天就是從接到這些嫌犯絕望的親人打來的電話展開，我會開始追查他們被關在國內眾多監獄中的哪一間，這通常得長途跋涉才辦得到，從位在北部黎巴嫩邊境旁的謝莫納城（Kiryat Shmona）一直到南部的內蓋夫沙漠。」

塔瑪很平靜，但她內在壓抑的不安仍會不時竄出，她的聲調會突然拉高，然後又再降回憂鬱低沉的語氣。「我累了。」她靜靜地說道。

我替她感到難過。我想給她一個擁抱，但壓抑住了，因為我擔心那樣會太過戲劇化。

「但妳會回來這裡沒錯吧？」我問道。

「當然。」

「什麼時候？」

「我過去之後，前兩年要在普林斯頓校園裡上課，接下來就能有所選擇。如果成功完成我第二年的課業，那接下來就要展開田野調查；其中一年會在以色列這裡進行，另外一年則在印度。」

「什麼樣的田野調查？」

「我會比較印度跟以色列的殖民回憶，精確來說，應該是孟加拉與耶路撒冷。」

我覺得這主意有趣極了。我心想，塔瑪將來的研究成果勢必會極具啟發性。我的思緒一時之間回到自己在牛津中斷的博士研究。「出於家庭因素，」我當時是如此寫信給我優秀而失望的老師們，向他們解釋我無法繼續研究未分裂前的孟加拉口述歷史。

「等妳學成歸國之後，妳會從政嗎？」我問塔瑪，心中對這片土地燃起一線希望。

「我是有這樣的規劃。」

「這裡需要像妳這樣的人。有了像妳這樣的未來領袖，妳的世界末日理論就永遠不會成真。」我微笑補充道，「這樣就可以有多一些時間思考如何與巴勒斯坦人取得永恆的和平。」

「妳怎麼對我的角色那麼有把握？怎麼會認為大家會接受我從政？」

「四、五年之內情勢就會有所改變。雙方人民都受夠了，他們都迫切想找到一個政治解決之道。」我對她說。

「嗯，我的確是想做點什麼好阻止猶太至上主義在這國家繼續快速蔓延——這絕對是二十世紀最古怪的現象！」塔瑪語氣不帶一絲猶疑。她非凡的自信與清晰的思路令我印象深刻。她發表言論時極具說服力，聽者會相信她對自己的理念深信不疑，這不就是一位政治人物應該具備的條件嗎？

「但我不想加入任何一個政黨。」她補充道。「我想籌組一個有實際作為，而不只是空口說白話的政府。我不想當那種整天出現在全國性報紙頭版或電視新聞裡的政治人物。」

「妳要怎麼辦到？妳要怎麼籌組政府？」

「既然我之後會拿到行政管理的博士學位，那我想我應該有能力管理內閣。我會從腐爛的系統內部著手改善這個政府。總之，我們等著看吧！」

「妳要怎麼從內部著手改變政治系統？」

「我自有計畫。」她語氣溫和，但卻帶著一抹堅定的微笑。

「所以現在我眼前的這位就是以色列未來的領導人，這代表完美的『一國方案』即將出現，這片土地上的兩個民族將能和平共存囉？事實上，根據妳夢想中的理論，這裡會成為一個猶太人、巴勒斯坦人、國際人士、越南船民、衣索比亞人等各個種族都能和平共存的地方囉？」我說道。我心想她最好在這些難民頸上掛著的鑰匙成為難以負荷的重擔之前回來，否則他們就會掛著這些鑰匙客死異鄉。[12]

塔瑪彷彿看透了我的心思，她說，「我得趕在那些難民的夢想破滅之前回來。」

「妳動作要快。他們都老了，那些親身經歷以色列建國的難民大多已七、八十歲了。」

「我希望他們可以再撐個五、六年。」塔瑪說。

「我也希望如此。」我對她說。

美麗的夕陽再度降臨她家的露臺之上。一股帶著香草氣味的怡人微風吹拂過我們的臉龐，一股哀傷在我心中油然而生。我們都還年輕，但儘管此刻令人陶醉的微風正輕拂著我們被陽光親吻的肌膚，我們心中卻滿載著責任與絕望。

「我非回來不可。」塔瑪心中有許多無以名狀、杞人憂天的煩惱，她嘆了口氣繼續說道，「我要回來推倒隔絕的城牆。我要讓以色列從封閉情結中解放。以色列必須明白，若要長治久安就不能豎起一道道高牆，只為了阻擋當初自己招惹來的敵人。哈馬斯是以色列自己一手扶植出來的科學怪人。妳一定知道，在八〇年代以色列提供哈馬斯軍火與資金，好讓他們對抗巴勒斯坦解放組織。」

「我知道妳會回來的。妳對這片土地懷有這麼多熱情與痛苦，妳沒辦法離開太久的。」我對她說。

「我想我暫時離開幾年，遠離這個國家對孤立的偏執，這樣對我也比較健康。等我回來之後可以有個新的開始。」

我覺得非常榮幸能與塔瑪如此深交，這位未來的政治人物將會替這片土地帶來渴求已久的新能量。我對她有信心。

12 被放逐異地的巴勒斯坦難民主張，難民與其子孫擁有回歸巴勒斯坦與取回被剝奪之地產的權利，此主張被稱為「巴勒斯坦回歸權」（Palestinian right of return），而鑰匙即為該主張的象徵物，代表著當年難民們被迫遠離家鄉，只能保留故宅的鑰匙作為紀念。

「要是普林斯頓的入學審查委員會知道他們收進來的學生是什麼來頭的話……」我笑了，好緩和這段漫長鬱悶的談話替這座露臺所帶來的沉重氣氛。「她可是將重新打造以色列的未來領袖，她會替六十年來的孤立畫下句點。」

「如果我們不想步上十字軍的後塵，我們就不該再望向歐洲，該把目光轉向阿拉伯世界！」塔瑪面帶微笑，思考著她著名的十字軍理論。

塔瑪再過不到六個月就要前往美國上課，我想好好珍惜我們還能相聚的時光。我心中還有許多問題尚未得到解答：她跟菲妲之間到底怎麼回事？我至今還不能接受她們鬧翻了這個事實。我曾經開車載菲妲來艾因喀拉姆拿東西，塔瑪刻意離家迴避。那已是四個多月前的事了，她們至今沒說過半句話。我想瞭解到底是什麼事讓菲妲心中充滿怨恨？因為是菲妲選擇與塔瑪決裂。

我開始揣測可能的原因會是什麼。

「菲妲曾經跟我說，妳會跟某些巴勒斯坦客戶上床，是真的嗎？她是因為這樣跟妳鬧翻嗎？」話才出口，我就對自己如此妄加揣測感到困窘。

「是有一些沒錯。」塔瑪沒注意到我的不安。「我是有跟比較可愛的客戶上床。怎樣，妳有意見嗎？」

「從專業層面而言，妳覺得這樣做沒錯嗎？」

「沒錯啊。我跟我的巴勒斯坦客戶之間並不是專業的律師、客戶關係，我是指我大部分是義務服務，反正他們也付不起律師費。」

「所以他們用身體償債?」這句話就這樣脫口而出，我後悔也來不及了。

「當然不是。」面對我聽來像是挑釁般的提問，塔瑪依然面不改色。我心想她果然是個頂尖的律師。「他們對我感到好奇，我也是，我們兩情相悅。」

「但內心深處妳難道不覺得這樣做很不專業嗎?」

「我在法庭上代表巴勒斯坦人對抗以色列政府，免費替他們爭取與獄中親人聯繫的機會，那是因為我感同身受。如果我付出的時間與勞力能得到報酬當然也很好。我工作的方式本來就跟專業無關，我的動力來自我的政治理念與對國家的願景。我是個政治律師，妳說的這些話措辭用字全都有問題，可能是菲妲灌輸妳錯誤的資訊。我沒有跟我的巴勒斯坦**客戶**上床，我跟我的巴勒斯坦**朋友**發生過雙方情投意合的性行為，而我碰巧代表其中幾位出庭。不然還能怎麼辦呢?每個巴勒斯坦人或多或少都要跟這個極權政府打交道，可能是要申請居留權、替自家房子加蓋、離開這個國家、在屋頂多裝一個水塔、要做研究、要求學……每個巴勒斯坦人都需要一位律師幫助他們達成目的。能怎麼辦呢?我是律師，妳可以說所有巴勒斯坦人都是我的客戶，菲妲也是客戶。這樣說來，讓菲妲，也就是我的客戶住進我家是否也是一種不專業的行為?那跟她一起去德溫酒吧跳舞又怎麼說呢?我跟我的客戶菲妲時常一起喝酒，這行為正確嗎?菲妲令我大開眼界。她讓我看見以色列人與巴勒斯坦人之間的友誼有這麼多小細節要顧，我們得如履薄冰，免得明明一腔助人熱血，別人卻覺得我們是自以為在給人恩惠。這些巴勒斯坦人全都驕傲得理直氣壯。」

他們的確如此，我心想。特別是菲妲，在我於此地所認識的人當中，她最能體現這股驕傲。

再度與菲妲聯繫時，我發現就在我們疏於聯絡的這幾週間，她的事業有了新突破：堪稱伯利恆地標的知名飯店，亞瑟爾宮酒店（Jacir Palace）看上她，聘請她擔任業務經理。

我去伯利恆看她。我完全認不出她來，她把頭髮燙直並剪成齊耳的長度，露出她修長的頸子跟銳利的下顎線條。接待員帶我進入一間優雅的會議室。當週即將到訪伯利恆的前任英國首相東尼・布萊爾（Tony Blair）將在這間飯店舉辦會議，而身穿棕色套裝的菲妲正在會議室裡跟商務專員們討論相關事宜。

21　耶穌氣味之海

里歐想帶孩子們到外地去度週末，他說我也可以一起去。我雖樂於在週五晚上在他住處與全家人共享安息日晚餐，但還沒準備好與他一起出遊。我內心很想參與，但若是在加利利海湖畔帳篷內的密閉空間共度浪漫的長週末後，回到耶路撒冷我會不知該如何面對我們已然分居的事實。因此，最後他還是獨自帶著基朗與瑪亞上路。

這幾個月以來每逢週末都會與孩子們分離，至今我仍覺得不知所措。起先我真不知該如何運用這整整兩天的獨處時光，我盡可能以各種創新的方式妥善運用，但近來漸漸想不到新主意了。週末開始變得漫長，我不知該如何利用這麼多時間。我試過各種活動好維持自己對這座城市的興致。我幾乎把每條著名的散步路線都走過了，餐廳與咖啡店也幾乎去遍了。當孩子們與他們的父親去露營時，留我一人茫然地面對又一段漫長的四十八小時。

傍晚時，哈穆迪打來的電話解除了我在穆斯蒂拉這間房子的寂靜魔咒。

「*Yallah*，*Taali*，來嘛，來阿斯卡迪尼雅這裡，這裡有最棒的牛排。」

「我不吃牛排的。」當我抵達那間位在東耶路撒冷的餐廳時，我這麼對他說。「我本來吃素，一直到最近才解禁。我現在可以吃一點肉，但還沒辦法吃牛排。」

「對對對，我在印度待過三個月。你們把牛當神一樣膜拜，我們喜歡吃你們的神！」哈穆迪竊笑。

「哈哈，你果然很懂印度！」我說。每回只要有人對印度教的多神信仰或習俗發表高見，他們姿態總是那麼高傲，令我很不舒服。要想讓以色列人或巴勒斯坦人理解聖牛或是其他古老習俗儀式對印度人的意義，只會徒勞無功。我發現特別難向閃族宗教的信徒解釋這些事情，因為在他們的文化裡，一神論是由偶像崇拜自然進化而來。我常對我的猶太朋友與親戚表示，他們只要盤子沾過不符猶太教規的肉類，上頭裝的食物就一律不碰這種行為，跟印度教徒不吃「聖牛」其實同樣古怪，這話他們聽了總會生氣。在印度，即便是不信教的印度人都會避免吃牛，因為那是種古老的傳統，只要在那環境下成長便很難擺脫。同樣的，許多不信教的猶太人也不吃甲殼類海鮮，因為他們不習慣那個味道。有趣的是，儘管猶太教、基督教、伊斯蘭教這幾個閃族宗教在歷史上互有衝突，但彼此間卻互為盟友。舉例而言，根據伊斯蘭教規，穆斯林可與猶太人或基督徒成婚，但不准與印度教徒、佛教徒或是祆教徒通婚，除非他們願意轉化為穆斯林才行。伊斯蘭教將這三個閃族宗教的信徒稱為「有經者」，因為伊斯蘭教認可聖經以及所有比穆罕默德更早出現的先知。

要是我承認自己是無神論者恐怕會冒犯許多人，在這個地區，膜拜聖牛還是比當個無神論者好得多。但宣稱自己是印度教徒也未必比較好，因為沒有人確定該如何向我宣揚一神論。這意味著多數時候我被排擠在外，我被視為一個有著異國原始信仰的人。無論是走在西耶路撒冷街道或是舊城區巷弄間，我一天至少會碰上一次有人對著我唱起印度歌謠。

為此我決定忽視哈穆迪方才的話。他點了一瓶梅洛葡萄酒，然後說道，「妳一定得試試這裡的牛排，這是全世界最棒的。相信我，妳的神要是知道自己這麼美味，知道人們這麼愛吃祂多汁的肉，祂也會很欣慰的。」

「你這樣有褻瀆聖物的嫌疑喔。」我笑了。

「妳一定得試試。就勇敢打破禁忌吧，沒有比這裡更適合的場所了。」

「我已經把其他所有禁忌都打破光了。每次我朋友切牛排，看見血水溢出滲到馬鈴薯泥裡頭，我就覺得很不舒服。」

「妳可以點五分熟，這樣肉還是多汁，但不會有血。還有，這裡的肉是按伊斯蘭教律法屠宰的，不像歐洲的那麼多血水。相信我，妳絕對忘不了阿斯卡迪尼雅牛排。不然做個交易如何？如果妳今天晚上在這裡吃牛排，我就免費替妳工作一天。」

我很訝異他竟如此堅持，局面演變至此實在太荒謬了。我不吃牛排其實跟任何禁忌無關，只是對於像我這樣瘦弱的人來說，牛排看來份量實在太大了，我無法消化那麼多肉。

然而哈穆迪把我沉默的微笑視為同意，逕自替我點了一客牛排，我知道現在說什麼都太遲了。幾分鐘之內，我會成為一個貨真價實的肉食者，因為一旦我在眾人面前吃了阿斯卡迪尼雅牛排，我就無法再聲稱自己吃素。我認份地接受命運，默默地啜飲著酒。

「這瓶梅洛葡萄酒可是為了搭配牛排特別選的。」哈穆迪邊說邊替我又斟了些酒。

結果送來的牛排並非如我想像中那樣是一大塊肉堆在馬鈴薯泥上，而是一小塊散發著碳香味、整齊印著燒烤烙痕的肉，一旁還放著兩小朵脆口的綠花椰菜與兩小顆水煮馬鈴薯，上頭撒了氣味濃郁的粉紅色鹽膚木香料（sumac），盤子邊緣同樣撒上了鹽膚木香料與一些紅椒片。這道菜最有趣的部分，莫過於這塊碳烤肉排上放了一堆快炒過的青椒丁與蒜蓉，此外還灑上大量頂級冷壓初榨橄欖油，我從未見過擺盤如此精緻的肉，看來簡直像是奉獻給神的祭品。

「*Tafaddali*，快點動手啊。」哈穆迪邊說邊等著看我開動。我手握一把鋸齒牛排刀，面露微笑。眼前這道擺盤精緻看似獻神聖品的料理，莫名讓我有了下手的動力。哈穆迪面前也有盤一模一樣的料理，他等著我先開動。我切了一小片這禁忌的肉排，肉塊呈現粉紅色澤，多汁卻不血腥。我緊張地笑了一下，然後將其送進嘴裡；等了一會兒，接著開始咀嚼，然後吞了下去。結果倒也沒發生什麼地動天驚的後果，我既沒遭到印度教裡三億三千萬男女神祇的天譴，也沒有變成老鼠或刺蝟之類的低等動物。

我甚至還喜歡上這個調味：辣椒、大蒜、鹽膚木香料、橄欖油。

我們坐在吧臺前，坐在附近的人全都鼓掌歡呼。我不知道哈穆迪原來在等的是此刻的勝利。我看見大廚從廚房窗戶探出頭來，滿足地微笑著；他的左臉頰上有一顆黑痣，讓人聯想起美國演員勞勃・狄尼洛（Robert De Niro）。

隨著夜深了，吃下牛排的興奮與香醇的梅洛葡萄酒所帶來的醉意都逐漸消退。我無須查看時鐘，因為沒有保母在家裡等著我回去交班，這感覺實在很古怪。事實上，我毫無回家的理由。當需要我的家人不在身邊，我便不知該如何面對現實。我不禁想起那跟著父親在加利利海湖畔露營的孩子們。

哈穆迪與我配著美酒享用這頓佳餚之後，我們走到外頭抽菸。有許多人也在琵琶樹下享受著芬芳的傍晚微風，抽菸閒聊。當晚天上掛著滿月，也許正是月的魔咒才會令我情緒如此翻騰。我很想念我的孩子們。我不喜歡如此安排週末。我急切地想打電話追問他們此刻的行蹤。此時我的手機響起，小小螢幕上，里歐的名字在我晦暗的雙眼前亮起，令我頓時從現實中抽離。

「哈囉？」

一開始我只聽見潮水聲，那是加利利海的聲音。背景裡頻頻破音的播音系統正放送著熱門希伯來文歌曲。我記得這潮水，我曾見過天鵝悠游其中。他是蓄意要傷害我，他帶孩子們去這美麗的景點露營，好讓我想起我們過去曾共同經歷的刺激探險。

「妳聽得見潮水聲嗎？」他聲音顫抖地說。此刻我能聽見自己的心跳，我感到一陣暈眩襲來。

「聽得見。」

「再聽一次。」他把電話放到岸邊，我眼前浮現拿撒勒山腳下那片廣闊的湖水，此刻我漂浮在過往回憶裡。

我們起了個大早。我看著他打包，帳篷、炊煮用具、火種、烤肉架。我欣羨地看著他。

他帶了好幾罐罐頭，還帶了一盒新鮮雞蛋。孩子們興奮極了，瑪亞比基朗來得更興奮些。他懂得如何規劃一趟完美的露營之旅，懂得如何在漆黑中搭帳篷，懂得如何半夜三更在陌生的地方弄來食物，懂得如何生起營火。我們抵達了基乃勒特湖（Kinneret）——那是加利利海在聖經裡的名稱，他讓我睡在充氣床墊上。他在黑夜裡搭起帳篷。

到了早上，他煮了幾顆水煮蛋，開了一罐焗豆罐頭直接放在營火上加熱，然後將早餐送到我床前。瑪亞不停把耶穌掛在嘴邊；他之前不斷對瑪亞說著，耶穌在湖邊丘陵上的生活種種。

在加利利海湖畔，我們聽著瑪亞談論耶穌，說著他是如何從拿撒勒的丘陵來到湖畔，在湖水中游泳。

我們在基乃勒特湖裡游泳，一如當年的耶穌。孩子們情緒高昂。我們起個大早，躍入冰涼的碧綠湖水，我們在滿是聖彼得魚的湖水中游泳。「我可以聞到耶穌的味道。」我們如天使般的女兒開口說道，她沒來由地改編起兒歌歌詞胡亂唱著，「耶穌下山了，就要下山了，就要下山站在湖邊，都是爸比告訴我的。」

我閉上雙眼，想著這位來自拿撒勒的先知。我在這充滿耶穌氣味的湖水中游泳，呼吸著滿是魚腥味的空氣。「謝謝你帶我來。」我對里歐說。我走向他身邊，把吃了一半的雞蛋三明治擱在一旁，給了里歐一個擁抱，對他說，「謝謝你帶我來感受這令人震撼的歷史。」

我跳進湖水裡。他就在我身旁，肩並肩，我們一起泅游湖水中。

「妳聽得見潮水聲嗎？」里歐低語道。

「聽得見。」

「我想跟妳一起游泳。」

「我也想跟你一起游泳。」

「拿撒勒人耶穌曾在這裡游泳。」他說，語氣像極了瑪亞。

「我也曾經在拿撒勒人耶穌**行走過的水面**上游泳。我是跟你一起去的。」

「我想再跟妳一起游泳。」

「我真希望現在就在你身邊。」

「妳聽得見潮水聲嗎？」

「可以，我聽得見。我聽得見。」

我還想對他說我吃了一塊牛排，想對他說我打破了禁忌。我想對他說我無法壓抑心中澎湃的情感，無法承受過去幾個月來命運的曲折。

「怎麼了？」哈穆迪問道。我們還坐在餐廳外頭。

「沒什麼。」我說，我試著壓抑洶湧的淚水。

「怎麼回事，*habibti*？」哈穆迪關心地把一隻手臂環繞在我身上。此刻我多麼渴望一個擁抱，但我不能接受他的。我想念里歐的臂膀，想念他強而有力的懷抱。

我在加利利海游泳。**和他單獨一起**。

「到底怎麼了？*Shou? Shou sar?*」哈穆迪再次問道，「怎麼了？發生什麼事？」

我無法對他交待來龍去脈，我無法對他說此刻我正發了狂似地想念里歐。

「*Yallah*，我們來轉換一下心情。」哈穆迪說，「我們去散個步吧。」

「去哪裡？」

「去舊城區。我帶妳去看一個會讓妳忘掉一切世俗煩惱的東西。」

我們一起走到維亞多勒羅沙街。在這狹窄街道走了約一百公尺後，我們來到一處轉向右方的陡峭階梯。我們爬上階梯，哈穆迪指引我看向一對漆成藍色的鐵門，在月光下襯著白色牆面看來格外顯眼。

「看起來我們站的位置離古蹟群很近。」我對哈穆迪說。我記得這條路線，週五要去禮拜的穆斯林們都會走這條路。圓頂清真寺建築群其中一道大門應該就在這藍色大門後方。

「那來吧。」他推開門，我們來到了一處開放式露臺。突然間我們已沐浴在月光下，但又不只是月光。我感應到這附近勢必存有什麼不可思議的壯麗景色。我迷惘了好幾分鐘。當我的雙眼適應了光線之後，我看見哈穆迪的臉，他還是擺著我吃下牛排時那副勝利的表情。他捲了根大麻菸，此刻正站在我身旁點菸。

「閉上眼睛。」他說。接著他引領著我走進一條狹窄通道。我仍閉著雙眼，但可以感覺到光線變得更亮。

哈穆迪幫助我站上某個圓頂，感覺像是舊城區裡某處圓頂屋頂。

「現在張開雙眼。」他說。

我的臉正對著光源，感覺似乎伸手就能搆到月亮。我張開雙眼看見了圓頂清真寺的圓頂，距

從哈穆迪屋頂看去的圓頂清真寺景色。

離如此之近，幾乎可以觸摸它。金色圓頂將月光映照在我們臉上。哈穆迪把大麻遞給我，但我無法伸手接過，因為我覺得只要一動，眼前這被月光洗滌的古蹟就會消失。而我方才所見不過全是幻影。

此刻我與圓頂距離如此之近，我能看見金色嵌板接合處的脊狀突起。我可以看見圓頂下方精緻華麗的綠色馬賽克磚。而圓頂下方作為基底的八角形建物，據說正是蓋在先知穆罕默德的登霄石之上，據說穆罕默德騎著名為布拉克（Burak）的馬形神獸，在登霄石不停繞圈直到飛入七重天。

我覺得自己何其有幸能如此接近這壯麗的古蹟，接近這全球政治地圖上最熱門的衝突象徵，我轉過身對著帶我來看這不可思議美景的傢伙投以微笑。我熱淚盈眶，聽見他的聲音迴盪在這超凡的景色之中，「*Habibti, ma Tiklakhi, Kul ishi rahekun mnih,*」，意思是：不要擔心，親愛的，一切都會沒事的。當我哭泣時，我想到里歐此刻正坐在提比哩亞湖畔的營火邊。**我就著月光在加利利海湖水之中游泳。孩子們在帳篷裡熟睡。我們沐浴在月光之下。我們伴著棲息在淺灘裡的聖彼得魚，泅游在充滿耶穌氣味的湖水之中。**

22　公車站的哈瑞迪猶太人

他站在雅法路前端的公車站內。他身穿全黑的正統派猶太教服飾，配上黑色燕尾服與垂掛在旁的白色猶太流蘇[13]，頭上還戴了一頂黑色帽子。陰影猶如深色布簾蓋住這擺了四張紅色塑膠椅的公車站，那張非常年輕的臉龐也有一部分藏於陰影之中。

「妳有香菸嗎？」他問道。

我很驚訝。但一開始我並不明白自己為何驚訝。

我停下腳步開始翻找我的包包，找到一包香菸並給了他一根，我替他握著打火機方便他點菸。

「*Mi efo at*？」他問我打哪兒來。

「*Mi London*。」我說我來自倫敦，我稍感訝異。我從未預期像他這樣的人會跟我說話。像他這樣的男人，一個哈瑞迪猶太人（Haredi），也就是所謂極端正統派猶太教徒，甚至連在公車上

13 在衣物四角縫上流蘇飾物為猶太教男性傳統。

都不會坐在女性身旁，而且假如有女性不小心穿越他們行經的路徑，他們便會改走路的另一側。

「要不要一起去喝杯酒或什麼的？」他聽到我帶有腔調的希伯來文之後，迅速轉換成英文。他是美國人。

「不了，謝謝，我得回家。」

「妳可以再給我一根菸我好晚點抽嗎？」

「沒問題。」我給了他另一根。

「這牌子是濃菸嗎？」

「我只抽淡菸。」

「妳真的不跟我喝一杯嗎？」他鍥而不捨地追問，鬼鬼祟祟的目光在他與我的肩頭上方四處游移。他吐了口煙，環顧四周，然後開始玩弄他身上的流蘇。

「不了，謝謝。」

我從他身旁走開，來到雅法路較為熱鬧的路段。此時我才意識到他剛剛可是在抽菸。他是一身黑的極端正統派猶太教徒，卻在安息日時抽菸[14]。

他是個年輕的美國移民。他大概只是想找人上床。他們可以這樣跟非猶太人隨意發生關係嗎？這樣符合猶太教規嗎？他是否以為我是阻街女郎，穿著別有藍綠色花朵胸針的黑色長洋裝，在街頭尋找極端正統派猶太教的客人？

那天晚上冷颼颼的。我腳步比平時快，長長的裙襬往我麻痺的雙腿拍打，露出粉紅內裡。是否正因為那一抹粉紅，才讓這位至多不超過二十四歲的寂寞年輕哈瑞迪猶太男子以為今晚能找到伴？當他靠近我時內心到底在想些什麼？

也許他認為在安息日向一位 *sharmuta*，也就是妓女要根菸不算什麼。根據猶太法典規定，僅有猶太律法所認定的猶太人才需要遵從猶太律法。既然我看起來就不是他們的一份子，那麼跟我發生一些不符猶太律法的婚外性行為也就沒什麼。

當我說我來自倫敦，我不是當地人，那一刻他立刻緊張起來，因為他大概意識到他恐怕不可能得償所願。是因為這樣他才改口提議我們去「喝杯酒」嗎？他打算帶我去哪兒呢？我慢下腳步，覺得自己好蠢。我為何不接受他的邀約去喝杯酒呢？我很好奇會有什麼發展，然而此刻我也不可能掉過頭去跟他說，「對了，我改變心意了。我不需要回去我那寂寞的家，我很樂意跟你去喝一杯！」

我從里歐位在那赫羅——政治正確的古老猶太區——的住所走路回家，他住在一間新整修過的公寓一樓，鄰居有來自敘利亞、伊拉克跟北非的猶太人。能住在所謂的阿拉伯猶太人附近一直是他的夢想之一。他認為在以色列建國之前，阿拉伯猶太人與穆斯林鄰居早已達成近乎完美的和

14 安息日禁止點火，亦不允許點菸。

平。在那赫羅，當他與「阿拉伯」猶太人說阿拉伯語時，對方總會展現中東猶太人的好客，熱烈邀請他去家裡享用精緻的餐點，對方會在橢圓淺盤上擺滿葡萄葉粽、碎麥香料炸肉餅、扁桃仁飯以及鬆軟的無酵餅。

那一天是個美好放鬆的週六。我早上喝完咖啡後步行至他陽光普照的明亮住所。他邀請我們與他的敘利亞鄰居共享安息日午餐，當天的菜色是*hamin*，那是一種用米飯、碾碎的小麥、整顆馬鈴薯、雞、肉類與雞蛋，加上番紅花、孜然以其他香料，自前一天日落後便持續以低溫燉煮而成的料理。里歐鄰居的成員有埃思特，她是一家之主，同時也是七男五女共十二個孩子的母親，當天這些孩子們也都全數出席，圍著一張長桌而坐。這張長桌幾乎要塞滿這平日作為客廳兼寢室用的狹窄房間。高大健壯的埃思特已高齡七十九，她看來容光煥發，比許多五十歲的人狀況還好。她是整間屋裡的靈魂人物，一邊招呼所有人，一邊不停換位子輪流坐在每個人身邊。我意識到這家人並不會嚴格死守教義。埃思特其中一位兒子正演奏著烏德琴，彈奏著憂鬱而動人的曲調。他們交談時夾雜著阿拉伯母語以及應許之地所使用的希伯來文，埃思特當年是以一位年輕新嫁娘的身分從大馬士革移民至此。牆上掛了一幅她亡夫的裱框照，他是去年過世的。他有一張仁慈、典型「阿拉伯」東部的臉孔。席間大夥兒聊了很多這位缺席家族成員的故事，那位烏德琴樂手表演了好幾首他父親生前最愛的歌曲，多數都是以高亢的敘利亞阿拉伯文演唱的。里歐看來很快樂，這是他的理想世界：猶太人與穆斯林說著彼此的語言，一起祈禱，一起進食，一起在同一個國家生活。當埃思特前去打開熱水壺時，里歐指著那些彈奏音樂、喝著伏特加的男子們說道，「塞法迪猶太人不像阿什肯納茲猶太人那麼嚴守安息日教規。他們永遠都保留一些彈性以接納各種其奇怪怪的變化。安息日時阿什肯納茲猶太人家裡會傳出樂聲嗎？簡直不可思議。宗教應該是充滿樂趣才對，就像現在這樣，應該要能讓人們為此團聚。阿什肯納茲猶太人嚴守教規，簡直把猶太教當成一種嚴格的懲罰。那根本是基督教的作風，那是阿什肯納茲版本的猶太教。」

當他在我耳邊低聲說完這些話之後，有些女子走到外頭去抽菸。這也違反了猶太教規，但這快樂的一家人顯然沒放在心上。我對著女子們微笑，她們示意我到屋外加入她們的行列。我意識到這間房子只有兩個房間再加上一間廚房與一個小中庭。我問埃思特她是否這輩子都住在這裡，她告訴我每個孩子都是在這兒出生的。我想起哈穆迪在維亞多勒羅沙街的那間兩房屋子，他父母就是在裡頭帶大他十個手足。我為我們此刻享有的優渥生活感到羞愧，然而跟其他生活優渥的人一樣，這樣的物質條件通常總伴隨著巨大痛楚而來。我們需要藉由製造衝突來合理化我們的財富，藉由衝突來抵銷我們所享受的福份。感謝我們在倫敦的房子所帶來的房租收入，讓里歐、我以及兩個孩子們可以在此地租下一共有九個房間的兩戶房子。我愧於啟齒問埃思特是如何在這麼小的地方帶大這麼多孩子。他們要睡在哪兒？他們要在哪兒寫功課？她跟她丈夫有半點私人空間嗎？他們怎麼做愛？

我來到雅法路尾端。看著喧鬧的「現代」以色列年輕人從各個酒吧與夜店竄出，我又想起那

位極端正統派猶太教男子穿戴黑衣黑帽站在公車站陰影下的模樣。我拒絕他的邀約離去之時，心中想著我對他們的世界一無所知，那是一個介於中世紀與半現代的生活模式。這些男子白天都做些什麼消遣？夜晚又是如何打發？這些極端正統派猶太教男子不用當兵，多數人也不工作。他們的妻子年年一邊生產一邊工作，這些男人則會收到為數可觀的政府補助金。他們除了研讀猶太經籍之外還會做些什麼？他們在讀經的空檔都在做什麼？他們真是藉由不斷讀經來治癒心中的懺悔與痛苦嗎？他們晚上都在做什麼？那個想邀我喝一杯的男子，他家裡可有妻子在等著他？他有小孩嗎？他當真會如傳說中的迷思那樣，隔著挖了洞的床單與妻子做愛嗎？他妻子也是美國人嗎？她漂亮嗎？他會親吻她嗎？或者他只是履行他的義務，每年往她子宮播種？他是因為這樣所以才想約我喝酒嗎？他只是想放鬆一下，暫時逃離猶太律法的約束，因為他妻子在哄孩子們上床後無暇陪他在夜裡坐下閒聊嗎？他攔下我是否也只是想與我閒聊？他想感受一下這輩子幾乎未曾感受過的輕鬆自在。我剛親身參與過的敘利亞安息日聚餐，那愉悅的畫面恐怕會遠遠超出他的想像。

我愈是仔細回想那陰暗的公車站與那一臉悲悽站在那兒的詭異極端正統派猶太男子，就愈是懊悔沒有接受他的邀約去喝杯酒。要是去了會是什麼狀況？他會說些什麼？他會帶我去哪兒？他當然不會帶我去距離雅法路前端不遠的米爾歇雷姆區，那裡是極端正統派猶太教區，在那裡他要接受街坊鄰居嚴格的檢視，他的同儕與猶太祭司會日以繼夜地觀察他，在那裡他絕無機會可以放鬆一下跟一個陌生人喝杯酒，而且還是個女人。

他會帶我去旅館嗎？但他似乎沒什麼錢，他甚至還跟我多討了根菸留著稍後再抽。他是要我請他喝酒嗎？

總之我錯過了這個機會。我永遠得不到解答，我可能再也無法跟這樣極端虔誠的猶太男子發生這樣親近的接觸，一個頭戴高帽身穿黑色燕尾服、黑色西褲、黑色皮鞋的男子，側身還掛著一共打了六百一十三個結的流蘇，代表著猶太律法中的六百一十三條戒律。

23 成年禮

基朗在二〇〇八年的春天舉行了成年禮。儀式進行期間他的表現令人讚嘆不已。在這場全程以希伯來文進行的儀式到來前，他更是出乎我們預料地定期前往猶太教堂上課，背誦典禮上需朗讀的經文。里歐的家族龐大，來自英國、美國、以色列各地的家族成員都在這場儀式中團聚一堂。這樣的大陣仗連我都有些恐懼，遑論我年僅十三歲的兒子，然而他小小年紀便展現了高明的社交手腕，那恐怕是我畢生苦練都無法精通的技巧。在籌備成年禮的過程中，他說他之所以願意配合全是為了要讓眾人開心，他永遠不會自認為猶太人或是隸屬於任何教派。他只是為了讓家族有機會團聚才配合演出。要是我跟里歐都能學學他的深謀遠慮與圓滑的手腕，我們的婚姻便不會走到今日這般田地。

我們在我住處的花園裡辦了一場派對，一部分家族成員在里歐的公寓過夜。在分離所帶來的痛苦與未解的心結平息之前，我們便為了這場成年禮而又被湊在一起。儘管我一心想與他復合，但希望會是發生在其他狀況之下。我不確定此刻是適當的時機，但我們沒有時間多想，因為這場基朗的——或者該說里歐的——人生大事已迫在眉睫。

我們就是無法坦承我們其實尚未做好復合的準備。

第一個徵兆是在基朗準備成年禮的過程中，我不斷覺得自己是個異類。我覺得自己不屬於這個家族，我感到迷惘，覺得自己被擋在門外。孩子們至少有一半的猶太血統，而我什麼都不是。我看著每個人，就連我不信教的大姑也顯得如魚得水。畢竟猶太身分是與生俱來的，它無法藉由後天努力完整取得。我許多朋友不辭辛勞地完成了轉化過程，但他們仍然覺得被拒於猶太民族之外。從這個角度而言，伊斯蘭教與基督教就顯得更為大方與寬容。因為就算生下了半猶太的孩子，也無助於融入這個猶太俱樂部。

我覺得自己不但同意基朗舉辦成年禮，並且還積極協助籌劃此事是非常有雅量的舉動。但內心確實有過遲疑，我不確定自己在此事之中到底扮演什麼樣的角色。里歐注意到我內心隱藏的兩難，想必是我無意間露出端倪。他能察覺到我並非百分之百投入，而且內心相當焦慮，我們太過瞭解彼此，因此他勢必能察覺。在里歐眼裡，他只看見我並未**全心**投入。然而我實在難以面對這個在以色列茁壯的宗教所展現出的排他性。況且我是個無神論者，我自認已盡我所能做到最好。但有一天當我一臉鬱悶地坐在猶太教堂時，里歐對我說，「妳就不能偶爾讓我開心一下嗎？」

「我很努力了，你看不出來嗎？」我含著淚，心生挫敗地說道。

我們才經歷過那樣難堪的分手，此刻並非重修舊好的最佳時機。我們尚未好好療傷，我們尚未重建自信並立下決心誓言不再重蹈覆轍。儘管我對於大環境過早把我們倆湊在一起感到有些不安，但內心有一部分仍為此感到滿足。我已厭倦分居兩地的日子，我厭倦在他公寓享用安息日晚餐，然後深夜獨自走回我寂寞的房子，我厭倦隔週週末都要讓孩子們隨他外出。到最後我的決心開始動搖，我們都曾立誓要努力改變自己，待狀況安穩後再重新開始，儘管此刻我們明明尚未達成此目標，我卻故意視而不見。

「我之所以這麼做，是因為這樣爸以後就不能說我連試都沒試過。」基朗說。

「我之所以這麼做，也是為了讓你爸不能說我沒有試著融入。」我對他說。

其實我還有兩位姊妹人在英國，但我沒邀請她們是因為擔心她們身處里歐的大家族之中會覺得不自在。況且我的小妹里拉才剛度過一段詭異痛苦的時期：她分居的丈夫從北倫敦一間小學偷偷帶走他們的獨子，他帶著兒子離開英國躲在孟加拉一處村落裡。警方開出國際搜索令，知名律師也參與此案協助找出男孩的下落，助他重返母親身邊。里拉此刻實在無力扮演我的姊妹淘，她需要我的大力支持，而我也大量投入此案，我幫忙找律師並且持續追蹤警方與司法部處理進度，以確保這孩子會得到法院監護。我唯一邀請的人是基朗從前的德國保母——卡特卡，當年里歐在摩洛哥時她與我們一同住在倫敦，我想她是唯一一個瞭解我在這場儀式中的困惑的人。卡特卡能理解身為一位「非猶太人」，身處這場猶太成年禮之中是什麼滋味。話雖如此，對她而言這一切終究充滿異國情調。但對我來說，我卻是個身為異教徒的母親。這是最難吞忍的一環。

身為猶太教堂裡的外人，想不到最後我心中燃起的並非全是疏離感。當基朗致詞時，我內心升起一股驕傲與歡騰。講詞是他親自寫的，他以個人角度詮釋儀式中他必須朗讀的那一段猶太經文。由於這場儀式正好落在逾越節期間，於是基朗學了一段聖經中關於以色列人逃離埃及奴役的詩文。那篇詩文希伯來文稱作〈*Shirat HaYam*〉，意思是「海洋之歌」，那是一篇美麗撼人的詩歌。我兒基朗轉瞬就長大了，對著猶太教堂裡滿滿的群眾發表自己對這首詩的見解。我心跳加速得意洋洋地坐在那兒，臉上閃現一抹神祕的微笑。

基朗在致詞中表示，那篇詩歌很美，但他認為故事本身並非那麼討人喜歡。他說照他的理解看來，那故事是在讚揚上帝把跟著摩西（Moses）與以色列人來到紅海的埃及人全數淹死。他說逾越節理應是個值得慶祝的節日，但這個故事卻無法讓人興起慶祝之情。

他接著補充說道，從某些層面看來，巴勒斯坦人就像是當年困在埃及的以色列人，試圖從占領中掙脫。

當天深夜所有慶祝活動告終之後，我們的小家庭回到穆斯蒄拉的房子裡，我問里歐，「你有幫基朗寫講稿嗎？」還好我的屋裡並未有賓客留宿，我們把他們全都安頓在里歐的公寓裡。此刻我們得以獨處，為彼此同心協力成功舉辦了這一場重大儀式感到驕傲。我先前因自己非猶太人而感到被孤立的自憐情緒，此刻已被我暫時擱置在旁，取而代之的是一股歡欣鼓舞之情，因為我們這個家庭在經歷許多挫敗之後，終於有個小小的成功故事可說。基朗在他致詞中所傳遞的人道精神就像一股鎮靜心神的香氣，盤旋在我們腦海久久不散。

「不算有。我何必幫他？是猶太祭司幫他挑了〈海洋之歌〉當作成年禮時朗讀的經文，也是基朗自己決定要根據這篇詩歌來寫他的講稿。」

「他一定有跟你討論講稿的意涵之類的吧？」

「嗯，我讀了他自己寫的稿子後，唯一給的建議就是以色列占領跟埃及奴役之間的連結。」

「我就知道！你難道沒有替你兒子感到驕傲嗎？」

「當然有，妳不也是嗎？」

言語難以表達我倆此刻的心情，我們只能微笑著互相擁抱。這或許是自分居以後我們最為親近的一刻。既然我們無法對幸福達成共識，只好在混亂的生活中各退一步；這段婚姻雖已看似無望，但我們還有孩子，那是我們倆生活中的唯一交集。

如今里歐已經正式在我穆斯惹拉的房裡住下。瑪亞在法國學校也適應良好，不出一年她法文便已說寫流利，但令我們失望的是她的希伯來文卻日漸退步。但我們可以接受這個結果，畢竟我們是為她好才替她選了法國學校，理應欣慰她能在這麼短時間內就能適應新環境。她的政治意識也逐漸覺醒。她的「以色列外皮」已逐漸剝落，慢慢培養出一個不具地方特色的新身分，以及這年紀的孩子不該有的成熟度。如今她班上幾乎有三分之二的同學是巴勒斯坦人，對他們來說，法國學校是一個能暫時逃離以色列占領磨難的避難所。瑪亞小心翼翼地不讓班上同學發現她會說希伯來文。她仍向往常一樣時常提出一大堆問題，但這些問題漸漸展現出她對所居之地的政治意識已逐漸覺醒。無論她在屋裡閒逛、刷牙或是在寫功課，她會突然提出某個不相干的話題，堅持要我們仔細解說。

「昨天我學校外面的街上有人開槍。」

「應該沒這回事。要是有的話我也會聽見，妳學校離家裡不遠。」

「但我沒說謊！我聽見砰砰聲。」

「可能是有人在放煙火。」

「媽咪！」我的答覆看來令她頗為困擾。「是大白天耶！」

瑪亞的大眼睛像極了巧克力聰明豆，她那外圍繞著灰綠色細圈的深褐色眼珠，此刻看似要爆出來了。

「嗯，說不定是有調皮的男生在玩煙火。」

「不是，是有人在開槍。以色列人在射巴勒斯坦人。」

「我覺得不是。」

「我老師丹尼艾爾先生說的。那時候是遊戲時間，大家都在外面跑來跑去。」

「丹尼艾爾先生這樣跟妳說的？」

「他跟我們說砰砰聲是槍聲。但我知道是誰射誰。巴勒斯坦人不會帶槍上街！」

「他還說了什麼？」如果那老師還對她說的確是以色列人與巴勒斯坦人之間發生槍擊，我也絲毫不感意外。這裡的人習慣跟小孩子分享大量可怕的事情。舉例來說，瑪亞班上所有學童都知道十年前有個巴勒斯坦自殺炸彈客，在先知街上的學校大門前把自己炸個粉身碎骨；他的殘骸連同頭顱都飛過高牆、落入校園內的遊樂場上。

「他說外頭有一隊以色列人要去哭牆慶祝耶路撒冷日（Jerusalem Day）[15]，有人想擋下他們，結果槍擊就發生了。」

我心想我果然猜對了，他果然跟班上學生分享了一大堆資訊！

「可能只是軍人朝天空開槍嚇阻那些抗議遊行的人。那些狂熱份子每年都要大肆慶祝耶路撒冷日，好嘲笑那些巴勒斯坦人，讓他們知道整個舊城區跟西牆全都屬於猶太人。有夠幼稚。」

「什麼是西牆？」

「就是哭牆。」

「妳是說牆上有很多字跡的那個嗎？」

「什麼字跡？」

「伯利恆那道很多字跡的牆嗎？」

她以前看過一部分圍起伯利恆的以色列安全牆，社運人士跟祕密革命份子用噴漆在上頭寫下潦草的反隔絕標語。她還看過平克佛洛伊德樂隊（Pink Floyd）的靈魂人物羅傑・沃特斯（Roger Waters）趁著最近來以色列開唱時在那道牆上留下出自專輯《牆》（*The Wall*）中的一句歌詞。

我們不需要思想控制。（We don't need no thought control.）

但是西牆指的不是那道牆，西牆是公元前十九年由大希律王（Herod the Great）所建，是聖殿山西側僅存的一道牆。我轉過頭對著我的女兒心不在焉地解釋。「不是，有字跡的那道**牆**是以

15 耶路撒冷日為以色列政府慶祝於第三次中東戰爭勝利後，順利奪回耶路撒冷舊城區的管轄權。

色列蓋來阻擋人們進出用的。西牆是古代猶太聖殿唯一留下的遺跡。」

「是在金色圓頂哪邊嗎？」

「沒錯，就在圓頂清真寺那邊，那裡也叫做聖殿山。」

「就是巴勒斯坦人說是他們的，猶太人也說是他們的那個地方嗎？」

「圓頂清真寺屬於巴勒斯坦人，那裡是聖殿山的最高點。但猶太人說聖殿山旁那道西牆是他們的，因為西牆屬於他們古代聖殿的一部分，而那個聖殿以前就蓋在圓頂清真寺現在的位置。」

瑪亞一度看似陷入沉思。然後她像大人一樣嘆了口氣，接著說道，「很多地方都有牆。但最高最大的是伯利恆那一道，我朋友拉雅跟拉肯每天都從伯利恆搭校車來上學，都要穿過那道牆上的大門。他們不能跟他們爸媽一起來。巴勒斯坦大人不能穿過那道牆。小朋友可以，但一定要搭校車。拉雅跟拉肯說他們從來沒看過海，因為他們不准去特拉維夫。他們是巴勒斯坦人。」

我頭一次注意到瑪亞省略了一個「坦」字，她不再說「巴勒斯坦坦人」了。這是什麼時候發生的？

24 渴望歸屬

那一年剩下的時間我都在忙我的紀錄片。我蒐集與拍攝了四十多捲的訪談與花絮影片，拍攝對象包括社區居民以及逃家躲避殺害的女孩與婦女。許多選擇留下的女性告訴我，她們一直在等什麼時候會輪到自己，因為任何一點小事都有可能觸發殺機，讓她們步入加利許區女性的宿命。她們擔心自己會因為傳送臉書訊息給某個家族之外的人這點小事就招來肅殺的命運。她們告訴我反抗是沒有意義的。我深深被這個故事打動，把全副心力投注於此，我時常前往拉姆拉出差，而且我用光了所有資金，讓哈穆迪幾乎是在做義工。每回經過一整天充滿壓力與哀傷的拍攝之後，哈穆迪古怪的幽默感總能令我稍感放鬆。我也開始習慣他總非得要抽黎巴嫩大麻。自從二次黎巴嫩戰爭（the second Lebanon War）之後，黎巴嫩大麻貨源充足，哈穆迪說那些士兵從黎巴嫩帶回了大量新鮮採收的大麻。我現在放鬆多了，就連經過四百四十三號公路的檢查哨也不會緊張。我們約法三章，抽大麻時就不許談論拉姆拉噬血的部族。

「怎麼妳都不會擔心跟我一起抽菸會有什麼問題？」有一天我們正在開車回耶路撒冷的路

上，哈穆迪這麼問我。「我跟許多外國人共事過。他們有些人雖然躍躍欲試，但他們不敢接受，至少不敢在大白天下接受。不過他們很樂意躲在他們的客廳或是在家中隱密花園舉辦的夜間派對中吸食。但無論如何他們不會在公開場合抽。妳是怎麼搞的？」

「嗯，我是祖母帶大的，她以前也會抽些東西。」

「她抽些什麼？」

「她抽水煙，就是用一個小一點的水煙壺，裡面可以按照個人喜好裝進大麻，甚至是鴉片。」我是故意說出鴉片這兩個字，好讓話題能夠繼續。不過我祖母的確曾對我坦承她偶爾會出於醫療用途而吸食鴉片。

「什麼？鴉片？她是毒蟲之類的嗎？」

「不是，這在當年不算什麼。我祖母以前總說當時在村裡的雜貨店就能買到大麻跟菸片。大麻是放鬆用的，鴉片則被充當止痛劑。她說她那年代裡，許多女人生產時都靠鴉片舒緩疼痛。」

「妳故鄉真是個文明的社會。」哈穆迪的語氣帶有一股抽了大麻後而感到放鬆的輕嘆。

「不過現在當然是不可能了。」

「從什麼時候開始中斷的。」

「我想是一九七〇年代吧，自從對乙醯氨基酚（paracetamol）跟其他西方國家取得專利的止痛藥開始充斥於市場之後，那些窮苦的雜貨商如果販售特定的未授權藥物，就可能會面臨牢獄之災。顯然是那些國外代理商向政府強力施壓，要求政府禁止雜貨商販賣傳統草藥好推銷對乙醯氨基酚。」

「他們甚至連疾病的版權都掌握在手上，什麼病要搭配什麼療法都得聽他們的。」哈穆迪語畢又深吸了一口菸，然後若有所思、心滿意足地緩緩吐出煙霧。

二〇〇八年的十二月，我終於完成了我的紀錄片長版初剪，片名是《致命名譽》（*Deadly Honour*）。當我與工作團隊以及好友們一起觀賞本片時，我們感到無比滿足，我們竟然在近乎毫無資金的條件下完成了這部震撼的影像故事。我認為它是我的代表作，就算把在ＢＢＣ工作那些年的作品放進來比較，它依然是我最棒的作品。這是我第一次覺得自己離開ＢＢＣ是正確的決定。過去我嘴上常說我不後悔，但心中還是悄悄藏著疑問，因為自從離職後我便沒有作品，沒有其他成就。如今這部影片證明我並非那種躲在野心勃勃男人背後的典型女子，自顧自地相信自己甘願為了家庭放棄事業，甘願自我犧牲。這部片於達卡維夫（Docaviv）紀錄片影展首映，該影展在特拉維夫舉辦，是以色列聲譽最卓著的紀錄片影展，最令我驚喜的是，首映過後以色列第一頻道電視臺便買下了這部片的三年播放權。這實在是我生命中最荒謬的轉折，誰想得到我竟然比我的猶太丈夫過著更「以色列」的生活；雖然他已不再替以華盛頓為基地的智囊團工作，但他辭職後的第一份工作仍是替國際組織效力。他已放棄成為一位中東分析師，再度回到新聞業，當記者他可是天生好手，他總是不辭辛勞地在阿拉伯世界裡追逐各個新聞故事。但他仍然得向倫敦總部匯報，而我的事業卻莫名地在這地方落地生根。

里歐似乎覺得我的新身分挺有趣的，當以色列外交部要替我付機票錢送我去國外參加影展時，他打趣說我把靈魂賣給了猶太國。但我對於自己的名字竟出現在以色列製片人資料庫中覺得沾沾自喜。任何觀測員一定都看得出來這是我可悲的自憐情結作祟，因為我是如此幼稚地渴望得到一份歸屬，而這件事實現了我的願望。我不介意自己歸屬何處，地球上任何一個願意接納我、給我安全感的角落都好。我推斷所有漂浮的靈魂在遊蕩了許久之後，在不停吹噓自己有多獨立之後，在蓄意脫離這世界的宗教、國籍與親屬關係之後，心底都會有此企盼。

這部影片發表後意外受到以色列觀眾熱烈的關注，這讓我更有自信。如今無論在街上或日常生活中，每當有人無意問起我是什麼種族又怎麼會待在這裡，我能夠以過去沒有的堅強與幽默來面對這一切。

當我在華沙（Warsaw）、馬賽（Marseilles）、布魯塞爾等各個城市對著滿室觀眾進行映後座談時，有人問我是代表哪個國家，我訝異地聽見自己竟回答「以色列」。

我只能將其解釋為這是我扭轉局面的方式。我克服了我的不安全感。我沒有花太多時間思考別人會如何看待我如今竟對以色列國投以如此可笑的「忠誠」。這感覺實在很舒暢。

就目前為止，我很滿足。

某天晚上，我與我的組員在東耶路撒冷的阿斯卡迪尼雅餐廳慶祝影片正式發行，回家路上我身上發生了某個令人難以置信的症狀：我早已遺忘卻又如此熟悉的害喜。難以成眠的我，索性在凌晨驅車前往通宵營業的藥局裡買了一組驗孕棒。一組裡頭有兩根驗孕棒，而兩根結果都顯示為陽性。

此刻是寂靜的黎明時分，房裡只聽得見我們的心跳聲，我驚訝地看著里歐。這是怎麼發生的？在經歷過這些年的風風雨雨之後，我們兩人從未想過或試過要有第三個孩子，但它終究還是發生了，我只能將其視為近來好運的一部分：先是復合，然後瑪亞在新學校適應良好、基朗成功的成年禮、我的影片在以色列得到認可，如今又有一個新**以色列**寶寶要來我們家報到。我對我體內的小小生命感到樂觀，而這小小生命的另一位創造者就睡在我身旁。在我與里歐共同生活的歲月裡，我鮮少像現在這般如此強烈地被他吸引，我感覺彼此的身心靈已逐漸融合為一。

PART
FOUR

25 希望破滅

懷孕的消息替我們一家帶來無限的希望與可能，讓我們以為這個家得以穩固地延續下去，誰知道希望與可能最後卻成了一座紙牌屋，一推就倒。第一個警訊出現在懷孕三個月時的超音波掃描，掃描顯示我們尚未出世的寶寶心臟上有白色斑點。

而後事情急遽發展，也就只能如此。

這則流產故事的第一章發生在耶路撒冷。我搭上前往倫敦的班機，那是我兩個孩子的出生地，我也想將我保不住的孩子留在那裡。我們本不該有第三個孩子，懷孕全是意外，然而當我真正失去孩子之後，這麼想也無法緩解我的悲痛。從她在我體內著床的那一刻開始，她就成了我的一部分，我們一起成長了一百天之久。機場的安檢人員問著例行問題。但這一回我是獨自旅行，而一個單身女子在以色列安檢分類裡歸屬為最高威脅。由於多數時候我至少會帶著一個孩子同行，因此一直至輪到我與安檢人員對話時，我才意識到自己的處境。我覺得自己好赤裸而且極度不舒服。此刻我最不想坦白回答的便是諸如目的地與旅行動機這類的例行問題。

「妳是自己一個人旅行嗎？」

「是的。」

「妳怎麼會來以色列？」

「我跟我家人住在這裡。」

「妳先生是以色列人嗎？」

「不是。」

「他的職業是？」

「記者。」

「哪個報社的？」

「他是自由記者。」我累到無法更再提供更多資訊。

「那妳呢？有工作嗎？」

「我是家庭主婦。」

我照著標準回答，這說法每回都能避免他們繼續追問我的工作。幸運的是這裡的安檢人員沒有帶著電腦，否則他們只要一上搜尋網站便會得知我的工作內容，而這只會讓狀況變得更為複雜，因為我拿的是觀光簽證。到目前為止，他們似乎很滿意家庭主婦這個答案。

「妳知道妳不能在這邊工作吧？」一位面無表情的年輕海關官員如此說道，她的黑人式鬈髮髮束落在她凌厲的雙眼之前。

謝天謝地我隻字未提我的拍片工作！我心想為何每回碰到的海關官員都是衣索比亞猶太人。我常覺得他們是審問人員裡敵意最深的一群。他們是入籍以色列的猶太人當中最貧困的一群，因此急著想在阿什肯納茲猶太人菁英面前證明自己。然而當我肚裡的寶寶正點滴流逝之際，我實在無暇同情衣索比亞猶太人可憐的處境。

「是的，我知道。」嚴格來說，持有觀光簽證便表示我不得在以色列工作。但實際上人人都這麼做，就連外國的非政府組織工作人員也是，這全是為了避開申請工作簽證冗長而官僚的手續。「我當然知道我不能工作，我拿的是觀光簽證。我每三個月離境一次就是為了再回來這裡。」我說。

「但妳不能一直這樣下去。妳得透過妳先生的工作去申請長期配偶簽證，在妳護照上蓋個章才行。」

他們把我的隨身行李送入X光機，我也跟著通過X光閘門。這一回我跟其他人一樣得乖乖接受檢查。這一回我不是猶太人之妻，也不是兩個半猶太孩子的母親，無法享有特權。我被視作普通的單身高風險旅客。他們要我站到一旁，並且告知我該前往幾號櫃臺檢查行李。我慢吞吞地走向櫃臺，毫無反抗之意。我想起我們的親戚：雅可夫、米哈爾、阿默思——這些名字會讓我立刻從這些麻煩中脫身，但此刻我卻無法清晰表達自己的思緒。

他們要我打開我的行李箱。開箱之後我接著拉開盥洗包的拉鍊。我從小袋子裡拿出相機，一位安檢人員從我手中奪去後打開了螢幕開關，逐一檢查裡頭的照片。我很後悔沒把前陣子去死海旅行時，里歐幫我拍的一張蹲在路旁樹叢小便的照片放在裡頭。

「這些甜食妳是在哪裡買的？」櫃臺後方那位男子在把玩過我的相機之後，從行李箱內拾起這盒果仁蜜餅，然後用濃濃的俄羅斯腔問起我這個問題。

糟了！我不該把那些東西放進行李的。真正的答案已在我舌尖，但我把它硬生生嚥下去。

「在舊城區買的。」

那些甜食來自加薩，是里歐上一趟過去時帶回來的。我要把它帶去給里歐的父親，他喜歡吃些美味的阿拉伯甜食。在這裡說出「加薩」兩個字會比扔手榴彈還更危險。我現在只能期盼這位俄羅斯人不懂阿拉伯文。

去你的俄羅斯人，我忍不住在心底咒罵，他們語文能力太好，沒有這麼好騙。

「但盒子上寫著『阿薩』。」阿薩是加薩的希伯來文說法。他邊說邊盯著我看，眼睛連眨都不眨。

「可能是在加薩做好然後運來耶路撒冷賣的吧。」這說法根本不成立，因為目前加薩正遭到封鎖。「也可能是耶路撒冷的店家取得這個加薩特產的專賣權，就像在耶路撒冷的舊城區也能買到用綿羊乳酪做成的納布盧斯著名甜點 *kanafe*，也就是糖漿乳酪堅果甜餅。你瞧，我根本不懂阿拉伯文。」

我又說謊了。我的阿拉伯文程度足以看得懂「加薩製造」這幾個字。我很難分辨眼前這個俄羅斯人跟徘徊在他身邊的屬下此刻是否相信我的說法。我剛剛或許該簡短明確地回答就好，不需要舉什麼糖漿乳酪堅果甜餅的例子。之所以那麼說是因為審問至此我已開始緊張。他們懷疑我在遮掩什麼嗎？我不希望他們認為我是那種會在以色列入侵時，直接躺在坦克車前的專業巴勒斯坦社運份子。我跟加薩毫無關聯，只不過是我丈夫會固定前往那位在地中海沿岸的狹長地帶罷了。

「但妳知道的，我們目前正在包圍加薩，」──啊，看來我沒騙倒他！──「這些甜食不可能從加薩運到耶路撒冷販售，除非是記者或外交官或是聯合國人員親自把它們帶過來。」這位俄羅斯人沒給我機會回應他最後對我意圖欺瞞果仁蜜餅來源的推斷。

他們進一步檢查我的行李；他們把牙膏從軟管中擠出再放入一臺機器內。他們拿著棉花棒往我的手提袋內抹，再送入儀器內檢查是否有火藥殘留的痕跡。然後緊接而來的是更多問題。

「妳為什麼沒有家人陪在身邊單獨旅行？」

是啊，的確，為什麼一個「家庭主婦」會獨自旅行？

「我身體有緊急狀況得回去就醫。」我說，我的眼神往下望去，我不想再接受更多打探。但我拒絕與他們眼神接觸，反倒讓審問官有更充分的理由相信我這個攜帶加薩甜食之人勢必隱瞞了些什麼。他把我交給一位女性海關官員，她帶我來到一個小隔間搜身。我努力不讓壓抑的淚水在臉頰上滑落。

從她的口音我知道這位女性海關官員是土生土長的以色列人。在這裡，安檢也有階級之分，先由移民而來的以色列人進行初步詢問，再將旅客交由本土以色列人進行最終檢查。這位女性官員面無表情。她要我張開雙臂，雙腿岔開站立。

「妳有攜帶武器嗎？」

「沒有。」

「身上有任何尖銳物品嗎？」

「沒有。」

「折疊刀呢？」

「沒有。」

她的雙手逐一貼在我左大腿、右大腿、左臂、右臂、脊椎骨、腹部、胸罩罩杯鋼圈上仔細搜查；她還拉起胸罩中間有彈性的布料，按壓背部的鉤扣。然後她把注意力轉移到我的腿上，突然間她停下動作。我先是觀察了一秒，接著才感到如釋重負。我感謝自己能全程保持鎮靜。我看著她的臉，她臉上依然看不出任何表情，但此時她的額上浮現一道皺紋，她說，「檢查還沒結束。可以請妳脫下褲子嗎？」

「什麼？我不能脫褲子！」我以為她指的是我的內褲。她看著我，此刻她額上的皺紋增為兩條，雙眼突然閃過一陣火光——那是她首次面露憤怒的跡象。

「妳不肯合作是嗎？」

她為何突然變得如此好鬥？我心想，難道就因為我不肯脫下內褲嗎？

接著我聽懂了她的措辭，原來她口中的褲子指的是外褲。

我脫下我的牛仔褲，又冷又脆弱地僅著內褲站在那兒。她拿著長長的電子儀器在我的背部與腹部繞圈打轉，但什麼嗶聲都沒有。

我的寶寶不會嗶嗶叫，我這麼對她說。我的寶寶就要死了。此時我的熱淚終於奪眶而出，而我完全無意去擦。

她走到隔間外頭等我著裝。她從行李檢查櫃臺拿回我的行李，幫我收拾好並且拉上拉鍊。她要我跟著她，於是我默默緊跟在後。她帶我來到護照查驗關口，她揮舞我的護照跟一張特別的卡片，於是我不需要再次排隊以查驗護照。我跟在她身後來到候機大廳。她示意我坐在一張椅子上，問我需不需要水，我搖搖頭。如今她額上的皺紋已消。但我不在意了。我不在意她方才為我所做的一切，也不在意她是否想藉此表達同情，我只知道她已害得我心神不寧。此刻我已不需任何安慰。我雙眼無神地看著登機櫃臺間的空隙以及我所坐的這一排座椅。我對著那一無用處只會帶來恐懼的人咕噥說道，走開，馬上走開。我不在乎妳跟妳的國家。我也不想歸屬於這個安全的國度。

26 崩潰

我從未想過失去寶寶——我仍拒絕稱它為胚胎——的感受竟是如此錐心刺骨，如此悲痛難耐。我每天早上都會一再想起我躺在手術檯上，一個橡膠面罩先是懸垂在我面前，然後罩住我的臉使我透不過氣，把我推進黑暗的深淵，直到我返回耶路撒冷與家人團聚之後仍無法逃出。說來古怪，我對活生生的家人不再感興趣，我只想全心哀悼我無緣的寶寶。我帶著健健康康的孩子們去學校、去音樂班、去生日派對；有好一段時間我便是如此機械般地生活。出院前我的英國醫生對我說，當我有了家人與孩子的陪伴後便會逐漸找回生活步調，會學會珍惜我所擁有的一切，不再執著於失去了什麼。但事實並非如此，我的家庭未能提供任何慰藉。我日日夜夜只想著我未能誕下的孩子。

里歐從英國帶我回來沒幾天後就安排了一場晚餐派對，但從採買、做菜、擺設餐桌到接待賓客都是我一手包辦。甚至當賓客熱烈討論以色列最近以「鑄鉛行動（Operation Cast Lead）」為代號對加薩發動攻擊，儘管我對此議題毫無興趣，仍微笑試圖佯裝投入。

如我所料，里歐並不想多談那毒害我、令我失去求生欲望的哀痛。他說我是在「憂傷中打滾」。我但願他能更勇於表達內心的痛苦，或許他不像我傷得如此之重，但我確定他一定也感到悵然若失。因為就在最後一次帶來噩耗的掃描之前，里歐前去杜拜開會。他在當地逛了一間英國嬰幼服飾品牌「Mothercare」的專賣店，買了一件上面寫著LITTLE MISCHIEF（小淘氣）字樣的黃色圍兜回來，此外還買了腿部清涼凝膠給我。他想必也是漸漸對這個即將發生在我們生活中的改變投入了感情，我們兩人都默默相信這個寶寶將會把我們綁在一起。我們認為這是前陣子一連串好運的一部分：從新紀錄片一直到里歐離開美國智囊團重返新聞界，就連孩子們也因為我們決定再度同住而感到更有安全感。

在酒精催化下大家漸漸累了，派對氣氛很快便不似初始那般熱絡。但即便是喝了西瓜伏特加之後，飯桌上的話題仍離不開中東政治。這是我們搬來此地後第二次碰上加薩發生戰爭。無論是口齒不清或神智清醒的賓客，都專心針對處於上風的伊斯蘭政黨哈馬斯是否該遭到國際制裁一事交換正反意見。賓客們邊討論邊享用乳酪盤與罌粟籽蛋糕，愈來愈多客人都偏向贊成杯葛哈馬斯。里歐在耶路撒冷是眾所周知的「哈馬斯派」，他再次重申他的立場，表示國際社會應該給哈馬斯這個伊斯蘭政黨一次當政治國的機會。「既然要談民主，那就不可以剝奪一個民選政府的統治權。」自從哈馬斯在兩年前贏得巴勒斯坦國會選舉之後，這句話我們已聽了至少上千次吧？我虛弱而滿懷挫敗地打了個呵欠。我只盼這個派對能儘早結束，讓我得以回到我的孤獨世界裡獨自哀悼我無緣的寶寶。

一位戴著圓框眼鏡，鏡片之下藏著銳利目光的紅髮男子操著一口北歐腔說道，除非哈馬斯先改變其政治立場願意承認以色列，否則無論如何哈馬斯都不該獲得任何國際援助。

「一定要給他們一次機會。」里歐重申他先前的觀點。他說這是哈馬斯首次獲得執政權。哈馬斯已經不僅只是一種反對運動，他們的政治宣言不過是一種常見的手段好用來遏止好幾百萬巴勒斯坦人心中的仇恨，這些人要不淪為難民，要不就是驅逐出境，他們被以色列錯綜複雜的種族隔離政策剝奪返鄉的權利。哈馬斯激進的政治立場不過是個手段，他們其實很樂意與世界對話。

餐桌上各方意見不斷，熱烈地激盪出許多想法。除了談論哈馬斯之外，晚餐賓客們還互相巴結奉承，或是為了工作上各種高低起伏相互致歉。說穿了還不就是想彼此拉攏關係建立人脈。世間萬物本皆是如此短暫。

約莫凌晨兩點，最後一位賓客終於離去，我對里歐說道，「為什麼這些人開口閉口都是這裡的政治？難道這裡沒有文學？沒有藝術與音樂嗎？你可以想像在倫敦參加一場晚宴，結果席間所有人都只顧著聊前英國首相布萊爾跟德國總理梅克爾（Angela Merkel）要做什麼嗎？」

「我很肯定這裡有藝術也有書，那些人可能還是重度讀者。但是我必須確定這些人都確實從國際角度掌握以巴最新政治情勢。這是我的工作！我需要知道以巴雙方都跟這些國外調停者說了些什麼。別老是這麼憤世嫉俗。」

「就算你不打算安慰我的憂傷，也至少聊點我有興趣的事情吧。」我對他說。「但今天晚上我兩者都沒得到。我現在非常需要自己的空間，我到底是為了什麼而參加這場派對？」

我很確定里歐知道我內心所承受的一切，但他迴避任何相關話題。他甚至迴避我，迴避我的情緒。他說我是過度沉溺於悲傷之中，他說全世界每四位女性就有一位曾經歷過類似情緒。又來了，又是數據。我已厭倦聽到數據分析，厭倦聽到有人告訴我該如何處理我的哀痛，而像我這樣的例子又該感到多悲傷才算適量。生活並不是由數據構成。「妳面對生活的反應太劇烈了。面對這麼強烈的情緒會讓我覺得無力。」里歐寫了一封簡短的電子郵件給我，因為他沒辦法親口對我說。他建議我去找一位心理諮商師談談我的痛楚，但我誰都不要，我只希望里歐能握住我的手。世上唯有他能撫慰我，我只想聽見他親口安慰我。他愈是迴避，我就愈是渴望。我又再次陷入過去的模式裡，不停企盼著不可能實現的期望成真。

在這段令人迷惘的時期之中，我們又搬家了。我們搬去那赫羅，距離里歐先前的住處不遠。那棟屋子挑高、空氣流通、採光良好。那是一棟狹窄的紅石建築，附有三處寬廣的露臺，其中一處在前，另外兩處在後。我們住的是那棟建築最頂的兩層樓，一樓則是馬哈耐・耶胡達市場的一部分。前露臺就位於一樓正上方，每天還不到黎明時分樓下就會傳來噪音。一樓屋主不只一次討論到萬一有人趁著市場入口兩名警衛坐下來吃著中東蔬菜球，或是在經過一天漫長工作打起瞌睡之時在入口放下炸彈怎麼辦？過去在巴勒斯坦大起義期間，這個市場曾數度成為恐怖份子的攻擊目標。樓下住戶想像到時候整條街的房子，包括他們的露臺都會灑滿鮮血與屍塊。

基朗與瑪亞長得很快。基朗已近十五歲，他有自己的世界與朋友。他還有自己的音樂、演唱會與打鼓課。瑪亞深受其苦。基朗不斷將她拒於他的青少年世界門外，在他的世界裡，他的小妹妹只會是個拖油瓶。里歐忙著採訪鑄鉛行動，而我則繼續身陷愁雲慘霧之中。瑪亞會一個人坐在窗邊盯著市場看上好長一段時間，當她覺得無聊時就會跑去煩基朗，但總會被他趕出房間。就在這段期間內，她被迫學會安靜地獨處。她過去總靜不下來。這些日子她會一個人在房裡畫畫，當她開口時，說起話來也像若有所思，講起話來有時甚至條理分明，不像過去那樣胡言亂語地追問身邊一切事物。有一天我放她一個人在家，自己跑去市場買點東西。她站在窗邊對著我揮手道別。當我採購完畢準備要回家時，發現她還站在窗邊，同樣對著我揮揮手。我穿越隔開市場與我們家的那條狹窄的阿格里帕斯街（Agrippas Street），爬上樓梯進到客廳。

她皺著眉走出來對我說，「我很擔心妳。」

「為什麼？」

「市場人很多。我在找炸彈客在哪裡。」

「什麼。」

「我常常坐在窗戶旁邊想找出炸彈客。」

「什麼意思？」我近來昏沉已久的心突然心跳加速。

「就是那個炸彈啊，如果真的發生了，會發生在人多的地方不是嗎？爸比說現在因為加薩又在打仗，所以坐公車不安全。我想那妳去市場也不安全。我知道是因為這樣所以妳才把我留在家，沒有帶我一起去。可是我不想失去我的媽咪。」

我決定不理她，像她這樣堅決認定人多的地方就會有自殺炸彈客已是一種病態行為，我得遏

我們位於那赫羅的房子。

止她才行。

「我們很幸運，我們不用搭公車上學。」她說完又站回窗戶前。

是的，我們的確很幸運。兩個孩子的學校距離我們家都不到十分鐘路程。當我看著瑪亞走回她的房間，我想要告訴她我不希望她繼續站在窗前。如果真有炸彈，那威力勢必會波及到她，把窗戶玻璃炸個粉碎，因為她的房間就在房子前端面朝市場。我不知道該如何對她解釋這一切，同時又不致使她起疑並因而衍生更多疑問。這很棘手，但我必須一試。相較之下，向基朗解釋就顯得容易得多，因為他較為年長，行事也較謹慎。但是我仍然不確定我說的這些話他到底聽進去多少。我要他戰爭期間不要跟朋友去咖啡店，也不要去市中心青少年聚集的的班耶胡達街（Ben Yehuda Street）行人徒步區閒晃。無論我說什麼他都會點頭，但很有可能我的話全成了耳邊風。基朗童年時是個無拘無束的孩子，但現在他成了一個神神祕祕的男孩，幾乎不對我或里歐打開心房。我時常為了無法與他溝通而覺得自己是個不適任的母親，但此刻我實在沒有精力找出親近他的方式。他成長得太快了。我已跟不上他的腳步。

27 菲妲與塔瑪的難題

大約就是在這段時期，我在耶路撒冷的密友菲妲與塔瑪，由於她們無法化解彼此的歧異，於是逐漸雙雙從我生命中淡出。我起先以為她們只是為了一些瑣碎小事鬧翻，但想不到背後竟藏了一大串未解的心結。

我在答錄機收到一則塔瑪的留言，電話那頭的她在哭泣。那則留言很長，她聽來十分心煩意亂，少了她平日身為律師的沉著。

「我真的很想跟妳聊聊。我聯絡不到菲妲。她不肯跟我說話，簡訊跟電子郵件也都不回。我什麼都沒辦法向她解釋。打給我。」

我又聽了一次那則留言。她想跟我聊聊？我能幫得上什麼忙？她們的友誼最終還是屈服在以色列與巴勒斯坦之間的壓力之下，而我有什麼資格介入呢？也許她想跟我聊聊是因為她知道我不會選邊站？我依稀記得她們初鬧翻之際，我去伯利恆見了菲妲，當時她對我說她們多數友人都被迫選邊站，被迫決定到底要支持塔瑪或是菲妲。我當時對菲妲說，「妳們兩個在我生命中都非常重要，我不可能選邊站。妳們兩人都曾經幫助我愛上這座城市。我從妳身上學到好多事情，妳讓我知道友誼可以跨越陰險的政治藩籬。我真的很抱歉，但願我可以做些什麼來阻止妳們決裂。」

「我沒有要妳站在我這邊，但如果妳要跟她見面，不要跟我說。」菲妲懇求我。「還有，拜託不要跟她說我在考慮永久搬到西岸去。我受夠以色列了。」

我答應她不會向塔瑪透露隻字片語。

從跟她們決裂有關的各種流言耳語，我開始理解在友誼與善意底下永遠都藏著不為人知的陰暗衝突。就個性而言，塔瑪與菲妲可說是南轅北轍。塔瑪說起話來中氣十足，她辯才無礙、意志堅決且遇事偏好以學術角度思考。菲妲則較安靜，她向來不會公開表露情感，而且沒興趣討論以巴衝突。事實上，如果情況允許，她甚至會連報紙都不翻。她對外界針對解決以巴衝突所提出的各種建議漠不關心。她年紀比塔瑪小，以普世審美觀而言，她絕對是個高䠷的美人，不分種族與宗教的男子都會拜倒在她的石榴裙下。菲妲非常厭倦政治衝突，她只想好好享受人生。塔瑪則是日復一日活在衝突之中，成天代表她的客戶上以色列法院。

就算當塔瑪卸下律師身分，她依然會把時間拿來認真唸書。以色列強占巴勒斯坦這個議題主宰了她的人生，也影響了她對未來的展望，因為她自許為改變的契機，期待自己能身體力行，賞「以色列殖民主義」一個耳光。

即便當她們一起尋歡享樂之際，那陰暗面還是會不時浮現。長久以來，兩人間的不和始終威脅著要摧毀彼此。

「我們鬧翻跟以巴衝突一點關係都沒有。」我去看菲妲時，她堅定地向我這般說著。「事情沒那麼複雜。我只是再也受不了她一天到晚把自己的生活攤在陽光下。她吵到我受不了。有時候她跟她媽講電話會鬼吼鬼叫把我給吵醒。她會衣不蔽體地在她朋友面前走動。她朋友會毫無預警地闖進我房間。我可能人在被窩裡，也可能正在換衣服，他們就這樣進來放包包或只是隨意看看，他們連聲抱歉都不會說。一大群嬉皮，他們全都去過印度，然後學會那種輕飄飄的走路方式，彷彿跟耶穌基督一樣行走在水面上。他們跟整個世界脫節。不過對不起，我可是得奮力抵抗才能存活下來，才能拿到**文件**好留在**我的**國家。那些流浪漢才剛利用政府的『正常化』補助款從國外旅遊回來，他們一副事不關己的樣子，好像侵犯我的隱私沒什麼似的。他們已經入侵我的國家還不夠嗎？還有，我一直忍不住要去想，在他們正常化之前，他們每個人一定都虐待甚至殺害過不知道多少巴勒斯坦人！」

「妳有試著跟塔瑪溝通過嗎？」我問道。但是菲妲漠視我的提問，自顧自地說道，「每次我聽見她對著她媽或她姊大吼，我都會跟她說我不想知道她家沒錢，或是她爸破產，或是她媽跟她姊鬧翻。」菲妲顯然已無意與塔瑪重修舊好。

「妳這態度很不東方。」我對菲妲說。「妳怎麼會不想知道妳關心的人私下都在煩惱些什麼呢？我得說，要是我，我會非常有興趣知道塔瑪她共產主義的老爸破產的事，在《耶路撒冷郵報》（*Jerusalem Post*）被右翼人士收購以前，他不是在那裡上班嗎？」

「妳在轉移話題。總之我受夠她朋友在我衣衫不整或在床上時闖進我房裡。我也受夠聽見她跟伊帖做愛，看在老天的份上，他可是我前男友，而且我人還醒著，就待在他們隔壁房裡。我還痛恨她老是半裸著身子走來走去，好像這裡是某個男人的後宮一樣。」

「那裡怎麼可能是後宮！妳們屋裡的男性訪客永遠比女生來得多！」我故意對菲妲這麼說，想藉此緩和一下氣氛。「兩個女人對上一群嬉皮男子，想像一下！難道妳沒幻想過這種場面嗎？」

但看來她完全不覺得這些話好笑。她那張有如耶穌般優雅的臉，如今看來卻是痛苦萬分。她顯然不想要誰來仲裁調停她與塔瑪之間的紛爭。她不再相信她能繼續與她的律師兼曾經的知己和平共處。但最荒謬的是儘管她們已鬧翻，她卻仍需要她。是塔瑪將她的案子帶上法庭，替她向當局爭取身分證明。塔瑪不只代表菲妲出庭，還代表了菲妲全家人，包括她母親與兩位兄弟。這會是這段友誼觸礁的癥結點嗎？是因為菲妲無法繼續承受為了得到這份「文件」所必須欠下的人情嗎？無論巴勒斯坦人對以色列有何觀感，這張藍色身分證始終是他們人人夢寐以求的。因為有了這張藍色身分證便能輕鬆通過護照查驗關口。有了它，菲妲就可以從本—古里安國際機場出入境，她就無須每回出國都得越過約旦河去到安曼。

「此外還有我從檢查哨撿回來的狗，茄子，她受不了那隻狗。」菲妲說。她沒有辦法停止談論塔瑪。「她覺得那隻狗威脅到她。妳相信她竟然跟一隻狗吃醋嗎？一隻巴勒斯坦流浪狗？她占有欲太強了，她認為那隻狗會介入我跟她之間，那不過就是一條狗！」

「我也不喜歡妳的狗。每次那隻可怕的野東西撲到我身上我都嚇個半死！但我覺得說塔瑪不喜歡妳的狗有點不公平。我看過她親茄子，真的，我看過好幾次。」我說。

「她是故意演給妳看的，好隱瞞她醜陋的那一面。妳可是有所不知。」

「菲妲，妳不覺得把妳們兩人鬧翻怪罪到一隻狗頭上有點傻氣嗎？事情沒那麼單純。我相信這一切都跟妳們各自的政治處境有關。妳不想欠她人情。」

「才不是，事情就是那麼單純。我不想要知道誰跟我前男友上床。她不但跟伊帖上床，而且她是如此肆無忌憚，如此大聲，她會忘情地大叫，甚至連狗聽了都會對他們吠。她做了整個晚上。我很厭惡她如此粗俗，她毫不知檢點。在伊帖之前她還會把某些巴勒斯坦客戶帶回家。他們也是整個晚上都在做愛。」

看著菲妲的情緒如此爆發令我難過不已。塔瑪當真是惹惱了她。塔瑪會不斷讓她意識到自己是個活在祖國的異鄉人，而「來自歐洲的異鄉人」卻擁有她祖國的永久公民權。

但是塔瑪卻又掌握了她能否獲得救贖與行動自由的關鍵——那張藍色身分證。

這狀況實在棘手。

她們之所以鬧翻，當然是與她們身為以色列人與巴勒斯坦人有關。

因此當菲妲說她不相信她們決裂與以巴衝突有任何關聯，不過是想掩飾自己為了欠塔瑪人情而感到羞愧罷了。

她當然想相信以色列人與巴勒斯坦人之間有可能建立一段正常的友誼，她想相信嫉妒他人的愛情、職業與財富是再正常不過的事情。但對菲妲來說，身為一個沒有身分證的巴勒斯坦人，意味著她永遠不可能嚐到各種我們視為理所當然的滋味。甚至連她反對塔瑪跟伊帖做愛這件事也隱藏著政治意涵。塔瑪並非橫刀奪愛害他們分手，伊帖甚至稱不上是菲妲的男友。他們不過是曾經約會過一陣子，而且原因還帶著濃濃的政治味：伊帖想要實現跟一位美麗的巴勒斯坦女子做愛的幻想，而菲妲則想知道跟猶太人上床是什麼滋味。這段以巴愛情故事老早就以失敗收場。就我所知，菲妲與伊帖之間並非是什麼一對璧人相互吸引、墜入愛河的故事。他們的關係與愛情無關。愛情是跨越不了檢查哨的。以色列法律是根據猶太教律法制定，而根據規定，猶太人與巴勒斯坦人不准在以色列境內結婚，就算在國外成婚，西岸地區的巴勒斯坦人或巴勒斯坦難民的子孫皆不准住在以色列境內，也無法申請以色列護照。伊帖與菲妲之間毫無未來可言。菲妲急需拿到藍色身分證，而伊帖卻同時持有美國與以色列護照，兩人間的差異終究會謀殺這段浪漫戀情。伊帖無法擺脫與生俱來的猶太國公民權（還有因為他美籍猶太父母而取得的美國公民權），而菲妲無法釋懷她的公民權遭伊帖的猶太國掠奪。

但是伊帖跟塔瑪間就無須面對這些障礙與先天條件的差異，他們可以盡情沉醉愛裡。塔瑪跟伊帖可以坐在他們艾因喀拉姆房子的露臺上，在陽光下分食著由麵包、軟嫩的乳酪與橄欖組成的早餐，談論著他倆都曾去過的印度某處隱晦的修行所。他們可以隨時親吻。菲妲就無法與伊帖在公共場合親吻，因為一旦被她的巴勒斯坦親友看見，他們會稱她是叛徒，而她的以色列舊識則會說她是投機份子。

在以色列，菲妲沒有與喜歡的人做愛的自由。

因此我推論，當菲妲看見伊帖與塔瑪在一起，她覺得自己遭到嚴重的背叛。菲妲傷得很重。

塔瑪是如此遲鈍，她「厚顏無恥地」炫耀她的特權。塔瑪招搖的行徑不僅令菲妲相形失色，也讓她絕望的不安變得更加清晰可見。但儘管如此，菲妲卻無法完全斷絕與塔瑪的關係。

「她為什麼就不能替我開心？」收到塔瑪的留言幾天後，我終於逼自己走出家門去見她一面，塔瑪聲淚俱下地對我說道。「我已經很久沒有一個穩定的男友，我現在終於有了，她為什麼不能替我開心？我希望她能祝福我，我愛她。」

「妳知道這對她來說也不容易。她覺得自己遭到背叛，受到傷害。」

「但是她跟伊帖不過就是三年前有過一小段插曲罷了。伊帖跟我兩個人在一起真的很快樂，她為什麼不能放過我們？我花了這麼多時間跟精力照顧她，幫她解決問題。好幾次夜裡在酒吧與派對狂歡過後，是我把爛醉的她載回家，扶她上床。我們以前是朋友，是姊妹。我們曾經一起歡笑。她為什麼不能祝福我？」

「這樣說聽起來可能很奇怪，但是塔瑪，妳需要她的程度勝過她需要妳。」我說。「妳把這段友誼看得太重了，這成了菲妲身上的重擔。妳得透過菲妲來合理化一些妳本來不會做的事情，好比說住在一棟棄置的阿拉伯房子裡。她想擺脫那個重擔。我說的不一定正確，但伊帖不過是個藉口。她一直以來都想擺脫『自由派巴勒斯坦人』的形象。她故意帶了一條流浪街頭的瘋狗回家好測試妳的耐性。妳從來沒有平等看待菲妲，因為她是巴勒斯坦人，所以妳總是心懷愧疚，深怕傷害她的感情。就像妳根本不敢開口告訴她妳不希望家裡多條狗。」

「但她連個機會都不給我！某天她就直接把那條野狗帶回來，然後說她是在某個檢查哨撿到的。就這樣，我只能接受。」塔瑪說。此刻她涕淚縱橫，過去我從未見過她哭得這麼兇。

「妳幹嘛不直接挑明說妳的小房子裡沒空間養狗？」

「因為我不想讓她不開心。」

「但如果換作是其他人，妳早就開口了。」

「是沒錯，但就像妳剛剛說的那個原因，我不能傷害菲妲。她在這裡土生土長，而我這個以色列人，這個移民之女，竟然要替她爭取她故鄉的公民權。妳知道，我們之間最大的衝突是有一次她對我提出一項最可怕的指控。」

「什麼？」

「她說**我**要把她趕出艾因喀拉姆。是沒錯，吵架的時候我的確有要求菲妲搬走，那是因為她不肯接受我跟伊帖的關係，這讓我很受傷。如果我的以色列室友對我男友無禮，我也會說一樣的話。就這一次，我平等對待她，我把她當成我的朋友，而不是以她的導師自居，但菲妲不喜歡。」

「塔瑪，妳之前多次跟我說過，妳們的關係象徵著以色列跟巴勒斯坦之間的政治能量，妳們兩個都太泛政治化了，妳們陷在一個政治權力遊戲裡互相傷害。這一切跟妳和伊帖的戀情無關。」

但是塔瑪無法接受菲妲片面退出她的生活。她繼續打電話給菲妲，但她就是不肯接。她寫電子郵件菲妲也不回。菲妲還嘲弄塔瑪說，「妳現在還要代表我出庭嗎？妳現在還會接受其他被剝奪公民權的巴勒斯坦人登門求助嗎？妳還要繼續當我的律師嗎？」

我去探望菲妲時，她一如我預期，清楚表明她拒絕任何人以任何型式協調她與塔瑪之間的紛爭。對她來說，與塔瑪共居在艾因喀拉姆的日子已然結束，她已放下這段過去，往前邁進。她仍在伯利恆工作，但她跟馬哈穆德——一個性格強悍、出身政治世家的男子——一起住在拉姆安拉這個繁榮的現代化巴勒斯坦城市。這座城市充滿他們的歷史，屬於巴勒斯坦人的歷史。她天生就屬於這段歷史，她不需要再承擔來自任何一方的罪惡感。她活在封鎖之中反而過得比住在「自由的」艾因喀拉姆更加自由（以色列軍隊為了緝捕恐怖份子嫌疑犯，會定期進攻伯利恆與拉姆安拉，搜捕期間居民會被困在城內，直到封鎖結除），在艾因喀拉姆，每一棟被猶太人占據的阿拉伯房屋，都會使她想起以色列建國後將巴勒斯坦人驅逐出境的歷史。

畢竟一九四八年第一次中東戰爭期間，一場由猶太民兵下手的大屠殺就發生在艾因喀拉姆鄰近的村落內。這場代爾亞辛村大屠殺（Deir Yassin massacre）可能是該戰役期間唯一一場記錄在案的屠殺事件，這場屠殺將該村落摧毀殆盡，菲妲說她始終無法擺脫歷史的重量。

在伯利恆，她不用日復一日地被迫想起巴勒斯坦人流離失所的那段歷史。拉姆安拉是個年輕、充滿希望的城市。而自從以色列建起了高達八公尺的安全牆將伯利恆圍住之後，伯利恆雖曾面臨多年發展停滯的窘境，但近來也逐漸活絡。這道牆清楚定義了雙方疆界。伯利恆城牆內的年輕人學會照常過日，並且堅定地相信他們不會被擊倒，他們相信以巴衝突並非人生的全部。外人眼裡會覺得過著正常生活的他們，是以行動來表達對安全牆的蔑視。但這座城的人們之所以能過得如此和樂，還有城裡的社區與教堂之所以能重建得如此美麗，有一部分得歸功於全球基督教組織的慷慨解囊。在這座城裡，衣著時髦的男女從咖啡店與酒吧蜂擁而出，市場裡人聲鼎沸，街道上車水馬龍。菲妲遷居至這座巴勒斯坦城市，是為了擁有她**即刻**便能享受的自由。

同時，就在塔瑪即將出發前往普林斯頓的最後幾日，那隻狗不斷地惹毛她。如今菲妲已不住在這裡，少了一位巴勒斯坦人居中調停來舒緩她身為猶太人的罪惡感，讓她看這條狗格外不順眼。茄子幾乎把家裡每個能咬的東西都咬了，再加上因為現在無人定時遛狗，讓茄子發瘋似地咬每個來訪的客人。塔瑪向菲妲下了最後通牒，告訴她狗非走不可。

有一天那條狗就真的消失了。是菲妲打電話給一處狗繁殖場，請他們給那條雜種狗一個痛快。塔瑪說那天晚上她把狗咬過的沙發套跟床墊全都扔了。如今艾因喀拉姆這間屋子裡不再有菲妲的味道。隨著茄子走了，菲妲與塔瑪之間最後的關係也被切斷了。但還有一件事：塔瑪仍得替菲妲贏得官司。塔瑪必須替她全家人爭得藍色身分證。這是她前往普林斯頓大學前，與以色列司法制度的最後一場戰役。

幾週後菲妲被傳喚出席一場聽證會——那是她與她家人期盼已久的大事。

塔瑪在法庭奮戰。當她代表菲妲出庭時，她忍住淚水。她指控政府是種族歧視份子，她控訴有關當局對本國國民實施種族隔離政策。塔瑪的辯詞鏗鏘有力，字字句句充滿憤怒與憐憫。菲妲一家人站在法庭上默默地哭泣。當審判結果出爐時，塔瑪也跟著哭了。

菲妲與她的家人都獲發藍色身分證，不過只有一年效期，一年後此案得回庭再議。塔瑪替菲妲贏得官司。她不只是替菲妲打了漂亮的一仗，也是替這些年來她在法庭上所代表的全體巴勒斯坦客戶贏得了重大的勝利。

但即便如此，這場勝利也未能改變菲妲的決定，我對此毫不意外。她尚未準備好與塔瑪和解。她已永久闔上生命中與塔瑪為友的章節。同時塔瑪也把菲妲的案子移交給另外一位律師，她正倒數準備前往美國唸書。她想遠離衝突所帶來的憤怒，她想自由地呼吸，想要擁有正常的生活。塔瑪不想再日以繼夜地被她的客戶追著跑。她從未嚐過活在以巴政治之外的人生會是什麼滋味。

普林斯頓大學相當欣賞她提出的以色列行政殖民研究計畫，決定提供她全額博士獎學金，讓她得以在未來四年完成論文。塔瑪得知此事時欣喜若狂。

就這樣，塔瑪與菲妲兩人都從我耶路撒冷的生活中消失。種種跡象令我不得不面對現實的緊迫，也許我的時候到了，也許我也該切斷與「黑寡婦」之間的聯繫。我應該遠離它災厄不斷的歷史。唯有菲妲與塔瑪在我身旁，我才能在這座城市找到歸屬感。透過她們，我可以理解耶路撒冷，我可以從這城市混亂的歷史迷宮中找到出路，從這城市正反對立的訴求中脫身。她們開拓我對這城市的眼界，教我如何去愛這城市的景色，這是我頭一次可以**不用**透過里歐就對這座城市投入私人的情感。我與耶路撒冷之間的連結依附在她們身上，隨著她們離去，這份連結也逐漸磨損。我發現我自己再度轉向里歐尋根，想要與這座城市重建一段穩固的關係。

同時間這個地區發生了一連串重大的政治改變，讓我們這些國際組織的成員都更加深了離開的念頭。二〇〇九年以色列大選，右翼政營獲得多數席次，並推派班傑明・納坦雅胡組閣。我們從此進入了抱持孤立主義的納坦雅胡時代，以色列政府領頭重啟殖民區建築翻修，並且全面擱置和平會談。以色列政治逐漸偏重於國內事務，國際媒體上也少有中東世界的消息，取而代之的是以色列的國內新聞，例如一位前總統爆發性醜聞，還有一位前總理被指控多次索賄。就我們的角度看來，這個世界似乎已暫時不再關心以巴衝突。新的以色列政府只關注內政事務，並且迴避來自國際各界的調停。

儘管身處這個政治情勢令人失望的地區，我仍然甩不開我那難以捉摸而私密的悲痛。我過度放任我的情緒，導致我的人生如今漸漸走偏。有太多未完的細節需要整理，有太多未結的舊帳需要釐清。我需要幫助，我需要外力介入好停下我情緒不斷抽離的狀態。黑寡婦已開始要將我逐出這片土地。以色列退出和平會談令我心中對耶路撒冷的情感逐漸消退。沒有人注意到我的呼救。而我在這世上僅存的唯一一個微弱希望此時又看似遠在天邊。我再也無法觸及里歐。此刻他也同樣迷惘，試著理解以色列何以將政治重心轉向內政。此刻已無人在意我的流產之痛，我為自己沉溺於傷痛之中而感到羞愧。但我就是走不出來。里歐與我此刻同住一個屋簷下，我們不再爭吵，但之間的距離卻是無比遙遠。過去我們雖有爭執，但至少我們是在對彼此發洩直接而深刻的情感。如今我們朝著平行的方向前進，路線少有交集。我由內而外都被擊垮了，整個人虛弱無力，而我曾經深愛的城市就這樣袖手旁觀。

28 毀滅之城

眼前傳來刺眼的白光。我瞇著眼，視線模糊卻依稀可見他一臉疑問。我許久沒在里歐臉上看見如此痛苦的表情。我腦海一片空白，但我知道肯定是發生了什麼可怕的事。我想不起自己為何再次住進醫院。我身邊沒有醫生，但我看見他們穿著綠袍在這間房內四處奔波，穿梭在金屬床架之間，在分隔病床的綠色簾子間進進出出。我拚命在大腦裡搜尋線索卻一無所獲。此刻我宛如漂浮在一片碧綠海洋裡，耳邊隱約傳來一陣交談聲，聽來像是遠方的潮浪；這些人並非在對我說話，他們的聲音令我茫然失措。我身處一間擺滿病床的大病房裡。我身穿綠色病人袍，身上蓋著同色的毯子。

但我明明已經出院返家了。我已經離開了倫敦的醫院去到機場，並且回到我位在耶路撒冷的家。我們搬家了，如今我們帶著所有家當一同住在馬哈耐·耶胡達市場中一棟古樸雅緻建築裡最高的兩層樓。

我再度張開雙眼，看見里歐在房內另一端與一位女子交談。「她醒了。」我聽見他對那位穿著醫生袍的女子說道。她來到我的床邊，我可以聞見抗菌護手凝膠的味道。她彎下腰問我是否聽得見她說話，問我頭疼不疼。她說等我準備好之後她會請警察來幫我錄口供。什麼警察？我本想這樣問她，但不確定是否該這麼問，也不確定我為何要跟什麼「警察」說話。我試著把手臂伸到醫院毯子外，這才發現我左臂上插著點滴。

我身旁有股惡臭，我用空著的右手摸了摸自己的頭髮，黏膩的頭髮糾結成一束一束，我這才意識到那臭味來自我的頭髮。那是嘔吐物的味道。醫生看見我茫然的雙眼。「妳全身上下搞得一團糟，妳需要好好清洗一下，不過在這之前警察想知道妳還記得多少。妳方便用希伯來文跟他們交談嗎？」這位醫生的聲音聽來充滿關愛與同情。此刻我並非身處倫敦的那間醫院。我在這裡，在耶路撒冷，所以她才會問我是否會說希伯來文。那些「警察」不會說英文。

她走到床的另一邊，檢查那一袋已注入我靜脈的液體。「這會有點痛喔。」她說，接著她溫柔地拔出長針。她用一小球棉花按壓在我左肘先前插針處。我伸展手臂想甩開那股麻痺感，看見那球棉花已染上一小塊血漬。里歐徘徊在醫生身旁，專心地看著這一切。他眼神迷惑看似一夜未眠。我到底為何人在醫院？我沒發生什麼意外。為什麼我的頭髮會沾上嘔吐物？我不記得自己有嘔吐，但倒是記得自己走出了一間餐廳，一間位在馬哈耐·耶胡達市場的非猶太海鮮餐廳。我跟里歐過去幾個月以來刻意麻痺自己的情感，那晚是我從英國回來後我們頭一回好好去外面吃頓飯，也是我們許久以來頭一次心滿意足地感受到彼此熱烈的情意。

我記得我點了一道有挪威海螯蝦、淡菜以及螃蟹的海鮮鍋。當服務生把它端上餐桌中央的火爐時，鍋裡傳來一股誘人的香氣，泡在濃濃檸檬與香芹味湯裡的蟹腳往鍋外竄出。我很開心。我覺得這是幾個月以來我第一次走出悲傷。我們不斷互相親吻，停不下來。在經歷了十五年的婚姻與這麼多動盪之後，我們都很感激還能在彼此身上感受到溫柔的情意。我們坐在位於樓中樓的用餐區，鄰桌客人對於我們公然以肢體傳情的舉動都感到好笑；我們看來想必像是一對高調示愛的新戀人。要是他們看見我手上的婚戒必定會覺得奇怪。我們沉醉在濃情蜜意之中，偶爾從挑高的樓中樓往下俯瞰廚房裡冒火的炒菜鍋，大廚將鍋中食材在火焰中拋甩，然後以準備好的餐盤接個正著。

我想繼續睜著眼，但雙眼卻不聽使喚。我身上的毯子被拉到下巴處，我覺得好熱。毯子重重壓在身上，我想移開卻無能為力。我半點力氣都沒有。我閉上雙眼。我試著移動腳趾想將腳伸出毯外。

這裡想必是急診室，因為我周圍太過喧鬧，而且有太多雙腳在房內奔走。在日光燈照耀之下，加上里歐憤怒的目光，這一切令我覺得自己好赤裸。他為什麼不握著我的手？為什麼要站得離我那麼遠，眼睛眨都不眨地盯著我看？我想要他給我一個擁抱，但我無法對里歐說出口，因為我連說話的力氣都沒有。醫生再度問我能否以希伯來文與警員交談，我點點頭。我一心只期待房裡匆匆移動的腳步聲能停止，等著房裡的燈關上。我想要里歐過來坐在我身旁，但是他沒有。這一切很不對勁。如果是我出了什麼意外，如果我發生了什麼不幸，他一定會安慰我，他會把我攬在懷中。但此刻他卻盡可能站得遠遠地。我心想，是他帶我來這裡的嗎？我把雙臂環繞胸前，好似要保護自己躲開他怒氣沖沖的目光。我覺得自己又髒又黏膩。我迫切地想洗個澡。

我試著拼湊這被打亂的拼圖。我記得離開餐廳之後，我走在市場街道上然後進入了一間酒吧，我知道問題一定出在這裡。

「昨晚是妳先生報警，我們找到妳的時候妳情況很糟。妳還記得多少？」這句話傳入我耳裡。我睜開雙眼，轉頭面對兩具身穿警察制服的男性身影。那位親切的醫生就在他們身旁，對著我露出一抹令人心安的微笑。「如果妳需要的話我可以替妳翻譯。妳要我待在這裡嗎？」我點點頭，我需要她在這裡給我安慰與安全感。不用警察說，我也知道自己此刻的狀況糟到無以復加。「妳還記得什麼？」他們再度發問。我雙眼無神地看著他們，絞盡腦汁試著把我的英文翻譯成合理的希伯來文。

「妳先生告訴我們妳最近流產了，而且是懷了一段時間才流產。我們很遺憾聽到這個消息。可以想見妳現在勢必很悲傷，但我們真的希望妳能告訴我們妳記得些什麼。妳是怎麼到達我們發現妳的那個地方？」

「什麼地方？你們在哪裡找到我？」

「我們在那赫羅一個陌生人家裡發現妳，到的時候妳已經失去意識了。妳認識他嗎？」

這怎麼可能？這些人口中說的陌生人家是怎麼回事？

「妳跟妳先生常去酒吧嗎？」

「不常。」

「妳常跟陌生人交談嗎？」

「沒有！我不知道你們為什麼一直提到**陌生人**。」

「昨天晚上妳在酒吧裡有跟任何人說話嗎？」

「我記得在酒吧裡有位朋友介紹了一個人給我認識，記得那男人說自己是一名製片。我記得里歐走進酒吧，我們全都一起聊天。然後里歐要我回家，但當時我覺得家裡好像不是一個安全的地方。」

「為什麼這麼說？」

「我不知道。我當時情緒很低落。」

「那妳當時醉了嗎？妳喝了多少酒？」

「多到喝過頭了。」

「妳每天都喝酒嗎？」

「沒有。我一直到前陣子都還有身孕。我之前已經快四個月了。」

「所以不用太多酒就能把妳灌醉，妳的身體還不適應酒精。」

他是在問我嗎？我應該要回答嗎？是的，他說得沒錯，我的身體的確還不適應酒精。這可能是我五個月來第一次喝酒。

警察問我，「妳還記得什麼？在酒吧發生了什麼事？」他們說道。「慢慢說沒關係。」我被告知我已斷斷續續昏迷了超過十小時。

慢慢地，當下的經過一點一滴回到我腦中。

我記得我們度過了夢幻而迷人的晚餐時光後，里歐從桌下拿出電腦包，於是我走出了那間優雅的海鮮餐廳。我完全不知道他把那包包帶來餐廳，當時他看著牆上的時鐘，他說，「噢，紐約的上班時間就快結束了。」我一開始沒意會過來，臉上還帶著微笑。他繼續說道，「我得迅速把這稿子校對一下，然後把它寄給我紐約的編輯，這篇稿子是關於我最近去了……」我根本聽不下去；他臉上本來尷尬的微笑轉為不知所措的苦笑。我思考了一會兒，但就只有一會兒，因為沒什麼好思考的。沒多久就迅速理出結論，那就是一分鐘前還看似無邊無際的夜晚，此刻已來到盡頭。

「我求你。」我說。「今天晚上不要又落入過去的模式，讓我們好好享受此時此地的一切。」

「我真的很抱歉。」里歐說完便繼續埋首於桌上置於我們兩人間的那疊稿子，但就在當晚稍早前，餐桌上在我們兩人之間放的是兩杯餐前雞尾酒，是我們牽著的手，是一瓶蘇維翁白酒（Sauvignon Blanc），是我們的笑聲，是我的甲殼類海鮮與他的鯛魚，是店家招待的小杯伏特加。

「我得在美國人上床前把這讀完。」他頭也不抬地邊讀稿子邊說著。

「但我人在這裡，我們都在這裡，像這樣的夜晚並不多見。請不要毀了這一晚。請留下來，讓我們繼續一起享受這個夜晚。」我一邊懇求他，一邊在心底痛恨自己的聲音。身為記者，我當然知道截稿期限有多重要，但由於我先前的種種經歷，因此這回看著他一如往常閃躲親密的片刻令我反應格外激烈。

「如果我不在半小時內把完稿寄給他們，這篇稿子就不會被登出來。」語畢，他遲疑卻堅定地繼續校稿。

員警們滿臉困惑地站在一旁。

我繼續在腦海中拼湊剩餘的對話。我累了，喉嚨也乾了。

「我只會花上半小時。」他說。我拜託他能否等到回家再說。他斷然拒絕，說此事等不得。

「那你今晚何必出來？」我問他。

「因為這件事似乎對妳很重要。」他順從地說道。

「那就尊重它。」我懇求他。

「但我真的得把這稿子寄出去。」他語氣堅決。他讓我覺得自己是在小題大作，但我卻堅決認為我得表明這是錯誤的行為。如果他是跟朋友或某位國際人士相約，他絕對不會這麼做。他帶我出門卻毫無預警地提前結束這個夜晚，實在令人無法容忍。

我看著員警們的臉。他們的表情說不上親切，卻也不至於刻薄。他們只是在盡該盡的職責，我覺得這樣沒什麼不妥。我為了維持鎮定所以在身邊築起了一道虛假的安全感之牆，此刻只要隨便一句親切的話語就能推倒這道薄得不堪一擊的牆。

「我們祝福妳未來一切都好。」他們說完後便要我閱讀他們方才幫我寫下的筆錄，若沒問題便在上頭簽名。那份筆錄是用難懂的希伯來文寫成的，但我不在乎。那位親切的醫生問我是否要替我再次確認，但我婉拒了。我毫不在乎。既然我已能預見我的未來，筆錄怎麼寫又有什麼差別呢？此刻我已看見我將再度被迫背負分離的重擔，因為我的絕望替我們帶來了這起不幸，而里歐恐怕認為是因為他全心投入中東事務並且拒絕理解我的悲痛，我才精心籌劃了這場復仇吧？否則他為何始終在床尾徘徊，用冷漠的眼光看著我，不肯站在我身邊呢？當我對警察說我不記得是怎麼去到那「陌生人的家」時，他為什麼要搖頭呢？

「拜託不要審問我。不要審問我。」我在心底默默懇求。我的頭好痛，視線也模糊了，看著自己如此虛弱令我心生罪惡。我希望我能帶走他的痛苦。我想對他說我但願自己能記得一切。我闖下滔天大禍，只因不記得到底發生了什麼事。

我張開雙眼，看見他仍站在遠處用懷疑的眼光審視著我。他對於他所見的畫面以及我遺忘的情節已自有定見。他不相信我是真的不記得。

幾天後我去拜訪我朋友尤尼，關鍵的那一晚他人也在酒吧裡。我問他知道多少，他告訴我，就在我說不想回家之後，他跟里歐就離開了，留我一個人在酒吧裡。尤尼說他把我介紹給他朋友認識，對方是一位以色列製片家，當時人也坐在酒吧裡。

尤尼的製片友人告訴他，當時我繼續喝著酒，那位製片一度問我家住何處，但我只是兩眼無神地看著他。他提議先帶我回他家，但在路上我便吐了，到了他家之後我更是往自己的衣服吐了滿身。他往我身上淋了好幾桶冷水，一方面是幫我清去穢物，一方面是想讓我清醒過來。後來他脫去我身上又髒又濕的衣物把我送進被窩。

里歐後來告訴我，他半夜在家中醒來發現我不在身邊，於是便走回酒吧找我。吧女正在打掃準備關店，她告訴里歐最後有看見我跟那位製片在一起。她也告訴里歐那位製片家在何處。

里歐來到該位製片家門口，他敲門敲了好久但房內無人應門。憂心忡忡的他只好報警，警察迅速抵達現場。他們試著要喚醒我但我毫無反應，於是便叫了救護車。

尤尼告訴我，警察逮捕並收押了那位製片，他平白無故被當成性侵嫌疑犯關了好幾天。後來由於藥檢反應為陰性，他便因為證據不足而獲釋。

看見里歐在床尾看著我，想到自己讓他承受這些重擔令我內心相當難受。我多麼希望能回到那一晚，阻止這一切發生。

「妳可能還會有一點頭暈，不過還好點滴已經補足妳體內流失的水分，妳身體已經不再脫水了。我會讓妳休息一下。等妳休息夠了，如果妳同意的話，我會請一位護士來幫妳做個基本檢查。檢查完以後就去好好沖個澡。我會拿一條毛巾跟幾件衣服給妳。」那位親切的醫生用手電筒檢查了一下我的眼睛之後，便如此對我說道。

「頭暈。」但我覺得感覺更像是被催眠。我覺得自己盤旋在半空中，而身邊一切都繞著我轉。我沒看見那些警察是什麼時候離去的。

我告訴醫生我不需要休息，我很想趕快沖個澡。一位資深的護士與她的助手迅速來到我的床邊，她們扶我去另一個房間，檢視我身上是否有被施暴的痕跡，並且檢查我前一晚是否有被強迫或雙方合意發生性行為。檢查結果顯示一切無恙。我鬆了一口氣。

那位醫生拿了一件黑底白點的洋裝與一條毛巾過來給我。「醫院裡的衣服大多是大尺碼的，這是我能找到最小件的了。」這荒誕的一切令我想笑，我不知道原來醫院還有衣物銀行提供病人使用。我急著要離開這間醫院。我想洗去頭髮上乾掉的嘔吐物，醫生陪我走去淋浴間，里歐則站在走廊上等我。

我仍無法釋懷前一晚失憶的幾小時裡發生在我身上的慘劇。雖然我並未被強暴，但還是覺得遭到侵犯。我為我的輕率與毀滅性人格感到羞愧。此時此刻，比起煩惱自己該如何面對這段經歷，我反而更擔心里歐會作何感想，而這一切令我倉皇失措。我該如何走出這間醫院並且重拾「正常」生活？

我走出淋浴間才意識到我沒有鞋子可穿。可惜這醫院只有衣物銀行沒有鞋子銀行。我像具殭屍一樣走在里歐後頭，赤著腳，髮梢還滴著水，身上全是淋浴隔間牆上掛著的抗菌沐浴乳的味道。我跟著里歐走到醫院辦公室，看著他簽了一堆文件。

我很驚訝地發現剛才那位醫生還跟在我們身後。她有一雙眼神豐富的大眼。她給了我一個擁抱，然後對我說，「我叫凱琳。明天打個電話給我，我會幫妳介紹一位創傷諮商師。妳需要幫助。不要聽信別人的話，以為自己做錯了什麼。」

接著她看著里歐，只說了一句話：「好好照顧她。」

接下來幾週內，這位親切的醫生數次打電話給我，關心我過得如何。她的擔憂掛慮正是以色列優越的醫療照護系統的最佳寫照。

里歐沒對醫生或我說任何一句話。他的臉映照出他內心的衝突，當晚所見的畫面不斷在他腦海重演，在他心上留下創傷，衝突與創傷帶來的衝擊正將他撕裂。我看得一清二楚。

接下來的發展全在預料之中。一切就跟兩年前的分居如出一轍，只是這回我選擇默默接受。

搭計程車回家時，里歐沒有坐在我身旁。我沒有跟他吵，全由著他去。我已預見我們在耶路撒冷的生活將無可避免地走上舊路，但我沒有勇氣阻止這一切。下個階段的命運已然塵埃落定。

我們回到近來復合後共居的那一棟位在那赫羅的屋裡，我知道他上樓只是為了要收拾衣物與筆電。當他離開屋子走進巷弄後，他似乎哭了。我知道我的關懷安慰不了他，甚至就算我為了無意間帶來這場意外的悲劇道歉也沒有用。再沒有什麼比里歐的淚水更令我難過，我上一回看見他哭泣是在經歷了複雜的剖腹手術之後終於生下基朗，我昏倒在他懷中。他以為他就要失去我了。所以這一回他也是為了同樣的理由而哭泣嗎？他覺得他就要失去我了嗎？

如果他真這麼覺得，那並非是因為我將他推開，而是因為他困在莫名的自尊裡，至少我是這麼認為的。我在計程車內對他說我理解他的痛苦，我感到非常抱歉。我很後悔自己那一晚失控了。但他不願接受我的安慰，他所承受的痛苦比我還大，他的傷口比我的懊悔還深。我只能獨自面對自己內心的恥辱。

我的無心之過讓他有藉口在這陰暗的時刻避開他該負的責任。此刻除了他的痛苦、他的懷疑、他不信任我的清白，還有他的憤怒之外，什麼都不重要。

我站在露臺上，看著他奪門而出走上那赫羅徒步區的巷弄，我邪惡地想著，也許我內心深處就是想看他心碎。我偷偷期望他也能一嚐我的絕望。我的確成功傷害了他，但也付出極高的代價。我不惜自毀清譽也要達成目的，但倘若真是如此，為什麼看見他身陷痛苦之中會令我如此難忍呢？

29 黑寡婦來襲

就在我們悲慘地陷入難以化解的對立過後一個月，我們即將迎來十五週年結婚紀念日。這一年，我不敢對這個日子懷有過多期待，不只是因為就在四週前，我才看著他痛苦的臉消失在那赫羅的巷弄間，更是因為我們約好要在結婚紀念日當天在諮商師黛柏拉的陪同下會面。

我們事先都各自與黛柏拉進行了為期三週的諮商，接著再一起接受她的輔導。每回療程結束後，我跟里歐常會覺得創傷比療程開始前更深，但我們迅速意識到這是正常過程。我們應該要盡情宣洩並撕裂彼此，當情勢達到絕望的谷底後，我們才會感到自責，並且為自己的行為感到羞愧。我們持續進行了好幾週的共同輔導之後療程才開始發揮效用，令我們之間的關係好轉。

就在我們十五週年紀念日正好一個月過後，里歐回家了。我聽見前門傳來鑰匙轉動的聲響還有階梯上熟悉的腳步聲，彷彿他只是剛下班回家一樣。我們全家人聚在一起吃晚餐，之後他說了個故事給瑪亞聽，然後我們各自手握著一杯茶，坐在露臺上俯瞰著市場。「敬我們一杯。」我們對彼此說道，接著我們宣誓要按照黛柏拉的指示，不准再提關於自己的事；我覺得這沒什麼，但

那赫羅的巷弄。

對里歐來說就有些困難。他覺得自己讓步過多，他認為這樣的安排未能滿足他對復合的要求，他內心的疑惑仍未得到解答。

就在二〇〇九年十二月，我們生命中這段悲傷的插曲突然暫停，因為我的經紀人魯絲·迪斯金來電告知我受邀出席一個印度影展，而我最喜愛的電影人，紐西蘭導演珍·康萍（Jane Campion）也受邀出席。

這則消息讓我將我的悲痛完全擱置在旁。我在意的不是影展，而是竟然有機會與珍·康萍在同一間飯店住隔壁房，或是在大廳與她巧遇，跟她一起在飯店餐廳用餐；我幾乎克制不了我的狂喜。對我來說她不僅只是一位名人，我喜愛她作品裡處理人性陰暗面的手法，她會根據劇情需要而非刻板性別印象替角色增添詭譎的色彩，好比說《鋼琴師和她的情人》（*The Piano*）、《兇線第六感》（*In the Cut*）皆是如此，但她的作品又不像同時期其他電影常會有女性意識過度氾濫的通病。

魯絲動用了一點人脈，讓以色列外交部願意替我負擔德里來回機票的費用。我很訝異地發現過去數週令我痛苦萬分的事件，如今看來竟是如此不值一提。我比珍·康萍晚一天抵達德里，一如我所期待，她跟她女兒與我住在同一間飯店。當我下樓來到大廳詢問影展開幕事宜時，我們也真如我所夢想般相遇了。但她前來傳達的壞消息卻不在我的預料之中。就在我抵達德里不到四小時後，珍・康萍告訴我這場影展是個騙局。沒有人去機場接她，其實我的遭遇也是如此，只是我一直以為是溝通出了什麼差錯。珍・康萍在飯店已待了超過一天，依然沒有任何一位影展工作人員與她或是其他電影人聯繫，如今飯店的管理部門已開始刁難我們，因為他們不知道這些賓客的帳該找誰來付。

我仍然認為一定是發生了什麼嚴重的「第三世界風格」的溝通誤差，畢竟全球最知名的導演之一下榻在中小型飯店裡且沒有人來接待她，這種事情怎麼可能會發生？但我愈是仔細觀察四周，愈是相信珍・康萍所說的一切為真——根本就沒有什麼影展。一共約有十五位賓客下榻在這間飯店，沒有一個人碰上接機。我凌晨四點抵達德里，在入境大廳焦慮地來回踱步了兩個小時，不斷尋找有沒有寫著我名字的小牌子。當時我問了現場每一間前來接機的飯店工作人員，想確認會不會是他們把我的名字拼錯了！一直等到外頭天都亮了，我想一定是哪裡發生了什麼錯誤，所以決定自行搭計程車前往飯店。那是一間位在德里市郊聞起來全是樟腦味、寢具上有破洞的小飯店。那飯店沒有接待處，只在門口擺了一套桌椅，一名警衛就坐在那兒；另外還在門廳擺了一張至多可容納四人的長椅給等候的旅客坐。

起初實在很難拉下臉接受整個影展是場騙局。原來這是一群騙徒打著影展名義向印度各部會申請經費，而種種跡象顯示這幫人拿到錢之後便捲款潛逃。這是我此生經歷過最精心策劃的騙局。影展開幕式本該在我抵達當日舉辦，當地多數報紙都在副刊以全版彩頁報導珍・康萍參加此影展的消息。到了晚上哪有什麼典禮，只有一群以女性為主的電影人，在珍．康萍的房裡一邊喝茶一邊擔心著我們的人身安全。

有一群土耳其電影人選擇留在房裡，他們鎖上房門，整整三天都靠客房服務的餐點過活。他們看見我時，認為終於找到了一位可以信任的印度人，而我雖略有遲疑，但還是幫他們安排了日間觀光行程，直到他們搭機返回伊斯坦堡（Istanbul）為止。看著他們因為影展「籌辦人」的行徑而有此遭遇，令我感到有些困窘，因為那些籌辦人碰巧是我的孟加拉同鄉，所以我內心覺得自己也該多少負點責任，至少確保他們接下來待在德里的時間能玩得盡興。

這一回「印度經驗」充滿了驚嚇與失望，不過我卻也因此與珍．康萍建立起新友誼。就在我情緒尚未平復之際，我便踏上歸程準備回去以色列。

殊不知在以色列等著我的，是一件我怎麼樣都料想不到的麻煩事。

下機之後，我在本—古里安機場碰上了此生最離奇的一段遭遇。就在我出示護照後，隔間裡的女子沒有多作解釋便找了某位安檢人員陪我前去內政辦公室。一切過程是如此迅速，彷彿他們早已擬定好詳盡的計畫，並且將細節輸入每一臺電腦裡，所有人都已準備就緒，只等著我一到場便能按計劃進行後續。才剛歷經長程飛行的我已疲累不堪，況且我全然沒料想到我的中東生活還會無故碰上這樣突如其來的新轉折，困惑的我坐在以色列內政部機場辦公室的長椅上等待著。約莫一小時過後，一位女性安檢官員走進等候區喊了我的名字。她要我跟著她來到另一間等候室，裡頭有第三位身著制服的女性安檢官正等著我。我從她頸上掛著的名牌得知她叫做洛妮特。

洛妮特開始訊問我，她一開口便說我丈夫違反以色列法律，因此身為妻子的我也同樣違法，為此他們必須把我遣返回我的出發地。我起初驚訝到無法言語，當我終於開口後，我問她我丈夫犯了什麼法。她說他沒有更新他的工作許可。由於內政部拒絕延長他的工作簽證，因此五年期滿後他就得離開這個國家。他們的調查顯示他期滿後仍逗留在以色列境內，因此他們奉命將他全家驅逐出境。我客氣地表示他是猶太人，根據以色列返鄉法規定，以色列必須提供全世界的猶太人庇護。「那他為什麼不正式入籍以色列？如果他想回來，他可以在他祖國辦理入籍手續。在此之前妳跟他都不能入境以色列。」那位官員說道。

我說我丈夫是否要入籍是由他來決定，但我是英國公民，我沒有非法入境，我的簽證從來沒有過期。「妳不可以沒有理由就拒絕我入境！」

他們說他們不需要理由。我跟我的丈夫都打算在以色列「定居」，而他們不允許這樣的狀況發生。既然我丈夫不願意以猶太人的身分在這住下，那我們就是非法入侵者。

「我可以請問你站在哪一邊嗎？」里歐最近一次從安曼入境時，他在艾倫比橋被問了這個問題。他當時是這麼回答的：「對你來說**我們**是指誰？**他們**又是指誰？如果你把這片土地上接近半數的人口都當成**他們**，你要我怎麼站在你那一邊？」

好吧，看來他這答案不大受歡迎。他在內政部資料裡的個人檔案早被註記為「同情阿拉伯人士」，這答案可能又讓他本就不甚光彩的檔案雪上加霜。否則我現在怎麼會身在此處？我從不曾蓄意做出任何表達政治傾向的舉動，甚至我許多阿拉伯朋友都開玩笑說，我的紀錄片鼓舞了以色列人對巴勒斯坦人的獵巫心態。他們說以色列主流觀眾會喜愛我這部片，因為它符合他們的伊斯蘭教恐懼症情結。我自己也有意識到這點，因此當我採訪名譽殺人案件的倖存者時格外謹慎小心。令我沮喪的是里歐也向我表達了同樣的觀點，他說他的話也許不中聽，但我確實多少助長了以色列一貫抨擊伊斯蘭教的政策，甚至在日漸污名化伊斯蘭教的西方社會裡也起了同樣的作用。

同時間，內政部職員與她的上司確認過後回來告訴我，這不是恐嚇，我是確確實實要被遣返出境。在此之前我一直很放鬆，完全沒想過方才關於我丈夫簽證逾期逗留的種種紛爭，會當真讓我被這個已經住了五年的國家驅除出境。未露面的長官下達最後指令後，我在警察陪同下不停被帶到不同的房間，沒有任何一位內政部代表願意跟我說話，沒有人願意好好聽我告訴他們我是一位紀錄片導演，是外交部送我去印度，我在德里可是代表以色列的貴賓！我甚至還受邀與以色列駐印度大使馬克·蘇弗（Mark Sofer）以及大使夫人莎拉一起在他們的私宅用餐。

他們對我的故事毫無半點興趣。我冒著被拘捕與監禁一夜的風險，一度以呼喊與眼淚讓一位在機場工作的內政部大官聽見我想傳遞的訊息。他走出來跟我說他不在意究竟是不是外交部替我付了飛往印度的機票，因為他現在正準備要外交部負擔我被遣返的費用。

我想當晚我之所以沒有被拘捕，是因為幕後下驅逐令的高官想必與里歐有私仇，對方不希望法院介入審理以免驅除令被法院駁回。拘留我一夜只會對我有利，讓我爭取到更多時間。這一切實在是陰暗、官僚到簡直荒謬的境界，我對著這些造成我心理創傷的官員們大喊，我說我已經打電話給律師了，他們如此野蠻的行徑絕對不會得逞，負責此事的官員以為我聽不懂希伯來文，他對他的屬下以希伯來文說他倒想看看是法院撤銷遣返的禁制令先到，還是他們會先成功把我給踢出去。

我突然感到一陣反胃暈眩，我想一定是我不斷對著內政部官員又哭又叫害的。我很訝異無人打算對我解釋他們為何做出如此激烈的決定，要把一位英國公民趕出這個國家。就連夜班的清潔人員也把我當成在以色列非法工作被逮到的外籍勞工。滿懷挫敗的我自顧自地說著過去這幾年如果我想要的話，早就可以成為以色列人了，我的家人們也是如此，但我們拒絕了，里歐總說他無法成為這個無理仇外的國家的一份子，而如今我總算明白他說得沒錯。

飢渴交加、極度疲憊的我，實在無法面對又得再度登機。我從印度回來的班機還在土耳其中途停留，一趟下來已是十二小時。我心中仍有一部分拒絕相信發生在我身上的一切。儘管如夢魘般的遭遇在眼前展開，但我卻依然感到飢腸轆轆，這感覺真的很奇怪。我要求他們提供食物，但他們要我自己去投販賣機。販賣機裡頭賣的只有 *bamba*，那是一種花生醬口味的零嘴。我想到我的孩子們，想到瑪亞，她最愛吃 *bamba* 了。我想吃三明治。但他們拒絕了，他們說夜裡這時刻沒有三明治。我記得里歐總是說：「如果妳想要跟以色列爭取什麼，絕對不要採取安靜的手段。妳得大吼大叫，把事情搞大，這樣他們才會理妳。」所以我果真大吵大鬧了一番，我堅持我要吃三明治，而且房裡每個等待遣返的人也都要有一個。此刻這個房間裡有解放巴勒斯坦人民陣線（Popular Front for the Liberation of Palestine）[1]的激進份子、有嫁給被以色列認定為「煽動份子」的猶太男子的家庭主婦，但與其說「煽動份子」，更適當的說法或許應該是「痛恨自我的猶太人」（里歐近來終於願意承認任何猶太人只要來到以色列都會開始自我貶抑）。對了，現場還有幾位應該是簽證到期違法居留的菲律賓外勞，許多外勞都常碰上這個狀況，其中有一位婦人還帶著一位年紀很小的孩子，那孩子很快就枕在她大腿上睡著了。

最後三明治還是送來了，人人有份。所以里歐是對的，在以色列果然是會吵的孩子有糖吃。這加強了我的自信，我認為自己一定不會被遣返。

當他們一允許我使用電話，我便立刻打電話給里歐。由於我稍早致電給一位律師朋友徵詢他的意見時已把手機電力用盡，因此我向一位激進份子商借手機。與里歐通話後，我才得知我內心所擔憂的事情果然發生了；約莫就在同樣的時間點，里歐在艾倫比橋也碰上與我相同的狀況。就在我印度行的最後兩週，里歐也飛往印度陪我，由於孩子們人正在英國祖父母家，我跟里歐得以共享一段獨處時光。我們在德里與友人一起享用了耶誕大餐，兩天後我們各自搭機返航。我搭乘土耳其航空途經伊斯坦堡飛往特拉維夫，而他則搭乘皇家約旦航空飛往安曼，再搭計程車前往艾倫比橋。當我一下機他們便攔下我並迅速辦理遣返流程時，我內心就隱約猜到里歐已經在安曼與耶路撒冷邊界通關時，被以色列安檢人員攔截。這群虎視眈眈的內政部官員恐怕沒想到自己運氣這麼好，我幾乎是同時間出現在本—古里安機場。里歐要我別擔心，律師正盡全力申請禁制令以阻止我們被遣返。

過程中我一度打出親情牌，我說我一定得入境看看還在耶路撒冷的兩個孩子。他們當然知道

1 解放巴勒斯坦人民陣線為巴勒斯坦解放組織底下的第二大團體，此團體為武裝游擊組織，曾策劃多起以色列和西方國家為目標的暴力襲擊。

我是在說謊。這個謊沒什麼說服力，畢竟這裡的安檢系統對於個人資料的追蹤可說是滴水不漏。這可是一個會監控境內每個巴勒斯坦人的國家，我剛剛隨口胡謅說我的孩子在耶路撒冷，但他們只要隨便找臺電腦就能查出真相。

我心想，還好基朗跟瑪亞正在英國度過耶誕假期。我出發去德里前才送走他們。

這場磨難共持續了六小時，期間我被當成罪犯一樣被拍照、捺指紋，而且由於電腦故障我還被迫重複了一次流程。我被剝光衣物，由一位戴著白色橡膠手套的女孩搜身。最後我被送進一間由警衛看管的房間裡，沒有人向我解釋這一切所為何來。此刻距我離開德里已經十五小時，這一切實在非常，非常的卡夫卡。我的手機沒電，而之前借我手機的那位激進人士也不在這間房裡。我們的律師聯絡不上我，無法告知我最新情況。

我一度被送到行李提領處指認我的行李箱，他們打開我的行李並取出每一件物品，一件一件送進X光機檢查。檢查完畢後，我不敢置信地發現他們重新打包好我的行李，並且幫我辦好了托運與報到手續，要把我送上土耳其航空下一班飛往印度的班機！我看見行李把手被繫上了「特拉維夫—伊斯坦堡—德里」的標籤。我還是不明白為何沒有人跟我說明這一切。他們只會用單詞對我下指令：走！坐下！來！打開！除此之外，沒有人願意跟我溝通。當他們推著我的行李要把它送上往德里的班機時，我試著告訴他們我需要有簽證才能入境印度，可是我身上只有一份已經使用過的單次入境簽證。

「如果你們要我走，我得飛去英國，我很樂意自己出機票錢！」我大喊著。我稍早的信心此刻已經瓦解。

「妳只能飛回妳出發的地方，這是規定。」

我靜靜等著登上土耳其航空飛往印度的班機，就在此時我們的律師有了突破性進展，他們在緊迫的時間壓力下贏得這場比賽；只差幾分鐘內政部就要把我送上回德里的班機，把里歐送進回安曼的計程車。

整個過程說來既長又不光彩，簡單說來，就是我們的律師拿到替基朗舉辦成年禮的猶太祭司寫的兩封信之後，便成功申請到法院禁制令。第一封信的內容寫著我先生是位猶太人，除非他參與了什麼煽動群眾的活動，否則政府不可將猶太人驅逐至以色列境外。至於第二封信的內容，文末我會原文摘錄，但總之結果就是里歐與我獲發一個月的簽證，終於得以入境。我們有一個月的時間釐清我們在這個國家岌岌可危的處境。

當我們終於回到耶路撒冷的家，里歐似乎毫不擔憂。他沒有如我預期那樣一連打上好幾百通電話要有關當局負起責任。他只說他一點都不驚訝；過去這些年來他始終堅定拒絕與以色列扯上任何關係，如今他終於證明自己是對的。他贏了。他雖然什麼都沒說，但卻傳遞了非常清楚的訊息：「我就說吧！妳老是要我入籍以色列，現在妳總算明白我為何不肯了！」

這段經驗令我受到驚嚇。有著猶太血緣的我們一家人，在以色列機場安檢單位眼裡向來不構成威脅，每當我們一起旅行時總是輕輕鬆鬆就通過安檢。在我開始參加影展以前，我甚少不帶著孩子單獨出入本—古里安機場。每當我偶爾單獨行動——好比那一回我因為胎兒出問題要前往倫敦就醫的不幸遭遇——就會被攔下來審問，因為我符合他們的「恐怖份子偵防」特徵。儘管如此我依然保持樂觀，這些安檢程序並未讓我對住在耶路撒冷一事產生嚴重的偏見。

但這一回，就在律師出面斡旋之後，我終於得以離開機場，在返家的計程車上我認真考慮要搬回英國。我不想再落入一群權力薰心、無理仇外的安檢人員手裡，無力地面對種種可怕的待遇。

當然，我知道巴勒斯坦人每天都會碰上這樣的遭遇，他們遭遇的處境絕對比我與里歐所經歷的還要糟上許多。但我不是巴勒斯坦人，以巴衝突與我無關。我大可在世界其他地方活在文明的自由之中。

內政部一位女子把我護照上**拒絕入境**的戳章註銷，將附上一個月簽證的護照遞還給我。我的孩子們在一週內就要返回以色列，她威脅我說到時候她會將他們遣返出境。我們不願冒任何風險，所以把那位猶太祭司的第二封信傳真給基朗，要他保管好以免被遣返。我們的兒子讀到那封信時嚇壞了，那封信的內容如下：

我與基朗（英國護照號碼：＊＊＊）以及瑪亞（英國護照號碼：＊＊＊）熟識，他們是里歐的孩子，里歐是一位猶太人，而且是我們這間猶太教堂與這個社區的一份子。基朗會定期上＊＊猶太教堂。我兩年前教導他成年禮相關知識，並且在這間猶太教堂替他舉行了成年禮儀式。就我所知，他已行過割禮。我是耶路撒冷＊＊＊猶太教堂的祭司，可以透過以下這支電話號碼與我聯繫：＊＊＊＊＊。

30　「好」寶寶

這幾年我們的生活始終在各種不幸的遭遇與掙扎間重複循環，然而隨著時序進入二〇一〇年，這新的一年替我們的生活留下了不同的註記。先前那場驅逐險境最終雖被我們即時扭轉局勢，但想來仍令人餘悸猶存，困惑的我對這個國家失去信心，但也就在陣子，我總覺得自己的身子格外疲累。除夕夜我們在鄰居家中欣賞完即興爵士演出之後，正準備要舉杯慶祝新年到來之際，我突然覺得一陣反胃。我受不了房裡香檳的氣味，匆匆奔至室外。我沒跟任何人交代一聲便逕自走回家，我在醫藥櫃裡東翻西找，找出一根放了一陣子的驗孕棒。分不清是喜悅還是恐懼，我激動地驗了孕。

我雙手抱頭坐在馬桶上。不可能，這不可能發生在我身上。接著我開始感到恐懼，我確信這一回肯定又是悲劇收場。這場悲劇會撕裂我們，會令我粉身碎骨。這是上天對我最終的嘲弄，我們不過是祂手中的懸絲傀儡而不自知。

里歐回家後，我發現實在很難忍著不告訴他這個消息。但我想先找醫生進行一些初步檢查，等一切塵埃落定後再向他透露這個消息。

那一晚，當我清醒地躺在床上之際，我感受到夜的安寧，我略帶遲疑地在心中歡迎在我體內深處進行有絲分裂的那一群特別的細胞，那是一個令人興奮的新希望。

我們將新生兒放進汽車安全座椅裡頭，小心翼翼地把他從醫院育嬰室帶到停車場。他一臉安詳，似乎對自己出生不過才二十四小時這個事實不以為意。這是他頭一回來到戶外，沐浴在八月毒辣的豔陽下。

就在短短一年前，我在另一座城市裡帶著相同的疼痛從另一間醫院離去，只不過當時我身邊並沒有這個小小希望陪伴著我。當時我以憂鬱沉痛的態度面對那場撕心裂肺的風暴，如今我以美好而祥和的心情期待著仍大有可為的未來。

對於像我這樣一個極度失格的母親，能再生下一子實在是上天眷顧。我仔細保護著寶寶，站著替他遮陽，一邊等著里歐把車開過來載我們回家。我覺得自己內心已堅強到足以保護我們一家不再像過去那樣易於陷入厄運之中。

他在我們家顯得格格不入，顯得格外特別。里歐從我們的衣櫥清出一層架子來裝他的小衣服。想到我們家竟有了第五個新成員，感覺還是很古怪。我常常會打開衣帽間的門，不可置信地看著一整排屬於他的連身嬰兒服與小背心。這個小生命真的屬於我們嗎？「你這小傢伙是打哪兒來的啊？」我常會這樣輕聲對他說，而他則會鬥眼盯著眼前這個盤旋在他上方的奇怪女子，這女子的長髮髮梢正搔著他的小臉蛋。

有一段時間，我們的家庭生活看似尋常而歡樂。由於寶寶出生後患有新生兒黃疸，被留院多觀察了幾天，因此我們並未按照猶太教規於出生後第八天舉行割禮，而是等到了第十天。這一回我很勇敢且做好了心理準備，當那位耶路撒冷最有名的割禮執行人替寶寶行割禮時，我全程待在同個房裡陪著他。通常執行完割禮後，割禮執行人會進行一段宗教儀式，但該位割禮執行人進屋沒多久就發現我不是猶太人，因而拒絕進行儀式，這讓場面一度有些尷尬。里歐又氣又沮喪，他想要去當面質問對方。但我說沒必要，如今我已習慣了猶太的排外主義。我告訴里歐，就算對方不願意替我們的寶寶祈禱也無妨，重要的是寶寶很健康，而且他熬過了這場磨難。基朗出生時里歐堅持要替他行割禮，但里歐說這一回他不確定割禮對他而言是否真那麼重要。我心想，這話說得有些遲了，但我沒說出口。他希望他兩個兒子都像先知亞伯拉罕（Abraham）一樣挨上那一刀[2]，他應該開心他的小寶寶沒流什麼血。那一刀乾淨俐落。

但儘管下刀再俐落，終究會留下疤痕。即使在我思緒清晰鎮定之時，都會不禁想著我們沒有

2 亞伯拉罕是猶太教、基督教和伊斯蘭教的先知，在此三宗教中占有重要地位。根據希伯來聖經記載，割禮是亞伯拉罕與上帝訂下的永久契約，他亦是歷史紀錄中第一位行割禮之人。

權力讓我們完美的寶寶為了一場宗教儀式承受肉體的損傷。但我想避免衝突，我想了一百個理由說服自己割禮利大於弊。我不想重演基朗舉行割禮時的情節；當時我跑出屋外以示抗議，但我的抗議未能阻止這一切，只是讓我們早已爭執不斷的關係平添衝突。這一回我長了智慧，學會去顧慮那些對與我親近的人而言重要之事。我婆婆專程從威爾特郡飛來，里歐整個大家族都前來參加這場儀式，這樣的場合能讓我們感情更加緊密。當然，這或許只是我思緒沉靜時一廂情願的想法。

有那麼一段時間，我們的生活看似一切正常。

又到了該搬家的時刻。這是多年來我們第六間房子。每一回我們搬家，我們就會在潛意識裡翻開人生新頁，期待著這會是寫滿快樂的一頁。

我們搬到了葉明莫什（Yemin Moshe），那是耶路撒冷第二個也是最後一個「政治正確」的社區。這座城裡每棟房子都有自己的故事，人們都該知曉每個落腳處的歷史，並將它流傳下去，如此才不枉曾在該處住了一回。

我們的新房位在耶路撒冷地標，蒙特菲歐風車（Montefiore Windmill）的附近，位置得以俯瞰舊城區的雅法門與城牆。夜裡從我們的露臺看去，整座城市的天際線就像個歌德式生日蛋糕。這座由蘇萊曼一世打造、沾滿血腥歷史的城牆就近在咫尺。能夠邊淋浴邊望著城牆實在有種奇特的感受。當夜裡城市燈火亮起之後，這驚人的全景更是令人神魂顛倒，美得不可置信。那燈火通明的城牆塔樓、帶有十六世紀鄂圖曼裝飾的古代堡壘大衛塔（Tower of David）、安息修道院（Dormition Abbey）的鐘樓以及下方深深的山谷，一切看來宛如一幅童話般的畫作。

我們在葉明莫什的房子。

從我們位在葉明莫什房子的露臺看出去的「生日蛋糕」遠景。

我們很開心帶著新寶寶住進新環境裡。環繞我們的「生日蛋糕」遠景，恰似在慶祝著這嶄新的一切。

我們的寶寶看起來一臉安詳，他有里歐的五官，膚色則與我相近，隨著他日漸長大也開始長出一頭與里歐一樣的鬈髮。他太不真實了。連續兩次懷孕時間加起來實在太長，有時候當寶寶的醫生問起我受孕跟產子的細節，我都不知道我是從哪一次懷孕算起。某方面來說，這樣感覺很好，我無緣的寶寶跟這個新來到我們家的「好」寶寶合為一體。他的誕生是個小小奇蹟。

但說起我跟里歐的同居生活，那還真是沒有什麼奇蹟可言。自從阿拉伯之春（Arab Spring）[3]爆發後，里歐迅速開始周遊列國的生活。這個地區在呼喚他，而他體內那個雲遊四海的記者回應了這個呼喚。基朗與瑪亞很開心家裡多了一個洋娃娃般的小弟弟，他們跟他玩起各種有趣的遊戲：基朗會把他放在他的爵士鼓前，然後給他一隻鼓棒讓他把玩吸吮，而瑪亞則會讓他穿著過大的牛仔吊帶褲，隨著披頭四（Beatles）的〈黃色潛水艇〉（*Yellow Submarine*）的樂聲舞動。如今我的生活裡多了一個寶寶，再加上兩個較年長的孩子，其中一個還是一天到晚鬧彆扭的青少年，這樣的生活至今我還在努力適應。此階段的生活常帶給我許多突如其來的意外。距離我們那回至目前為止最嚴峻的考驗還不到一年，我們的生活就突然看似回到正軌，儘管這階段的生活帶來許多喜

3 阿拉伯之春源起於二〇一〇年十二月發生在突尼西亞的茉莉花革命，突尼西亞境內發起大規模街頭遊行以爭取民主，此事件導致時任突尼西亞總統下臺，成為阿拉伯國家第一場由人民起義而推翻政權的革命，因此帶起整個中東世界追求民主的革命浪潮。

悅，卻也發生了許多挫敗。為了要繼續這段婚姻，並且擔起養育三個孩子的重責大任，我們得先釐清許多問題，並且讓自己變得更加成熟。這三個孩子分別處於不同的成長階段，各自有著不同的需求，要照顧他們實在令人倍感壓力，我一度完全沒有時間去回顧我與里歐過往的私人恩怨。

阿拉伯之春不只撼動了從利比亞到摩洛哥的阿拉伯世界，它某種程度也推翻了我們在這個政治正確、風景優美的新住處一度曾找到的平靜。

但是人類終究不可過度自滿，忽視這把燒向整個阿拉伯地區舊勢力政權的火。里歐先是去了利比亞，然後又去了一趟利比亞，接著是埃及、突尼西亞、摩洛哥。自此之後，里歐不停以不同順序在這幾個國家間巡迴。我發現自己時常前往艾倫比橋，因為里歐秉持著阿拉伯革命精神不斷在這些國家來來去去，我也只能不斷地來回接送。里歐與我身邊許多人一樣，對於這個地區首次展現人民的力量感到樂觀，相信未來將會有無限可能。

我能理解里歐為何內心急於回應這個地區對他的召喚。這情況說來荒謬。他期待我能理解他必須為了更崇高的目標奔走於中東，相形之下，我們次要的需求就顯得無足輕重，而我理當要能體諒這一切。但是我們在經歷這麼多混亂之後，好不容易帶著一個新生命在新家開始了新生活，我們曾暗自決定要好好同心協力，珍惜我們的家庭生活。但我們的家庭一夕之間就被阿拉伯民主英雄的偉大成就給入侵。我可以接受在這樣的脈絡之下，人難免會將家庭責任的優先順序往後挪。我愧於再向里歐多要求些什麼。我時常看著他匆匆忙忙甚至沒通知一聲就離家。我會在半夜三點醒來，保持鎮靜地聽他說著他又接獲出差通知，而計程車已在外頭等著載他前往艾倫比橋，再從艾倫比橋前往安曼、開羅、班加西（Benghazi）、的黎波里（Tripoli）等地。此區劇變讓我們將瑣碎而私人的紛亂擱置一旁，當這個地區身陷於革命騷動之中，談什麼家庭的溫暖都成了一種奢求。

但我也逐漸明白，渴望得到一個「家」通常所能提供的安全感與安心感並不是什麼可恥之事。這並非次要的需求。我們此階段人生的當務之急便是該如何找回家的安全感與安心感以捍衛我們的婚姻，以及該如何在私人與全球事務之間取得平衡。

後記
找到屬於我們的和平

里歐與我不像其他分居怨偶一樣彼此間有個緩衝區，也有人會把那樣的緩衝區稱為「三不管地帶」。我們在生活中總不斷交戰，前線戰火四射。我們之間如此糾纏難解，是因為彼此的動力、抱負與熱情都太過相似，只不過我可能過於情緒化，而他則又過於嚴謹。

這樣說聽來或許古怪，但我們已找到和平。

漫遊在革命後的阿拉伯世界裡，讓里歐找到屬於他的和平，這是他在中東這麼多年以來頭一回得以舒展身心。他不再被困於以巴衝突之中，不再永遠徒勞地想促成雙方和平。

而我藉由書寫本書找到屬於我的和平。

和平也來自我終於悟透了某個過去時常聽到卻未曾留心的道理，因為過去我總覺得那與我的人生無關，那道理就是：你無法改變他人，所以必須改變自己。這並不一定意味著投降，而是要懂得與時俱進。畢竟這正是達成和平的手段之一。

菲妲目前與她的丈夫定居在多倫多（Toronto）（她沒有嫁給馬哈穆德；馬哈穆德並未持有能解除她無國籍枷鎖的護照）。她如今跟一位加拿大籍巴勒斯坦人育有兩個孩子，並且正等待著屬於她的加拿大護照，如此一來她便能申請觀光簽證，回到她位在以色列北部的出生地探望母親與兄弟。

塔瑪目前正在普林斯頓大學準備完成最後一年的學業。她也結婚了，她跟一位美籍以色列商人育有一女。她丈夫喜歡與以色列的「衝突」蓄意劃清界線，而塔瑪多年來總將激進的政治帶入私領域，如今也希望自己的家能維持清靜。至於她是否已達成所願，我並不知道。

哈穆迪娶了一位法國女子，很快就有了兩個孩子。既然他已取得通往自由的護照，他又何必放棄？因此他開始與妻小長居在波爾多，以色列政府發現此事，警告他若繼續滯留國外將可能失去他的身分證，根據以色列的缺席者財產法規定，這意味著他也會失去他在耶路撒冷的房子。他不想冒險，於是他帶著法籍妻子與孩子們在二〇一三年搬回舊城區維亞多勒羅沙街上的那間房子。

我再也沒跟歐莉說過話。

至於里歐的表甥阿默思，那位好兵帥克在服完兵役一年後便斷然不再信教。他扔了猶太禮帽，並且開始在週五夜晚現身在開放的德溫酒吧之中。

謝誌

感謝以下友人在我撰寫本書過程中提供各種協助與靈感，我欠他們一份人情。

感謝蕾貝卡・卡特（Rebecca Carter）。當我覺得自己跟眾多自許為作家的人沒什麼兩樣，感到迷惘不知所措之際，她有如救世主一般翩然降臨，她對我說道，「我真的很期待妳的作品。」蕾貝卡重建了我的自信。她在英國藍燈書屋擔任多年編輯，累積了卓越的名聲之後，決定轉行擔任文學經紀人，而我很榮幸成為她第一批有意合作的作家之一。若沒有她專業的編輯技術與堅定樂觀的態度，這本書恐怕會跟我另外兩本未發表、字數達百萬字的小說稿子一樣，還躺在「我的文件」資料夾裡頭。

感謝茱迪斯・古雷維茨（Judith Gurewich），她是其他出版社（Other Press）的發行人，我們於二〇一三年四月在倫敦開了第一場會議，整整三天，我們熱烈地交換想法，她在回程航班上寫了一封電子郵件對我說，「過程永遠更教人滿足，真正要緊的是好好享受一路上踏出的每一步。」與茱迪斯一起修改完稿是最能激盪出火花的工作經驗。每一步都是如此緊湊而豐富：我們透過越洋電話爭論優生保健法；我們在她位於麻薩諸塞州劍橋市（Cambridge, Massachusetts）的房子，花了超過一週的時間，日以繼夜地一起唸出超過三百頁的稿子。她借用了那句惡名昭彰的文學名言對我說道，「妳一定得扼殺妳所有的寶貝。[1]」（然而她還是讓我保留了許多寶貝！）

其他出版社的莉比・瑞伏勒（Libby Riefler），感謝她提供關鍵的編輯意見，讓我得以補足遺漏之處。感謝伊馮・E・卡爾戴納斯（Yvonne E. Cárdenas）、保羅・寇斯洛斯基（Paul Kozlowski）、瑪喬蕊・德威特（Marjorie DeWitt），以及所有見證此書從無到有一切過程的人們。

我非常感激我的三個孩子。他們是我熟悉的舒適圈，是給我依靠的天使。在我孤獨創作本書的漫漫數月之中，他們用笑聲、哭泣以及各自生活的片段，讓我得以維持創作動力。

感謝我交情最久的朋友，米提，我從十八歲起就嫉妒他自成一格、充滿活力的文筆。

感謝孚夏・登洛普（Fuchsia Dunlop），儘管我時常將他捲入我生活的各種風暴之中，但他始終不離不棄。

感謝哈米・威爾賓（Hami Verbin）提供我本書最具建設性的批評，並且幫我校正書中的希伯來文翻譯。

克里斯多夫・剛尼斯（Christopher Gunness）、阿里・波拉特（Ari Porat）、魯絲・迪斯金（Ruth Diskin）、娜塔莎・督丁斯基（Natasha Dudinski）、莫罕默德・賈里迪（Mohammed Jaridi）、尼參・以瑟瑞里（Nitzan Israeli）、夏羅・盧卡斯（Charo Lucas）、亞斯敏・巴爾古提（Yasmin Barghuti）、修・伏雷瑟（Hugh Fraser）、施羅莫・雷克爾（Shlomo Lecker）、哈瑞爾特・謝爾塢

（Harriet Sherwood）、維克特・古雷維茨（Victor Gurewich）、安娜—克莉斯提娜・溫特爾史丹（Anna-Christina Winterstein）、艾曼紐・佛奎特—拉帕（Emmanuelle Fouquet-Lapar）、莎拉・班傑明（Sara Benjamin），以上這些人都是我寫作路上的智慧之柱，感謝他們源源不絕的熱情。

特別感謝吉隆・艾特肯（Gillon Aitken）、艾莎・喀林姆（Ayesha Karim）以及安德魯・基德（Andrew Kidd）。

最後我要感謝我丈夫，他在無意間伴我走過了這段旅程。他挑戰我對周遭一切的想法，刺激我的創作靈感。和他在一起的日子向來絕無重複，生活中永遠充滿了刺激、煩惱、旅行與未知。我們的孩子有句話說得很對，「我們一定會比你們老得還快！」

1 此話為美國作家威廉・福克納（William Faulkner）的名言，原句為「寫作時，你必須扼殺你所有的寶貝（In writing, you must kill all your darling.）。」

國家圖書館出版品預行編目資料

耶路撒冷的移居者／利皮卡．佩拉漢（Lipika Pelham）著 曾志傑 譯
--初版. --臺北市：商周出版：家庭傳媒城邦分公司發行，
2015.04〔民104.04〕
400面；14.8x21公分.
譯自：The Unlikely Settler
ISBN 978-986-272-774-4（平裝）
784.18 104004213

People 22

耶路撒冷的移居者

一段在衝突中探求接納，在絕望中發現希望的異鄉生活告白

原著書名／The Unlikely Settler
原出版社／Other Press
作　　者／利皮卡．佩拉漢（Lipika Pelham）
翻　　譯／曾志傑
企劃選書／曾曉玲
責任編輯／曾曉玲

版 權 部／黃淑敏、翁靜如、吳亭儀
行銷業務／林彥伶、邱仁宏
總 編 輯／何宜珍
總 經 理／彭之琬
發 行 人／何飛鵬
法律顧問／台英國際商務法律事務所　羅明通律師
出　　版／商周出版
臺北市中山區民生東路二段141號9樓
電話：(02) 2500-7008　傳真：(02) 2500-7759
E-mail：bwp.service@cite.com.tw
發　　行／英屬蓋曼群島商家庭傳媒股份有限公司城邦分公司
臺北市中山區民生東路二段141號2樓
讀者服務專線：0800-020-299　24小時傳真服務：(02)2517-0999
讀者服務信箱E-mail：cs@cite.com.tw
劃撥帳號／19833503　戶名：英屬蓋曼群島商家庭傳媒股份有限公司城邦分公司
訂購服務／書虫股份有限公司客服專線：(02)2500-7718；2500-7719
服務時間：週一至週五上午09:30-12:00；下午13:30-17:00
24小時傳真專線：(02)2500-1990；2500-1991
劃撥帳號：19863813　戶名：書虫股份有限公司
E-mail：service@readingclub.com.tw
香港發行所／城邦(香港)出版集團有限公司
香港灣仔駱克道193號東超商業中心1樓
電話：(852) 2508 6231　傳真：(852) 2578 9337
馬新發行所／城邦(馬新)出版集團
Cité (M) Sdn. Bhd. (458372U)
11, Jalan 30D/146, Desa Tasik, Sungai Besi,
57000 Kuala Lumpur, Malaysia.
電話：603-90563833　傳真：603-90562833
行政院新聞局北市業字第913號

封面設計／許晉維
內頁排版／綠貝殼資訊有限公司
印　　刷／卡樂彩色製版印刷有限公司
總 經 銷／高見文化行銷股份有限公司　電話：(02)2668-9005　傳真：(02)2668-9790

■ 2015年（民104）4月30日初版
■ 2023年（民112）10月20日初版5刷
Printed in Taiwan

定價／420元

商周部落格：http://bwp25007008.pixnet.net/blog
ISBN 978-986-272-774-4